शिक्षण कला
ART OF TEACHING

शिक्षण कला
ART OF TEACHING

लेखक

डॉ० एस. के. शर्मा

डी. आई. ई. टी. (डाइट)

एस. सी. ई. आर. टी.

नई दिल्ली

डिस्कवरी पब्लिशिंग हाउस

नई दिल्ली–110 002

प्रथम संस्करण: 2006

ISBN: 978-93-5056-652-7

प्रकाशक
डिस्कवरी पब्लिशिंग हाउस
4831/24, अन्सारी रोड, दरियागंज
नई दिल्ली—110 002
दुरभाष—23279245
फैक्स—23253475
e-mail: dphtemp@indiatimes.com

मुद्रक
श्री बालाजी आर्ट प्रेस
दिल्ली

प्रस्तावना

शिक्षक तथा शिक्षार्थी में अन्योन्याश्रय संबंध है। जिस प्रकार कुम्हार मिट्टी के लौंदे को अपने हाथों की कला से अलग-अलग आकार में बदलकर रख देता है, उसी भांति एक योग्य शिक्षक भी अपनी शिक्षण कला से छात्रों को चिकित्सक, अभियंता, प्राध्यापक, वैज्ञानिक, दार्शनिक आदि बनाते हैं। इसीलिए शिक्षक को राष्ट्र निर्माता और छात्र को भाग्य विधाता की संज्ञा दी जाती है। शिक्षण की परंपरा भारतीय समाज सहित संपूर्ण विश्व में अत्यंत प्राचीन काल से विद्यमान है। प्राचीन काल में गुरुकुल की परम्परा थी, जिसके अन्तर्गत कोलाहल से दूर प्रकृति की रम्य वनस्थली में छात्र विद्यार्जन किया करते थे। उस समय की सिद्धान्त कला सैद्धान्तिक एवं वास्तविक दोनों प्रकार की होती थी। समय बीतने के साथ-साथ शिक्षण-कला के स्वरूप में परिवर्तन होता चला गया। इस सन्दर्भ में हिगेट महोदय ने अपना विचार इन शब्दों में व्यक्त किया है–"The art of teaching is constantly changing."

आधुनिक काल में शिक्षण-कला का स्वरूप पूर्णतया बदल चुका है। इस विषय में रायबर्न और फोर्ज ने अपनी पुस्तक "Principles of Teaching" में कहा है कि संसार के व्यक्ति धीरे-धीरे, पर लगातार भूख और अभाव के भय तथा कठोर परिश्रम से मुक्त होते जा रहे हैं। ये परिवर्तन संपूर्ण संसार में लगातार हो रहे हैं। इनका प्रभाव शिक्षण-कला पर भी पड़ रहा है। फलस्वरूप उसका रूप पहले से बिल्कुल बदल गया है। अब शिक्षण में भय का स्थान प्रेम ने तथा आज्ञाकारिता का स्थान उत्तरदायित्व ने ले लिया है।

एक अच्छे अध्यापक का महत्त्वपूर्ण कार्य है–बालक के ज्ञान का मूल्यांकन करना। मूल्यांकन के जितने ही अधिक अच्छे परिणाम प्राप्त होते हैं; शिक्षण उतना ही अधिक सफल समझा जाता है। अच्छा शिक्षण वह नहीं है, जो बालक को अधिक से अधिक ज्ञान प्रदान करता है, उसे अनुचित कार्य करने से रोकता है अथवा उसकी दूषित प्रवृत्तियों का दमन करता है। इसके विपरीत अच्छा शिक्षण वह है, जो बालक को ऐसे मार्ग की ओर अग्रसर करता है, जिसका अनुसरण करके वह ज्ञान प्राप्त कर सकता है, अपने व्यक्तित्व का विकास कर सकता है।

प्रस्तुत पुस्तक 'शिक्षण कला' में अत्यंत सरल एवं सहज शब्दों में शिक्षण कला की बारीकियों से पाठकों को अवगत कराया गया है। इस पुस्तक में शिक्षण कला का तात्पर्य, शिक्षण सिद्धान्त, शिक्षण प्रणालियां, शिक्षण कला की विशेषताएँ एवं प्रमुख शिक्षण विधियों पर विस्तार से प्रकाश डाला गया है।

इस पुस्तक में शिक्षण विधि के कई प्रकार बताये गये हैं, जैसे—सुकराती शिक्षण विधि, खेल द्वारा शिक्षण पद्धति, किण्डरगार्टन पद्धति, मान्टेसरी पद्धति, डाल्टन पद्धति, योजना पद्धति, ह्यूरिस्टिक पद्धति, बुनियादी शिक्षा पद्धति आदि।

इस पुस्तक में हर प्रकार की शिक्षण विधि का विस्तृत अर्थ, उसका सिद्धान्त तथा गुण-दोषों पर विश्लेषणात्मक चर्चा की गई है। कुल मिलाकर यह पुस्तक एक उत्कृष्ट पुस्तक है जो निस्संदेह पाठकों के शिक्षण कला संबंधित ज्ञान में अभिवृद्धि करेगी।

धन्यवाद।

—लेखक

अनुक्रम

1

शिक्षण कला का तात्पर्य

शिक्षण का सामान्य अर्थ बालक को ज्ञान देना है, किन्तु जब हम 'शिक्षण' का विश्लेषण कला के रूप में करते हैं, तब इसका अर्थ विस्तृत एवं व्यापक हो जाता है। इस परिप्रेक्ष्य में शिक्षण-कला के अर्थ को इस तरह व्यक्त किया जा सकता है–"अध्यापक जो कुछ भी वर्ग-शिक्षण और व्यक्तिगत शिक्षण के क्रम में छात्रों के सर्वांगीण विकास के लिए करता है–वह सम्पूर्ण प्रक्रिया शिक्षण-कला है।"

शिक्षण-कला का स्वरूप

शिक्षण कला गत्यात्मक विषय है। इसमें निरंतर परिवर्तन आता रहता है। इस सन्दर्भ में हिमेट का विचार है कि "The art of teaching is constantly changing." अर्थात् शिक्षण-कला निरंतर परिवर्तित होती रहती है। तब भी इसके दो स्वरूप स्पष्ट होते हैं–(1) प्राचीन और मध्यकालीन स्वरूप; तथा (2) आधुनिक स्वरूप।

(1) प्राचीन एवं मध्यकालीन स्वरूप–इस काल में शिक्षा का स्वरूप एकांगी था। इस काल की शिक्षा में बालक की स्वाभाविक रुचियों, क्षमताओं तथा प्रवृत्तियों के लिए कोई स्थान नहीं था। उस समय केवल रटने पर जोर दिया जाता था और दमनात्मक अनुशासन का बोलबाला था।

उस समय मानव-पहलू की उपेक्षा करके ज्ञान प्रदान करना ही अध्यापक का सर्वश्रेष्ठ कर्त्तव्य था। **सर जॉन एडम्स** ने भी इस कथन की पुष्टि की है–"अध्यापक ने जॉन को लैटिन पढ़ायी।" इसका मतलव यह है कि अध्यापक के शिक्षण का उद्देश्य–जॉन को लैटिन की जानकारी कराना था। उसे स्वयं जॉन से कोई मतलब नहीं था। इससे स्पष्ट होता है कि प्राचीन तथा मध्यकाल की शिक्षण-कला में 'व्यक्तिगत विभिन्नताओं' के लिए कोई स्थान नहीं था और शिक्षण 'पाठ्यक्रम केन्द्रित' था।

प्राचीन तथा मध्यकाल की शिक्षण-कला पर प्रकाश निक्षेप करते केनेडी ने लिखा है–"प्राचीन काल में बालकों को बहुधा मात्र ज्ञान ग्रहण करने के पात्र समझा

जाता था। उन्हें ज्ञान प्राप्त करने के लिए बाध्य किया जाता था तथा ऐसा न करने पर ज्यादतर दण्ड दिया जाता था। इससे उनकी उन स्वाभाविक प्रवृत्तियों का दमन हो जाता था, जो प्रकृति उनको अपने विकास के लिए देती है।"

(2) शिक्षण-कला का आधुनिक स्वरूप—आधुनिक काल में शिक्षण-कला का रूप पूर्णतया बदल चुका है। इस विषय में रायबर्न और फोर्ज ने अपनी पुस्तक '*Principles of Teaching*' में लिखा है कि संसार के व्यक्ति धीरे-धीरे, पर लगातार भूख और अभाव के भय तथा कठोर परिश्रम से मुक्त होते जा रहे हैं। ये परिवर्तन सम्पूर्ण संसार में लगातार हो रहे हैं। इनका प्रभाव शिक्षण-कला पर भी पड़ रहा है। फलस्वरूप उसका रूप पहले से बिल्कुल बदल गया है। अब शिक्षण में भय का स्थान प्रेम ने तथा आज्ञाकारिता का स्थान उत्तरदायित्व ने ले लिया है।

इस बदलाव का श्रेय रूसो, पेस्टालॉजी, हरबर्ट स्पेन्सर तथा सर जॉन डीवी को जाता है। उन्होंने बताया कि शिक्षण 'पाठ्यक्रम-केन्द्रित' न होकर 'बाल-केन्द्रित' है। रूसो ने तो यहाँ तक कह दिया—"बालक एक ऐसी पुस्तक है, जिसे अध्यापक को शुरू से अन्त तक पढ़ना पड़ता है।" रूसो बच्चों की स्वतत्रता के पक्षधर थे। इसलिए उन्हें बच्चों का मसीहा कहा जाता था। अपनी प्रसिद्ध रचना एलिय में उन्होंने बच्चों की स्वतंत्रता पर जोर दिया है।

आधुनिक शिक्षण-कला के विषय में केनेडी ने अपना विचार व्यक्त करते हुए कहा है—"इस ज्ञान से युक्त होने के कारण ही बालकों में जानने तथा करने की इच्छा होती है, हम सहयोग को कठोरता का स्थान दे सके हैं ताकि बालक की साहस एवं विकास की सहज प्रवृत्ति का उपयोग कर सकें।"

उपर्युक्त बातों से यह स्पष्ट है कि शिक्षण-कला का निरंतर विकास हो रहा है। ऐसा सम्भव है कि इसका जो रूप आज दिखाई दे रहा है, वह 100 अथवा 200 वर्ष पश्चात् बदल कर एकदम अलग हो जाए। इस परिवर्तन का कारण खोजना कठिन नहीं है। शिक्षण के क्षेत्र में नए परीक्षण तथा अनुसन्धान हो रहे हैं। समाज के आदर्श तथा मान्यताएँ परिवर्तित हो रही है। अध्ययन करने वालों की माँगों में वृद्धि हो रही है। इसलिए शिक्षण-कला का परिवर्तित तथा विकसित होना स्वाभाविक है। इस विषय में हिगेट ने सही ही कहा है—"शिक्षण-कला निरंतर परिवर्तित होती रहती है। एक समय में ही संसार के विभिन्न देशों में शिक्षण की विभिन्न विधियाँ होती हैं। एक देश में एक अथवा दो पीढ़ियों में, जब समाज की रचना तथा आदर्श बदल जाते हैं, तब शिक्षण की विधियाँ भी परिवर्तित हो जाती हैं। परिणामस्वरूप शिक्षण-कला परिवर्तित हो जाती है।"

शिक्षण प्रक्रिया

साधारण अर्थों में शिक्षण एक ऐसी प्रक्रिया है जिसके द्वारा बालक को नये विषयों की जानकारी दी जाती है। पर शिक्षण की यह धारणा पूर्णरूप से सत्य नहीं है। लेंडन ने ठीक ही लिखा है–"ज्ञान के प्रस्तुतीकरण की विधि की अपेक्षा शिक्षण कहीं अधिक है।"

शिक्षण को सही रूप में समझने के लिए सबसे पहले हमें शिक्षण के अर्थ तथा परिभाषाओं से परिचित होना जरूरी हो जाता है।

शिक्षण का तात्पर्य

साधारण रूप से शिक्षण के अर्थ को दो बिन्दुओं के तहत रखकर व्याख्या कर सकते हैं–(1) संकुचित और (2) व्यापक।

(1) शिक्षण का संकुचित अर्थ–संकुचित अर्थ में शिक्षण के लिए औपचारिक साधनों का प्रयोग होता है। इस तरह का शिक्षण पूर्व नियोजित होता है एवं एक तय समय में निश्चित विधियों के अनुसार दिया जाता है। उदाहरण के तौर पर विद्यालय में विभिन्न घण्टों में विभिन्न विषयों का शिक्षण होता है। यह शिक्षण कुछ ही वर्षों तक प्रदान किया जा सकता है और इस पर किसी न किसी तरह का नियन्त्रण निश्चित रूप से होता है। थोड़े में कहा जा सकता है–"अपने संकुचित अर्थ में शिक्षण वह प्रक्रिया है, जिसके द्वारा व्यक्ति को एक निश्चित योजना के अनुरूप, एक तय समय तक, एक निश्चित बात बतलायी जाती है।"

2. शिक्षण का व्यापक अर्थ–विस्तृत अर्थ में 'शिक्षण' मनुष्य के जीवन में निरंतर चलने वाली एक ऐसी प्रक्रिया है। मनुष्य को अपने परिवार, विद्यालय, कार्यालय, समाज, वातावरण आदि से किसी न किसी रूप में शिक्षण प्राप्त होता रहता है। उदाहरण के लिए माता बच्चे को चलने का शिक्षण देती है तथा अध्यापक छात्र को इतिहास का शिक्षण देता है। लेकिन शिक्षण यहीं तक सीमित नहीं है। हर व्यवसाय एवं उद्योग में प्रवेश करने वाले व्यक्तियों को शिक्षण दिया जाता है। एक व्यक्ति के रूप में आप स्वयं अपने विषय में ही सोचिये। चाहे आप इंजीनियर हों अथवा डॉक्टर, उच्च राज्य-कर्मचारी हों अथवा साधारण क्लर्क, राजनैतिक नेता हों अथवा समाज-सेवक। हमेशा प्रत्यक्ष अथवा परोक्ष रूप में दूसरों को कुछ शिक्षण देते हैं एवं उनसे शिक्षण प्राप्त करते हैं।

इसलिए व्यापक अर्थ में शिक्षण में औपचारिक एवं अनौपचारिक–दोनों ही तरह के साधन शामिल होते हैं। इसे दूसरे रूप में इस तरह भी कहा जा सकता है–"अपने विस्तृत अर्थ में शिक्षण एक ऐसी प्रक्रिया है, जिसके द्वारा व्यक्ति को

अपने परिवार, विद्यालय, मनोरंजन तथा व्यवसाय से एवं अपने वातावरण से अनुकूलन करने के लिए आजीवन शिक्षण प्राप्त होता है।''

शिक्षण की परिभाषाएँ

शिक्षण के अर्थ को और स्पष्ट करने के लिए शिक्षण की कुछ महत्त्वपूर्ण परिभाषाओं पर प्रकाश निक्षेप किया जा सकता है। कुछ प्रमुख परिभाषाएँ अग्र हैं—

डमविल के मत में—''शिक्षण का सबसे साधारण अर्थ यह है कि अध्यापक कुछ जानता है और उसे छात्रों को बताता है।''

रायबर्न के विचार में—''शिक्षण एक सम्बन्ध है, जो बालक को अपनी समस्त शक्तियों को विकसित करने में मदद देता है।''

सिम्पसन और योकम के विचार में—''शिक्षण वह साधन है जिसके द्वारा समूह के अनुभवी सदस्य अपरिपक्व और छोटे सदस्य का जीवन को अनुकूल करने में पथ-प्रदर्शन करते हैं।''

बर्टन के अनुसार—''शिक्षण सीखने के लिए प्रेरणा, पथ-प्रदर्शक, पथ-निर्देशन और प्रोत्साहन है।''

शिक्षण का स्वरूप

'शिक्षण' के स्वरूप को अग्रलिखित रूप से स्पष्ट किया जा सकता है—

1. शिक्षण सम्बन्ध स्थापित करना है—जैसा कि 'शिक्षण की प्रक्रिया' में व्यक्त किया जा चुका है कि 'शिक्षण' का तात्पर्य है—अध्यापक, बालक तथा विषय में सम्बन्ध स्थापित करना। इस सम्बन्ध को स्थापित करने का दायित्व अध्यापक पर है। **रायबर्न** के विचार में, इस कार्य में सफलता प्राप्त करने के लिए अध्यापक को नीचे दी गई बातों की निश्चित रूप से जानकारी होनी चाहिए—

(क) विषय के प्रस्तुतीकरण का ज्ञान—अध्यापक को इस बात की जानकारी होनी चाहिए कि वह शिक्षण की विषय-सामग्री को बालक के सामने किस तरह प्रस्तुत करे।

(ख) बाल-प्रकृति का ज्ञान—इस विषय में **रायसेन** का मत है कि अध्यापक की बाल-प्रकृति का सामान्य ज्ञान और जिन बालकों को वह शिक्षा देता है, उनकी प्रकृति का विशेष ज्ञान होना चाहिए। उसे यह निश्चित रूप से समझ लेना चाहिए कि बालकों के शारीरिक स्वास्थ्य, शारीरिक शक्तियों, योग्यताओं, रुचियों, संवेगों, बुद्धि, स्वभाव आदि में विभिन्नता होती है। उसकी सफलता उन विभिन्नताओं को समझने और इनको व्यावहारिक रूप प्रदान करने पर निर्भर होती है।

(ग) अपने आप का ज्ञान—अध्यापक को अपने आप का पूर्ण ज्ञान होना चाहिए, जिससे कि वह अपनी स्वयं की भावनाओं और बालकों के प्रति अपने स्वयं के व्यवहार को समझ सके।

(घ) विषय और रुचि का ज्ञान—अध्यापक को उस विषय का ज्ञान होना चाहिए जिसे वह अपने छात्रों को पढ़ाने का प्रयास करता है। उसे इस बात का भी ज्ञान होना चाहिए कि वह बालक तथा विषय में किस तरह सम्बन्ध स्थापित करे। कहने का आशय यह है कि उसे शिक्षण विधि का ज्ञान होना चाहिए।

(ङ) प्रभाव का ज्ञान—अध्यापक को इस बात की जानकारी होनी चाहिए कि बालक के ऊपर उसका स्वयं का, उसके व्यक्तित्व का, आदतों का, कार्यों का और जो वह कहता और करता है—का क्या प्रभाव पड़ता है। बालक पर पड़ने वाले इन प्रभावों का ज्ञान उसके लिए अनिवार्य है क्योंकि इनको जानकर ही वह शिक्षण की उचित विधियों का प्रयोग कर सकता है। इससे उसको अपने शिक्षण को सुधारने में भी मदद मिलती है।

(च) जीवन दर्शन का ज्ञान—अध्यापक का जीवन के प्रति एक निश्चित दृष्टिकोण होता, जिसे जीवन-दर्शन के रूप में जाना जाता है। उसकी निश्चित धारणायें एवं उच्च आदर्श होने चाहिए। उसे ईश्वर तथा मनुष्यों में आस्था होनी चाहिए। उसमें सत्य एवं उसके प्रसार के प्रति प्रेम होना चाहिए। उसे अपने देश तथा संसार की सेवा में संलग्न रहना चाहिए।

2. शिक्षण—संवेगों का प्रशिक्षण है—शिक्षण का तात्पर्य मात्र बालक का शारीरिक एवं मानसिक विकास करना ही नहीं है, बल्कि उसके संवेगों को भी प्रशिक्षित करना है। अगर हम चाहते हैं कि बालक उचित कार्य करे, तो उसमें उचित भावना पैदा करना अनिवार्य है। शिक्षण तभी सफल माना जा सकता है, जब वह बालक में संवेगात्मक स्थिरता पैदा कर सके। इस विषय में रायबर्न ने एकदम सही कहा है—"अगर हम बालक को स्थायी संवेगात्मक जीवन का विकास करने में मदद देने की आवश्यकता पर ध्यान नहीं देंगे, तो हमारा शिक्षण अत्यधिक एकांगी और विकृत हो जाएगा।"

3. शिक्षण—क्रियाशीलता के लिए मौका प्रदान करना है—हर बालक में क्रियाशीलता की जन्मजात प्रवृत्ति होती है। अध्यापक को बालक की इस प्रवृत्ति से लाभ उठाना चाहिए और उसे बालक को ऐसे मौके देने चाहिए, जिससे कि वह क्रियाशीलता की अपनी प्रवृत्ति को सन्तुष्ट कर सके। इस तरह शिक्षण का एक कार्य यह है जो बालक की क्रियाशीलता को अपनी इच्छा को पूर्ण करने का अवसर दे।

4. शिक्षण–सीखने की संगठन है–शिक्षण का सम्बन्ध सीखने के निर्देशन से उतना नहीं है, जितना कि सीखने के संगठन से। सीखने के संगठन का तात्पर्य है–शिक्षण और सीखने की प्रक्रिया में निहित विभिन्न तत्त्वों में सम्बन्ध स्थापित करके उनको एक बनाना। ये तत्त्व हैं–बालक तथा उसके अध्यापन का विषय, वर्ग की दशायें, व्यक्तिगत विभिन्नतायें, शिक्षण-विधियाँ, शिक्षण की सहायक सामग्री, प्रश्न और उत्तर, लिखित कार्य आदि।

इस सन्दर्भ में **मरसेल** का विचार है–"शिक्षण को सीखने के संगठन रूप में सबसे उत्तम प्रकार से परिभाषित किया जा सकता है।"

5. शिक्षण–तैयारी का साधन है–शिक्षण बालक का शारीरिक, मानसिक, चारित्रिक, सामाजिक, आध्यात्मिक तथा संवेगात्मक विकास करके उसे भावी जीवन के लिए तैयार करता है। अगर 10 वर्ष का बालक उसी तरह का जीवन व्यतीत कर रहा है, जिस तरह का 10 वर्ष के बालक को करना चाहिए, तो वह भविष्य के लिए सर्वोत्तम तरह की तैयारी कर रहा है। इस तरह शिक्षण व्यक्ति के भावी जीवन की तैयारी का एक साधन है।

इस सन्दर्भ में जोर देते हुए **रायबर्न** ने कहा है–"शिक्षण तैयारी का एक साधन है तथा शिक्षा के किसी विशेष स्तर पर बालक को पूर्ण जीवन व्यतीत करने में मदद देगा, उसे भविष्य के लिए तैयार होने में मदद देना है। इस तरह शिक्षण के साथ तैयारी का यह पहलू हमेशा आबद्ध रहेगा।"

आधुनिक काल में शिक्षण का अर्थ विस्तृत और व्यापक हो गया है। शिक्षण द्वारा बालक को ज्ञान दिया जाता है, सीखने में मदद दी जाती है, कार्य करने के लिए प्रेरित किया जाता है, उसे अपनी समस्त शक्तियों का प्रयोग करने के लिए प्रोत्साहित किया जाता है, अपने वातावरण से अनुकूलन करना सिखाया जाता है। ऐसा कर उसे अपने भावी जीवन के लिए तैयार किया जाता है। इस तरह शिक्षण के तहत अध्यापक एवं छात्र–दोनों का कार्य शामिल रहता है। इसमें सर्वोत्तम विधि से ज्ञान प्रदान करने का मानसिक प्रभाव ही शामिल नहीं होता है, अपितु वह नैतिक प्रभाव भी शामिल होता है, जिससे प्रेरित होकर बालक ज्ञान का प्रयोग इस प्रकार करता है कि वह उससे लाभान्वित होता है।

लैंडन के शब्दों में इसे हम थोड़े में इस प्रकार कह सकते हैं–"शिक्षण का आशय है–बालक को विषय-सामग्री प्रदान करना और उसे ज्ञान, मानसिक शक्ति और नैतिक बल में विकास करने के लिए सबसे उत्तम प्रभावों के तहत रखना।"

6. शिक्षण–सूचना देना है–शिक्षण देते समय अध्यापक अपने विद्यार्थियों को प्रायः नई सूचना देता है। ऐसी बहुत-सी बातें होती हैं, जिन्हें बिना बताये नहीं

जाना जा सकता है। इसलिए विद्यार्थियों को उन बातों को बताया जाना अनिवार्य है। प्रारम्भिक कक्षाओं में तो अध्यापक का अधिकांश समय अपने छात्रों को सूचनाएँ देने और विभिन्न प्रकार की बातें बताने में ही व्यतीत होता है। इस दृष्टिकोण से शिक्षण का अर्थ है—सूचना देना।

7. शिक्षण—सिखाना है—शिक्षण को तभी सफल माना जा सकता है, जब वह बालक को सीखने और स्वयं कुछ कार्य करने में मदद करता है। इस दृष्टि से शिक्षण एक साधन मात्र है। शिक्षण द्वारा उनका कार्य है—बालक को सिखाना, सीखने के लिए उसे प्रेरित करना और इस तरह उसकी विकास में योग देना। इस सन्दर्भ में ह्यूजेज का कहना है—शिक्षण का अर्थ है—सिखाना। तब तक कुछ नहीं दिया गया है, जब तक कुछ ग्रहण नहीं किया गया है; तब तक कुछ नहीं पढ़ाया गया है, जब तक कुछ सीखा नहीं गया है।"

8. शिक्षण—वातावरण से अनुकूलन करने में मदद देना—प्रसिद्ध शिक्षा शास्त्री जॉन डीवी के विचार में—"सभी शिक्षा मानव-जाति की सामाजिक चेतना में व्यक्ति द्वारा भाग लेने से आरंभ होती है।"

व्यक्ति को सामाजिक चेतना में भाग लेने के योग्य बनाना भी शिक्षण का एक महत्त्वपूर्ण कार्य है। बालक अपने वातावरण के प्रति बुरी प्रतिक्रिया न करके केवल अच्छी प्रतिक्रिया ही करे, यह मात्र शिक्षण द्वारा ही सम्भव है। अच्छी प्रतिक्रिया करके ही उसका शारीरिक, सामाजिक एवं आध्यात्मिक विकास हो सकता है। इस विषय में **सिम्पसन** का मत है—"शिक्षण वह साधन है, जिसके द्वारा समाज अपने बालकों को चुने हुए वातावरण से, जिसमें कि उनको रहना है, शीघ्रातिशीघ्र अनुकूलन करने की क्रिया में प्रशिक्षित करता है।"

9. शिक्षण—मार्ग-प्रदर्शन है—आदि काल में शिक्षण का मूल उद्देश्य सूचना देना माना जाता था क्योंकि उस समय पुस्तकों, पुस्तकालयों एवं प्रयोगशालाओं का अभाव था। लेकिन आज जब पुस्तकों, पुस्तकालयों एवं प्रयोगशालाओं का बाहुल्य है, ऐसे में शिक्षण का आशय—मार्गप्रदर्शन माना जाता है। बालकों का मस्तिष्क अपरिपक्व होता है। इसलिए यह जरूरी है कि न केवल उनके कार्यों का, वरन् उनकी आदतों, रुचियों तथा प्रवृत्तियों को शिक्षण द्वारा उचित दिशा प्रदान की जाय। रायबर्न ने मार्गप्रदर्शन को शिक्षण का सबसे महत्त्वपूर्ण पहलू माना है। उनका विचार है कि अध्यापक को बालकों को पढ़ने, सीखने, कार्य करने तथा विचार करने की उचित विधियाँ सिखाकर उनका मार्गप्रदर्शन करना चाहिए। इस सन्दर्भ में **रिस्क** का मत है—"शिक्षण को सीखने के निर्देशन अथवा पथ-प्रदर्शन के रूप में परिभाषित किया जा सकता है।"

10. शिक्षण—प्रेरित करना है—प्रेरित करना एक ऐसी प्रक्रिया है जिसके द्वारा बालक की किसी कार्य में रुचि पैदा की जाती है, जिससे कि वह उसे सफलतापूर्वक कर सके। प्रेरित न करने का प्रतिफल होगा, बालक उस कार्य को करेगा ही नहीं अथवा अधूरा करके छोड़ देगा। इसलिए शिक्षण का आशय है—बालक को किसी कार्य को करने अथवा सीखने के लिए उत्साहित अथवा प्रेरित करना। यह तभी सम्भव है, जब अध्यापक बालक को विभिन्न कार्य को करने के मौका प्रदान करके उसकी रुचियों, रुझानों एवं कुशलताओं की पूरी जानकारी प्राप्त करे। ऐसा करने के उपरान्त ही वह अपने छात्रों को उत्साहित अथवा प्रेरित करने में पूर्णरूप से सफल हो सकेगा।

शिक्षण के इस पहलू के विषय में रायबर्न ने अपना विचार व्यक्त किया—"शिक्षा की परिभाषा प्रोत्साहन के रूप में दी गई है। इससे बच्चों को सिखाया जाता है। उनको सिखाने के लिए हमें उनके उत्साहों, इच्छाओं तथा रुचियों को जाग्रत करना पड़ता है तथा उन उत्साहों, इच्छाओं एवं रुचियों को उचित तरह से पथ-प्रदर्शित करना पड़ता है।"

शिक्षण की संरचना

सारी शिक्षण प्रक्रिया में विभिन्न क्रियाएँ की जाती हैं। शिक्षण का वर्णन त्रिपक्षी-प्रक्रिया के रूप में किया जा सकता है अर्थात् शिक्षण-क्रियाओं के तीन पक्ष होते हैं जो अग्रलिखित हैं—

(i) शिक्षण एवं तर्क—शिक्षण की प्रक्रिया में संकेत, चिह्न, भाषा तथा तर्क, सभी कुछ शामिल हैं। पाठ्यवस्तु की लघु इकाइयों को क्रमबद्ध तरीके से प्रस्तुत करने के लिए 'तर्क' का सहारा लेना पड़ता है। शिक्षण की क्रियाओं की व्यवस्था तर्कपूर्ण ढंग से ही की जाती है। परीक्षा के लिए प्रश्नों के विषय में निर्णय तर्कपूर्ण ढंग से ही लिया जाता है। इस प्रकार अध्यापक प्रक्रिया की व्यवस्था, योजना, नियन्त्रण तथा मूल्यॉंकन में तर्क का होना बहुत आवश्यक है। इस प्रकार से कहा जा सकता है कि शिक्षण के इन तीनों पक्षों को कुल मिलाकर ही शिक्षण कहा जाता है।

(ii) संकेत और चिह्न—शिक्षण-प्रक्रिया में अध्यापक संकेतों और चिह्नों का प्रयोग करता है। छात्र उनको समझते हैं और उनमें रुचि लेने लगते हैं। अध्यापक द्वारा प्रयोग किए संकेतों और चिह्नों की छात्र व्याख्या करते हैं तथा सम्प्रेषण में उनका प्रयोग भी करते हैं। पाठ्य सामग्री के प्रस्तुतीकरण और मूल्यॉंकन में इन संकेतों और चिह्नों का प्रयोग खूब होता है। इससे शिक्षण प्रक्रिया तथा मूल्यॉंकन आसान हो जाता है।

(iii) भाषा विज्ञान की प्रक्रिया के रूप में—शिक्षण-प्रक्रिया में चिह्नों और संकेतों की मदद से अनुदेशन भी किया जाता है। अतः भाषा का प्रयोग भी किया जाता है। बिना भाषा के शिक्षण सम्भव नहीं। शिक्षण भाषा विज्ञान की ही प्रक्रिया है। भाषा के प्रयोग द्वारा ही अध्यापक निर्देशन देता है, घटनाओं का वर्णन एवं व्याख्या करता है। अध्यापक और विद्यार्थियों में भाषा के बिना अन्तःक्रिया (Interaction) नहीं हो सकता।

अच्छे शिक्षण की विशेषताएँ

सिम्पसन और योकम ने अच्छे शिक्षण के आधारभूत सिद्धान्तों का सविस्तार वर्णन किया है। उनके इन्हीं सिद्धान्तों को कुछ लेखकों ने सफल शिक्षण की विशेषताएँ कहा है। इसका विवरण अग्रलिखित बिन्दुओं के द्वारा प्रस्तुत किया जा सकता है—

1. अच्छा शिक्षण, ज्ञान का मूल्यांँकन करता है—अच्छे अध्यापक का एक महत्त्वपूर्ण कार्य है—बालक के ज्ञान का मूल्याँकन करना। मूल्याँकन में जितने ही अधिक अच्छे परिणाम प्राप्त होते हैं; शिक्षण उतना ही अधिक सफल समझा जाता है। मरसेल ने सही ही लिखा है—"शिक्षण की अन्तिम कसौटी परिणाम है।" परिणाम को जाँचने वाली प्रचलित विधि है—निबन्धात्मक प्रकार की परीक्षा, जिसकी सभी शिक्षाविदों द्वारा कटु आलोचना की गई है। यह विधि न तो बालकों के मानसिक विकास को, और न उनके विचार तथा कार्य को प्रभावित करती है। यही कारण है कि संसार के विकासशील देशों ने इस विधि का परित्याग करके अर्जित ज्ञान के मूल्याँकन के लिए नवीन विधियों का प्रयोग किया जाता है।

2. अच्छा शिक्षण, रुचियों व मूलप्रवृत्तियों का विकास करता है—अच्छा शिक्षण बालक की रुचियों और मूलप्रवृत्तियों का विकास करता है। बालक में शिक्षण द्वारा जितनी ही अधिक रुचियों का विकास कर दिया जाता है, वह उतना ही अधिक सुखी, कुशल एवं सन्तुलित जीवन व्यतीत करने में सफल होता है। इसके अतिरिक्त, उसकी मूलप्रवृत्तियों को शिक्षण द्वारा उस प्रकार विकसित किया जाता है कि वह उनको स्वतन्त्र रूप से समाजीकृत ढंग से व्यक्त कर सकता है।

3. अच्छा शिक्षण, सीखने में पथ प्रदर्शन की योग्यता होती है—अच्छा शिक्षण वह नहीं है, जो बालक को अधिक से अधिक ज्ञान प्रदान करता है, उसे अनुचित कार्य करने से रोकता है अथवा उसकी दूषित प्रवृत्तियों का दमन करता है। इसके विपरीत अच्छा शिक्षण वह है, जो बालक को ऐसे मार्ग की ओर अग्रसर करता है, जिसका अनुसरण करके वह ज्ञान प्राप्त कर सकता है, अपने व्यक्तित्व का विकास कर सकता है।

सिम्पसन और योकम का विचार है–"अच्छे शिक्षण का मुख्य कार्य है"–बालक को पथ प्रदर्शित और निर्देशित करना और उसे सीखने का प्रयास करने के लिए प्रोत्साहित करना। अच्छा शिक्षण बालक के समक्ष अनुसन्धान के नये क्षेत्र प्रस्तुत करता है, उसे नई बातों से अवगत कराता है, कार्य करने की विधि बताता है और अपनी प्रगति का मूल्याँकन करने में मदद देता है।"

4. अच्छा शिक्षण, दया व सहानुभूतिपूर्ण होता है–अच्छा शिक्षण प्रदान करने के लिए दया और सहानुभूति की परम आवश्यकता है। इन गुणों के अभाव में, शिक्षण-कला का मर्मज्ञ होने पर भी अध्यापक अपने कार्य में रंचमात्र भी सफलता प्राप्त नहीं कर सकता है? **सिम्पसन व योकम** ने ठीक ही लिखा है–"अच्छा शिक्षण ऐसे वातावरण में सम्भव नहीं है, जिसमें छात्रों की रुचियों और आवश्यकताओं के प्रति दया और सहानुभूति का अभाव है।"

5. अच्छा शिक्षण, सहयोगी होता है–अच्छा शिक्षण अध्यापक और छात्रों के बीच एक सहयोगी कार्य है। अतः अच्छा अध्यापक अपने शिक्षण कार्य को इस प्रकार नियोजित करता है कि उसे तर्क, वाद-विवाद आदि के द्वारा अपने छात्रों का सहयोग प्राप्त हो सके। ऐसा न होने से उसका शिक्षण असफल होता है। जो अध्यापक सारे समय बोलता रहता है और छात्रों को बोलने का अवसर नहीं देता है, उसकी कक्षा में सजगता और सजीवता का अभाव होता है।

अन्त में **सिम्पसन और योकम** के शब्दों में हम कह सकते हैं–"अच्छे शिक्षण का आदर्श है–छात्रों में पहलकदमी, विचार और कार्य-विधि में स्वतंत्रता, आत्म निर्भरता और आत्म विश्वास का विकास करना, जिससे कि वे अन्ततः स्वतन्त्र रूप से अपनी समस्याओं में संलग्न हो सकें और उनका समाधान कर सकें।"

6. अच्छा शिक्षण, सुझावात्मक होता है–अच्छे शिक्षण का आधार सुझाव है, न कि आदेश। अतः अध्यापक को चाहिए कि वह अपने छात्रों को विभिन्न कार्यों, उनके उद्देश्यों और उनमें प्रयोग की जाने वाली सामग्री का सुझाव दे। सिम्सपन और योकम ने ठीक ही लिखा है–"अच्छा शिक्षण आदेश के बजाय सुझाव के आधार पर आगे बढ़ता है।"

7. अच्छा शिक्षण, जनतन्त्रीय होता है–अच्छे शिक्षण में जनतन्त्रीय वातावरण का निर्माण करने का प्रयास किया जाता है। इस वातावरण में अध्यापक यह मान लेता है कि सभी छात्रों के समान अधिकार हैं, सभी के समान नियम हैं, और सभी में सामाजिक समानता है। वह धनी और निर्धन, उच्च और निम्न परिवार के छात्रों में किसी प्रकार का भेदभाव नहीं करता है। अतः उनमें यह विश्वास उत्पन्न हो जाता है कि वे सामाजिक दृष्टि से समान स्तर पर हैं। परिणामस्वरूप, उनमें जनतन्त्रीय

भावनाओं का विकास होता है और वे अपने कर्त्तव्यों का पालन एवं दूसरों के अधिकारों का सम्मान करना सीख जाते हैं।

8. अच्छा शिक्षण, प्रेरणादायक होता है—अच्छा शिक्षण बालक को सीखने के लिए प्रेरणा देता है। अच्छा अध्यापक अपने व्यक्तित्व और कार्यों से छात्रों के व्यक्तित्व और कार्यों को प्रेरित करता है। **सिम्पसन व योकम के अनुसार**—"योग्य अध्यापक के प्रेरणादायक व्यक्तित्व के अभाव में कक्षा-कक्ष बचपन की शिक्षा के लिए शीघ्र ही अव्यवस्थित और प्रभावहीन साधन हो जाता है।"

9. अच्छा शिक्षण, सुनियोजित होता है—अच्छे शिक्षण की एक सुनियोजित योजना होती है और यह पाठ्यक्रम को इस बात की पूरी जानकारी हो जाती है कि उसे शिक्षण के समय किन तथ्यों, चिधियों और उपकरणों का प्रयोग करना पड़ेगा, और उनके सामने कौन-सी कठिनाइयाँ तथा समस्याएँ आयेंगी। वह इस बात का पूर्ण अनुमान लगा लेता है कि कक्षा में उसे किन परिस्थितियों का सामना करना पड़ेगा। अतः वह अपनी पूर्व योजना की मदद से अपने उद्देश्य को प्राप्त करने में सफल होता है। पर योजना लचीली होनी चाहिए, ताकि इसमें समय और आवश्यकता के अनुसार परिवर्तन किया जा सके।

10. अच्छा शिक्षण, बालक के अनुभवों को मान्यता देता है—अच्छे शिक्षण में बालक के पूर्व अनुभवों को मान्यता प्रदान की जाती है। अतः शिक्षण के समय उसकी रुचियों, मंनोवृत्तियों, योग्यताओं और आदतों को ध्यान में रखा जाता है। इसके अनुसार ही शिक्षण की नई सामग्री और नई क्रियाओं को चुना जाता है। दूसरे शब्दों में शिक्षण का मुख्य आधार बालक के पूर्व अनुभवों का पुनर्संगठन है। उसको दिया जाने वाला नया ज्ञान उसके पूर्व ज्ञान से सम्बन्धित किया जाता है।

11. अच्छा शिक्षण, अध्यापक के अनुभवों को मान्यता देता है—शिक्षण अच्छा तभी समझा जाता है, जब अध्यापक अपने पूर्व अनुभवों को मान्यता देकर उनसे लाभ उठाता है। शिक्षण के समय वह बालकों के सम्पर्क में आता है, विभिन्न शिक्षण-विधियों का प्रयोग करता है और विभिन्न परिणामों पर पहुँचता है। अपने अगले शिक्षण में वह इन अनुभवों से लाभ उठाता है, अपनी पिछली त्रुटियों को सुधारता है और परिणामों को अधिक प्रभावपूर्ण बनाता है। परिणामतः उसके शिक्षण में दिन-प्रतिदिन सुधार होता चला जाता है।

12. अच्छा शिक्षण, विकासशील होता है—शिक्षण अच्छा तभी समझा जाता है, जब बालक की मनोवृत्तियों, रुचियों, विचारों, कुशलताओं, योग्यताओं, ज्ञान के अर्जन और विचार तथा कार्य की आदतों के विकास में उचित सामाजिक लक्ष्यों की ओर प्रगति होती है। बालक के विकास के साथ-साथ शिक्षण का विकास भी जरूरी

है। अध्यापक को अपनी शिक्षण-विधियों में निरन्तर विकास करते रहना चाहिए। इस प्रकार शिक्षण विकासशील तभी कहा जाता है, जब बालक और शिक्षक–दोनों विकास के पथ पर आगे बढ़ते हैं।

13. अच्छा शिक्षण, कठिनाइयों का निदान करता है–अच्छे शिक्षण में बालक की कठिनाइयों के निदान का स्थान अति महत्त्वपूर्ण है। वह किसी बात को सीखने में रुचि क्यों नहीं लेता है? वह सीखने में त्रुटियाँ क्यों करता है? वह दूसरों की अपेक्षा देर में क्यों सीखता है? अच्छा अध्यापक इन और इसी प्रकार की अन्य कठिनाइयों के कारणों को जानने का सफल प्रयास करता है।

14. अच्छा शिक्षण, उपचारपूर्ण होता है–अच्छे शिक्षण में बालकों की वैयक्तिक और सामूहिक कठिनाइयों को दूर करने का प्रयास किया जाता है। कुछ कठिनाइयाँ ऐसी होती हैं, जिनको शिक्षण स्वयं सरलता से दूर कर देता है। पर कुछ ऐसी होती हैं, जिनको दूर करने के लिए उसे विशेषज्ञ की मदद लेनी पड़ती है। फिर भी अगर अध्यापक को सीखने की समस्याओं और विभिन्न विषयों के शिक्षण की विधियों की पूर्ण जानकारी है, तो वह बालकों की प्रायः सभी कठिनाइयों का निवारण कर सकता है। आधुनिक शिक्षण कला और मापन विधियाँ इतनी विकास कर चुकी हैं कि बालकों की सभी कठिनाइयों के लिए प्रभावशाली उपचार विद्यमान है।

15. अच्छा शिक्षण, आत्मविश्वास उत्पन्न करता है–अच्छे शिक्षण का उद्देश्य है, बालक में आत्मविश्वास का विकास करना, जिससे कि वह स्वतन्त्र चिन्तन कर सके और अपनी बुद्धि का प्रयोग करके अपनी समस्याओं का समाधान कर सके। अगर शिक्षण बालक में आत्म विश्वास का विकास नहीं करता है, तो सन्तुलित ज्ञान का संचय करने के पश्चात् भी उसमें मौलिक और साहसी कार्यों को करने की क्षमता नहीं होती है। ऐसी दशा में उसका कठोर परिश्रम से अर्जित ज्ञान व्यर्थ हो जाता है।

शिक्षण के विभिन्न चर

शिक्षण की व्याख्या शिक्षण प्रक्रिया में शामिल विभिन्न चरों के द्वारा भी की जा सकती है। शिक्षण प्रक्रिया में मुख्य चरों को तीन भागों में विभक्त किया जा सकता है–

1. स्वतन्त्र चर—अध्यापक
2. आश्रित चर—छात्र
3. मध्यस्थ चर—पाठ्य-वस्तु, शिक्षण प्रविधियाँ

1. स्वतन्त्र चर—शिक्षण प्रक्रिया में अध्यापक को स्वतन्त्र चर की संज्ञा दी जाती है। शिक्षण की सम्पूर्ण प्रक्रिया को अपने नियन्त्रण में रखकर विद्यार्थियों के व्यवहार में अपेक्षित परिवर्तन लाने का उत्तरदायित्व अध्यापक का ही होता है। इस प्रक्रिया में छात्र की अपेक्षा अध्यापक बिल्कुल स्वतन्त्र अवस्था में अपना कार्य करता है। विद्यार्थी उसके बताए हुए मार्ग पर चलता है और अध्यापक के शिक्षण के अनुकूल ही अपने आपको ढाल लेता है। सम्पूर्ण शिक्षण प्रक्रिया का नियोजन अध्यापक स्वतन्त्र रूप से करता है। वह शिक्षण प्रक्रिया का इस प्रकार नियोजन और आयोजन करता है ताकि शैक्षणिक उद्देश्यों की अधिक-से-अधिक प्राप्ति हो सके और विद्यार्थियों का अधिककाधिक लाभ किया जा सके।

2. आश्रित चर—शिक्षण प्रक्रिया में छात्र को आश्रित चर माना जाता है क्योंकि शिक्षण नियोजन, व्यवस्था तथा प्रस्तुतीकरण के अनुसार ही उसे क्रियाशील रहना पड़ता है। शिक्षण प्रक्रिया में जिस चीज में परिवर्तन लाना होता है वह विद्यार्थी और उसका व्यवहार होता है। जिस प्रकार का अध्यापक प्रयास करेगा, वैसा ही विद्यार्थी में परिवर्तन होगा। दूसरे शब्दों में छात्र अथवा छात्र का व्यवहार अध्यापक और उसके शिक्षण पर आश्रित होता है। अतः छात्र को आश्रित चर कहा जाता है।

3. मध्यस्थ चर—अध्यापक और विद्यार्थी के अतिरिक्त कुछ तत्त्व और भी होते हैं जो शिक्षण प्रक्रिया में अपनी भूमिका निभाते हैं। जैसे—पाठ्यक्रम, पाठ्यवस्तु, शिक्षण सामग्री, शिक्षण विधियाँ, मूल्याँकन विधियाँ आदि। इन्हें मध्यस्थ चर कहते हैं। इन मध्यस्थ चरों को नियन्त्रण में रखने से छात्रों के व्यवहार को प्रभावित किया जा सकता है। इन मध्यस्थ चरों के उचित प्रयोग द्वारा ही शिक्षण कार्य उचित ढंग से पूरा किया जा सकता है।

शिक्षण चरों के कार्य

शिक्षण चरों के मुख्य कार्यों को निम्न भागों में बाँटा जा सकता है—

1. निदानात्मक कार्य
2. उपचारात्मक कार्य
3. मूल्याँकन कार्य

1. निदानात्मक कार्य—शिक्षण में अध्यापक के कार्य की तुलना एक डॉक्टर के चिकित्सा कार्यों से की जा सकती है। डॉक्टर की तरह ही एक अध्यापक को अपने विद्यार्थी की भलाई के लिए कुछ अग्र प्रकार के निदानात्मक कार्य करने होते हैं—

(i) जिस छात्र के व्यवहार में परिवर्तन लाना है उसके व्यवहार का सूक्ष्म प्रेक्षण कर उसके विषय में जानकारी प्राप्त करनी होती है। विद्यार्थी की मानसिक, शारीरिक और भावनात्मक योग्यताओं और क्षमताओं का क्या स्तर है और शिक्षण आरम्भ करने से पहले छात्र का व्यवहार कैसा है, इसके विषय में जाँच करना अध्यापक का पहला प्रमुख कार्य है।

(ii) अध्यापक को अपने शिक्षण कार्य के लिए जिन साधनों का उपयोग करना होता है, उनका ठीक-ठीक निदान करना भी इस श्रेणी के कार्यों में आता है। पाठ्य-वस्तु, अनुदेशन सामग्री, विधि और तकनीक तथा शैक्षणिक वातावरण के उपयोग की जाँच का कार्य इसी प्रकार का कार्य है।

(iii) अध्यापक को शिक्षण कार्य में सफलता के लिए स्वयं अपनी योग्यताओं और शक्तियों का सही-सही निदान करने का कार्य भी करना पड़ता है।

(iv) विद्यार्थी के प्रविष्टि व्यवहार और उपलब्ध शैक्षणिक वातावरण एवं सुविधाओं को ध्यान में रखते हुए वह किस तरह के परिवर्तन छात्र के व्यवहार में लाना चाहता है, उनका निर्णय कर विशिष्ट शैक्षणिक उद्देश्यों को निश्चित करना अध्यापक का दूसरा निदानात्मक कार्य है।

यद्यपि अध्यापक को ही स्वतन्त्र चर और अधिक सक्रिय सदस्य होने के नाते शिक्षण प्रक्रिया से सम्बन्धित निदानात्मक कार्यों में विशेष भूमिका निभानी पड़ती है, लेकिन फिर भी विद्यार्थी जो आश्रित चर है, के निदानात्मक कार्यों की अवहेलना नहीं की जा सकती। उसे भी योग्यताओं और क्षमताओं के उचित निदान को लेकर निम्न कार्य करने होते हैं–

(a) सीखने के साधनों जैसे भाषा ज्ञान, सोचने-समझने की शक्ति, अभिव्यक्ति क्षमता, गत्यात्मक योग्यताएँ और संवेगात्मक व्यवहार के अनुरूप अपना मूल्याँकन करना।

(b) शिक्षण प्रक्रिया में अपने को सक्रिय भागीदार बनाने के लिए अपने अध्यापक के व्यवहार, अध्यापन शैली, अनुदेशनात्मक सामग्री और पाठ्यक्रम से परिचित होने की कोशिश करना।

(c) अपने प्रविष्टि व्यवहार की कमियों और अच्छाइयों को पहचानना।

2. उपचारात्मक कार्य निदानात्मक कार्य का सम्बन्ध उचित योजना कार्य तैयार करने से है जिससे निश्चित शैक्षणिक उद्देश्यों की प्राप्ति की जा सके। इस कार्य की तुलना एक चिकित्सक द्वारा निदान करने के पश्चात् किए गए चिकित्सा सम्बन्धी उपायों अथवा उपचारों से की जा सकती है। इस कार्य में छात्र और अध्यापक आपसी सम्बन्धों के विषय में निर्णय लेते हैं। अध्यापक आश्रित और मध्यस्थ (Dependent and Intervening Variables) चरों को नियन्त्रित करके उपचारात्मक कार्य सम्पन्न करता है। उपचारात्मक कार्यों में निम्न क्रियाएँ सम्मिलित हैं—

(i) छात्रों की योग्यताओं, व्यक्तिगत विभिन्नताओं और उपलब्ध साधन एवं परिस्थितियों को ध्यान में रखते हुए शिक्षण तकनीक (Teaching Techniques), शिक्षण रणनीति (Teaching strategies), शिक्षण युक्तियों (Teaching tactics), शिक्षग कौशल (Teaching Skills) तथा पृष्ठ पोषण अथवा प्रतिपुष्टि विधियों (Feed-back Devices) का ठीक प्रकार से चयन करना।

(ii) अध्यापक और छात्र के बीच चलने वाली उपयोगी अन्तःक्रिया के लिए विद्यार्थियों से जरूरी सहयोग लेना।

(iii) उचित विषय-वस्तु अथवा शिक्षण सामग्री का चयन और उसका उचित शिक्षण इकाइयों में विभाजन एवं संगठन।

उपचारात्मक कार्य में अध्यापक ही अधिक सक्रिय रहता है। जिस प्रकार एक डॉक्टर को अपने मरीज के उपचार के लिए सभी कुछ साधन जुटाकर उसे रोग मुक्त कराना होता है उसी प्रकार अध्यापक भी अधिक सक्रिय रहता है। उसे छात्र के व्यवहार में परिवर्तन करने के लिए भरपूर प्रयास करने पड़ते हैं। विद्यार्थी को भी शिक्षण प्रक्रिया में बराबर का भागीदार बनाना होता है।

3. मूल्याँकन कार्य—इसे सम्पूर्ण शिक्षण प्रणाली का सबसे महत्त्वपूर्ण कार्य माना गया है। इसके अभाव में शिक्षण प्रक्रिया अधूरी ही रहेगी। उपचारात्मक कार्यों (Prescriptive Functions) की प्रभावशीलता जाँचने के लिए मूल्याँकन अनिवार्य होता है। इस कार्य का मापदंड पूर्व निर्धारण उद्देश्य होते हैं। मूल्याँकन के इस कार्य में इस बात की जाँच करनी होती है कि ये पूर्व-निर्धारित उद्देश्य अथवा लक्ष्य अध्यापक के उपचार द्वारा, शिक्षण क्रियाओं के माध्यम से प्राप्त हुए हैं अथवा नहीं, अगर ये लक्ष्य प्राप्त नहीं होते तो इसका स्पष्ट अर्थ है कि अध्यापक का शिक्षण कार्य अथवा शिक्षण उपचार दोषपूर्ण रहा होगा। छात्रों को कम दोषी माना जाएगा। मूल्याँकन कार्य की भी दो श्रेणियाँ हैं—

1. व्यवहार परिवर्तन का मूल्याँकन—व्यावहारिक परिवर्तनों को मापना भी जरूरी है। लेकिन यह एक कठिन कार्य है। इसलिए व्यवहार परिवर्तन का मूल्याँकन के लिए विभिन्न परीक्षणों का प्रयोग किया जाता है। इसके लिए कई प्रकार की प्रक्षेपी तकनीकों (Projective Techniques) का भी प्रयोग किया जाता है।

2. मानदंड परीक्षा का निर्माण—शिक्षण का मूल्याँकन करना भी जरूरी होता है। इस मूल्याँकन से उपलब्धियों का ज्ञान होता है। मूल्याँकन करने की कई परीक्षा

प्रणालियां होती हैं, जैसे वस्तुनिष्ठ परीक्षाएँ, विषयनिष्ठ और निष्पत्ति परीक्षाएँ (Achievement Test)। निष्पत्ति परीक्षा से पाठ्य-वस्तु के ज्ञान को मापा जाता है।

शिक्षण को प्रभावशाली बनाने के लिए उसके सभी चरों (Variables) तथा उनके कार्यों की सही जानकारी होना बहुत जरूरी होता है।

शिक्षण प्रतिमान

प्रतिमान (Model) शब्द को हम दो रूपों में देख सकते हैं–(a) किसी बड़ी वस्तु को छोटे आकार के रूप में दिखाना, (b) किसी आदर्श (ideal) के रूप में।

किसी वस्तु के छोटे आकार को प्रतिमान के रूप में प्रयोग किया जाता है। उदाहरण के लिए, इंजीनियरों को अगर किसी बाँध की रूपरेखा तैयार करनी है तो वे पहले उस बाँध का प्रतिमान (Model) छोटे आकार के रूप में बनाकर पेश करते हैं तथा उसकी कार्यप्रणाली देखते हैं और फिर उसका बड़ा रूप बनाते हैं। जैसे–भाखड़ा बाँध का प्रतिमान। उसी प्रकार अन्य योजनाओं का भी प्रतिमान प्रस्तुत किया जाता है। जैसे–ताजमहल का प्रतिमान, महात्मा गांधी सेतु का प्रतिमान, दिल्ली मैट्रो का प्रतिमान आदि।

अध्यापक अपने आपको विद्यार्थियों के सामने एक प्रतिमान (Model) के रूप में स्वयं को प्रस्तुत करता है। विद्यार्थी अपने अध्यापक की अच्छी बातों व गुणों को ग्रहण करके कुछ सीखते हैं।

शिक्षण-प्रतिमानों का विकास सीखने के सिद्धान्तों (Principles of Learning) पर किया गया है। दूसरे शब्दों में ये कहा जा सकता है कि शिक्षण प्रतिमान शिक्षण के विषय में सोचने विचारने का एक ढंग है (Teaching model is a way of thinking about teaching)। शिक्षण प्रतिमानों की विभिन्न शिक्षा शास्त्रियों ने पृथक्-पृथक् परिभाषाएँ दी हैं, जो अग्रलिखित हैं–

वील एवं जॉयसी–शिक्षण प्रतिमान से तात्पर्य शैक्षणिक क्रियाओं और पर्यावरण को नियोजित करने वाले मार्गदर्शन से है। इसके द्वारा कुछ विशेष लक्ष्यों की प्राप्ति के लिए शिक्षण और अधिगम के तरीके तय किए जाते हैं।

पॉल डी. ईगन एवं उसके सहयोगी के विचार में–शिक्षण प्रतिमानों से अभिप्राय विशिष्ट अनुदेशनात्मक लक्ष्यों की प्राप्ति के लिए निर्मित उपचारात्मक शिक्षण ब्यूह रचनाओं से है।

एन. के. जंगीरा एवं अजीत सिंह–शिक्षण प्रतिमान क्रमबद्ध और परस्पर सम्बन्धित ऐसे अवयवों का समुच्चय है जिसके द्वारा विशिष्ट लक्ष्यों की प्राप्ति के लिए मार्गदर्शन मिलता है।

उपरोक्त परिभाषाओं के विश्लेषण से हमें शिक्षण प्रतिमानों की अग्रलिखित उपयोगिताओं का ज्ञान होता है–

1. शिक्षण-प्रतिमान उचित शैक्षणिक वातावरण पैदा करने में भी विभिन्न तरीके बताते हैं।

2. शिक्षण-प्रतिमानों द्वारा अधिगम-अनुभवों के चयन के विषय में निर्णय लिया जा सकता है।

3. शिक्षण-प्रतिमान अध्यापक और विद्यार्थी में अन्तःक्रिया के आयोजन में सहायक होता है।

4. शिक्षण-प्रतिमान विद्यार्थी के व्यवहार में परिवर्तन लाने के उद्देश्य को प्राप्त करने में अपना योगदान करते हैं। अधिगम और शिक्षण दोनों का यही उद्देश्य है।

5. विभिन्न श्रेणियों में क्या-क्या पढ़ाया जाए, इस सामग्री के चयन में शिक्षण प्रतिमान सहायक होते हैं।

6. शिक्षण प्रतिमानों की मदद से विशिष्टीकरण (Specialisation) सम्भव है।

7. शिक्षण प्रतिमान पूरी शिक्षण प्रक्रिया में सुधार लाने में सहायक है।

8. शिक्षण प्रतिमान पूरी शिक्षण प्रक्रिया का ब्ल्यू प्रिंट (Blue Print) होता है और यह ब्ल्यू प्रिंट अध्यापक के लिए एवं लक्ष्यों की प्राप्ति के लिए मार्गदर्शक होता है।

9. ये शिक्षण प्रतिमान मूल्याँकन करने के लिए कसौटी (Criteria) का कार्य करते हैं। व्यवहार का मूल्याँकन करने के लिए इन्हें कसौटी माना जा सकता है।

10. शिक्षण प्रतिमान शिक्षण-ब्यूह रचना (Teaching Strategy) के रूप में भी काम करते हैं। अध्यापक और विद्यार्थी उद्देश्यों की प्राप्ति के लिए ब्यूह रचनाओं की मदद लेते हैं।

11. ये प्रतिमान शिक्षण सिद्धान्तों के निर्माण में मदद देते हैं।

12. शिक्षण प्रतिमान शिक्षण के उचित अनुदेशन सामग्री के चुनने में सहायक होते हैं।

शिक्षण प्रतिमान के तत्त्व

किसी भी शिक्षण प्रतिमान के अग्रलिखित तत्त्व होते हैं–

1. लक्ष्य अथवा केन्द्रबिन्दु

2. संरचना
3. सामाजिक प्रणाली
4. मूल्याँकन प्रणाली
5. प्रयोग

1. लक्ष्य अथवा केन्द्रबिन्दु—हर शिक्षण प्रतिमान का एक मूल लक्ष्य अथवा केन्द्र बिन्दु (focus) होता है। इस लक्ष्य को सामने रख कर शिक्षण प्रतिमान का विकास किया जाता है। दूसरे शब्दों में शिक्षण के लक्ष्य ही शिक्षण प्रतिमानों के केन्द्रबिन्दु होते हैं। इन लक्ष्यों का सम्बन्ध विशेष प्रकार की क्षमताओं के विकास से होता है।

2. संरचना—शिक्षण-क्रियाओं का क्रम तय करना तथा उसे इस प्रकार से क्रमबद्ध करना जिससे सीखने की उन परिस्थितियों को जन्म दिया जा सके जो उद्देश्य प्राप्त करने में सहायक हों। अध्यापक तथा विद्यार्थियों की अन्तः क्रिया (interaction) की भी व्यवस्था की जाती है। समस्त शिक्षण प्रक्रिया को एक क्रम (System) से चलाया जाता है। संरचना का एक और कार्य भी होता है कि इसका पद (step) पृथक्-पृथक् क्रियाओं के विभिन्न पक्षों अथवा चरणों (phases of activities) में आपसी सम्बन्ध स्थापित करती है।

3. सामाजिक प्रणाली—शिक्षण एक सामाजिक प्रक्रिया है। इसी आधार शिक्षण प्रतिमान के एक तत्त्व के रूप में सामाजिक-प्रणाली को माना जाता है। इसलिए अध्यापक और विद्यार्थी की अन्तःक्रिया की व्यवस्था इसी रूप में की जाती है। इस तत्त्व का सबसे जरूरी कार्य है विद्यार्थियों के व्यवहार में परिवर्तन लाना। इसका प्रारूप लक्ष्यों पर निर्भर करता है। हर शिक्षण प्रतिमान की अपनी-अपनी सामाजिक प्रणाली होती है और यही प्रणाली विद्यार्थियों को प्रेरित करती है। इसका सीधा सम्बन्ध अध्यापक और विद्यार्थियों की क्रियाओं से होता है।

4. मूल्याँकन प्रणाली—इस पद के तहत पूर्ण शिक्षण-क्रियाओं का मूल्याँकन किया जाता है और भविष्य के कार्यों की रूपरेखा परिणामों के आधार पर की जाती है। शिक्षण की उपयोगिता ही इस तत्त्व का आधार है। शिक्षण कार्य में सुधार तथा परिवर्तन लाना ही इस तत्त्व का मुख्य उद्देश्य है। सफलता अथवा असफलता का सम्बन्ध इस सोपान से है। अथवा ये कह सकते हैं कि अपेक्षित लक्ष्य अथवा उद्देश्य प्राप्त हुए हैं अथवा नहीं। शिक्षण प्रक्रिया में प्रयुक्त की जाने वाली ब्यूह रचना (strategy) किस सीमा तक प्रभावशाली अथवा प्रभावहीन रही? इसका उत्तर इस पद में मिलता है। प्रत्येक प्रतिमान की मूल्याँकन विधि भी अलग होगी क्योंकि प्रत्येक का उद्देश्य अलग होता है।

5. प्रयोग—यह शिक्षण प्रतिमान का अन्तिम तत्त्व माना जाता है। शिक्षण प्रतिमान के उपयोग के विषय में इस तत्त्व से पता लगता है। इससे ये भी पता लगता है कि प्रत्येक शिक्षण प्रतिमान का प्रयोग किसी विशेष परिस्थिति में किया जा सकता है और उसी परिस्थिति में लाभप्रद होता है।

ग्लेजर का बुनियादी शिक्षण प्रतिमान

प्रसिद्ध शिक्षाशास्त्री रोबर्ट ग्लेजर (Glazer) को बुनियादी शिक्षण प्रतिमान का प्रतिपादक माना जाता है। इस प्रतिमान को बुनियादी प्रतिमान इसलिए कहा जाता है क्योंकि एक तो इसकी रचना में कुछ बुनियादी मनोवैज्ञानिक सिद्धान्तों का उपयोग किया गया है और दूसरे, यह ऐसे प्रतिमान का प्रतिनिधित्व करता है जिसके द्वारा शिक्षण की जटिल प्रक्रिया को चार बुनियादी घटकों में विभाजित करके बहुत ही सरल और उपयुक्त रूप में प्रस्तुत किया जा सकता है। शिक्षण प्रक्रिया के ये चार बुनियादी घटक अग्रलिखित हैं—

1. अनुदेशनात्मक उद्देश्य
2. अनुदेशनात्मक प्रक्रिया
3. पूर्व अथवा प्रविष्टि व्यवहार
4. निष्पादन मूल्याँकन

1. अनुदेशनात्मक उद्देश्य—यह घटक शिक्षण प्रक्रिया में केन्द्र के समान होता है। अनुदेशनात्मक उद्देश्य शिक्षण प्रारम्भ करने से पहले ही निर्धारित कर लिए जाते हैं। किसी भी कार्य को आरम्भ करने से पहले ये तय किया जाना जरूरी है कि वह काम क्यों किया जाना चाहिए। शिक्षण प्रक्रिया के विषय में भी यह बात उतनी ही सही है। शिक्षा का लक्ष्य है बालक के व्यवहार में परिवर्तन लाना। इन अपेक्षित परिवर्तनों की समुचित व्याख्या करना ही अनुदेशनात्मक उद्देश्य कहलाता है।

2. अनुदेशनात्मक प्रक्रिया—अनुदेशनात्मक उद्देश्यों का क्रियात्मक पक्ष अनुदेशानात्मक प्रक्रिया है। इस प्रक्रिया के तहत अध्यापक और छात्रों में अन्तःक्रिया (Interaction) का आयोजन किया जाता है। इसके तहत विद्यार्थी के पूर्व व्यवहार को ध्यान में रखते हुए ऐसी शिक्षण तकनीक साधन, विधियों, प्रविधियों (Devices) और ब्यूह रचनाओं (strategies) आदि का चयन और उपयोग करना होता है जिससे अन्तःक्रिया का आयोजन हो सके और निर्धारित शिक्षण उद्देश्यों की प्राप्ति की जा सके।

3. पूर्व अथवा प्रविष्टि व्यवहार—शिक्षण प्रक्रिया को आरम्भ करने से पहले विद्यार्थियों का जो स्तर होता है उसे पूर्व व्यवहार (Entering Behaviour) कहते हैं। विद्यार्थी के व्यवहार के तीनों पक्षों अर्थात् ज्ञानात्मक, भावनात्मक और क्रियात्मक (Cognitive, Affective and Conative) के सन्दर्भ में जो कुछ भी उसका स्तर होता है, उसका मूल्याँकन करके उसके विषय में यह निर्णय लिया जाता है कि विद्यार्थी में कितनी और किस तरह की योग्यता और व्यवहार व अन्य विशेषताएँ इस समय उपस्थित हैं। इस तरह शिक्षण प्रारम्भ करने से पहले जो कुछ भी विद्यार्थी अपने आपमें होता है उसको जान लेना ही उसका पूर्व व्यवहार है। छात्रों की योग्यताओं के आधार पर ही अध्यापक अनुदेशनात्मक उद्देश्यों को चुनता है।

ग्लेजर के शिक्षण प्रतिमान में पूर्व व्यवहार को दूसरे नम्बर पर रखा गया है, परन्तु अनुदेशनात्मक उद्देश्यों के निर्माण के लिए पूर्व व्यवहार (Entering Behaviour) को पहले जान लेना बहुत महत्त्वपूर्ण होता है।

4. निष्पादन मूल्याँकन—अनुदेशनात्मक उद्देश्यों कि प्राप्ति विद्यार्थियों ने किस सीमा तक की है इसका परीक्षण (Test) और प्रेक्षण (Observation) करने के लिए निष्पादन मूल्याँकन (Performance Assessment) का प्रयोग किया जाता है। मुख्य कार्य विद्यार्थी के पूर्व व्यवहार और अन्तिम व्यवहार के बीच की दूरी का मापन होता है और इसे अलग-अलग तरह के मूल्याँकन तकनीकों जैसे अवलोकन (Observation), साक्षात्कार (Interview), रेटिंग स्केल (Rating Scale), प्रश्नावली (Questionnaire), प्रक्षेपी तकनीक (Projective Techniques) आदि विधियों के द्वारा सम्पन्न किया जाता है। मूल्याँकन के ये परिणाम शिक्षण प्रक्रिया के तहत किए जाने वाले पृथक्-पृथक प्रयासों को पर्याप्त प्रति-पुष्टि (Feedback) प्रदान करते हैं।

शिक्षण प्रक्रिया के ये चारों उपरोक्त बुनियादी घटक एक-दूसरे से बहुत अधिक सीमा तक घुले-मिले रहते हैं। एक घटक के क्रिया-कलाप सभी दूसरों से प्रभावित होते हैं और बदले में सभी घटकों को प्रभावित करते हैं। एक अध्यापक जब अपने वास्तविक शिक्षण से जुड़ा हुआ होता है तो उसे इन सभी घटकों की पारस्परिक निर्भरता और एक-दूसरे पर पड़ने वाले प्रभाव को ध्यान में रखकर ही अपने शिक्षण कार्यों का आयोजन करना पड़ता है।

संप्रत्यय उपलब्धि प्रतिमान का अर्थ

कुछ ऐसे प्रतिमान होते हैं जिसके द्वारा विद्यार्थी वातावरण के भिन्न-भिन्न पदार्थों में समानताएँ और उनमें सम्बन्ध स्थापित करना सीखता है, इसे ही संप्रत्यय

उपलब्धि प्रतिमान कहा जाता है। वातावरण में कई प्रकार की वस्तुएँ भरी हुई होती हैं क्योंकि हमारा वातावरण बड़ा जटिल किस्म का है। इस संप्रत्यय उपलब्धि (Concept Attainment) द्वारा तथ्यों को जाना जाता है और इस प्रकार के ज्ञान से विद्यार्थियों की बौद्धिक क्षमताओं का विकास होता है। इस प्रतिमान के द्वारा आगमन तर्क (Inductive Reasoning) का विकास भी होता है।

जब सम्बन्धित प्रत्यय हमारे सामने आते हैं तो संप्रत्यय निर्माण (Concept Formation) का कार्य होता है। इसीलिए ये कहा जा सकता है कि संप्रत्यय निर्माण एक अन्वेषणात्मक कार्य (Research Work) है और इस अन्वेषण से उपलब्ध संप्रत्ययों की उचित प्रकार से उपलब्धि पर ध्यान लगाया जाता है।

ब्रूनर का संप्रत्यय उपलब्धि प्रतिमान

जेरम ब्रूनर और उसके साथियों ने 1956 में अपने अनुसन्धानों के परिणामस्वरूप संप्रत्यय उपलब्धि प्रतिमान प्रस्तुत किया। इसकी कुछ मुख्य बातें अग्रलिखित हैं–

1. हमारा वातावरण बहुत जटिल है और अनन्त विभिन्न वस्तुओं से भरा पड़ा है। हम इन वस्तुओं में भेद करना; पहचानना, उनका वर्गीकरण करना और सम्बन्धित प्रत्ययों का निर्माण करना जानते हैं तभी इस वातावरण में समायोजित कर पा रहे हैं।

2. (a) संप्रत्यय उपलब्धि का काम तभी होगा जब सम्बन्धित प्रत्यय इस प्रकार की उपलब्धि के लिए हमारे सामने होंगे।

(b) संप्रत्यय निर्माण की क्रिया का संप्रत्यय उपलब्धि से पहले घटित होना बहुत जरूरी है।

(c) संप्रत्यय निर्माण एक अन्वेषणात्मक कार्य का सूचक है।

3. एक संप्रत्यय तीन तत्त्वों से बना हुआ है। (क) उदाहरण (ख) गुण (ग) गुण-धर्म।

संप्रत्यय उपलिब्ध प्रतिमान की रचना

इसका वर्णन अग्रलिखित प्रकार से किया जा सकता है–

1. उद्देश्य—विद्यार्थी के वातावरण के संदर्भ में विशिष्ट शिक्षण उद्देश्यों पर प्रकाश निक्षेप करना इस तत्त्व का कार्य है। इस प्रतिमान का मुख्य उद्देश्य बच्चों गें आगमन तर्क का विकास करना है। विद्यार्थी प्रक्रिया का विवरण करके घटनाओं, व्यक्तियों, वस्तुओं आदि को वर्गों में बाँटने का ज्ञान सीखते हैं।

2. संरचना—इस तत्त्व के अन्तर्गत प्रतिमान को प्रयोग में लाने से सम्बन्धित अलग-अलग अवस्थाओं और क्रियाओं का वर्णन किया जाता है। यह तत्त्व अग्रलिखित चार अवस्थाओं से गुजरता है–

(i) विद्यार्थी इन सूचनाओं के विश्लेषण की रिपोर्ट लिखित रूप में तैयार करते हैं।

(ii) असंगठित सूचनाओं के आधार पर विद्यार्थी संप्रत्यय की रचना करते हैं।

(iii) विद्यार्थियों को सूचना प्रदान की जाती है ताकि वे उदाहरणों द्वारा प्रत्ययों (Concepts) को जान लें।

(iv) विद्यार्थी उस दी हुई सूचना का विश्लेषण करते हैं।

इस तरह से संप्रत्ययों की उपलब्धि होती है।

3. सामाजिक प्रणाली—अध्यापक सारी क्रियाओं पर अपना नियन्त्रण रखता है और तर्क आदि करने के लिए विद्यार्थियों को स्वतन्त्रता देता है। विभिन्न अवस्थाओं में तर्क के उपरांत ऐसी स्थिति आती है कि विद्यार्थी स्वयं प्रत्ययों (Concepts) तथा ब्यूह रचनाओं (Strategies) का विश्लेषण आरम्भ कर देते हैं। अध्यापक उन्हें इस कार्य के लिए उत्साहित करता है।

4. अवलम्ब प्रणाली अथवा मूल्याँकन प्रणाली—इस तत्त्व के तहत सभी दी गई सूचनाओं की प्रकृति (Nature) एक ही प्रकार की होनी चाहिए ताकि विद्यार्थी संप्रत्यय को समझ सकें। पाठ्य-पुस्तक भी क्रमानुसार होनी चाहिए ताकि संप्रत्यय का पता चल जाए। मूल्याँकन करने के लिए निबन्धात्मक तथा वस्तुनिष्ठ परीक्षाओं का प्रयोग किया जाता है।

5. प्रयोग—इस प्रतिमान का प्रयोग भाषा सीखने तथा गणित सीखने के लिए उपयोगी माना गया है। इनके अलावा प्रयोगों के ज्ञान के लिए भी यह प्रतिमान उपयोग किया जाता है।

संप्रत्यय-उपलब्धि प्रतिमान की विशेषताएँ

संप्रत्यय-उपलब्धि प्रतिमान की विशेषताएँ अग्रलिखित हैं–

1. इस प्रतिमान द्वारा अनजान प्रत्ययों से परिचय कराया जाता है।

2. जहाँ उदाहरणों के आधार पर संप्रत्ययों को सीखा और समझा जाए वहीं इस प्रतिमान का प्रयोग केवल उन्हें हालात में ठीक रहता है।

3. जिस विषय सामग्री में संप्रत्यय अध्यापक की बात की चर्चा ही न हो वहाँ पर इस प्रतिमान का प्रयोग नहीं किया जा सकता। उदाहरणार्थ तथ्यों

(Facts) का ज्ञान देने कें लिए और कारण बताने अथवा 'क्यों' का उत्तर देने के लिए इस प्रतिमान का प्रयोग नहीं हो सकता। जैसे भारत देश 1947 में स्वतन्त्र हुआ। रेतीले इलाकों में दिन गर्म और रातें ठण्डी क्यों होती हैं? इस प्रकार के शिक्षण में इस प्रतिमान का प्रयोग नहीं किया जा सकता।

पूछताछ प्रशिक्षण प्रतिमान

पूछताछ प्रशिक्षण प्रतिमान का विकास रिचार्ड सचमैन ने किया। विद्यार्थी में वैज्ञानिक ढंग से पूछताछ अथवा पृच्छा कौशल का विकास करने के उद्देश्य से उह्नोंने इस प्रतिमान का विकास किया। पूछताछ प्रतिमान के सन्दर्भ में सचमैन साहब (Mr. Suchman) अपने कुछ विशिष्ट विचार रखते थे। उनके इन्हीं विशेष विचारों को इस प्रतिमान का दर्शन (Philosophy) कहा जा सकता है। ये विचार थोड़े में अग्रलिखित हैं–

(i) किसी भी व्यक्ति को पूछताछ प्रक्रिया (Inquiry Process) से अवगत कराया जा सकता है और वह अपने सोच-विचार करने के तरीकों और युक्तियों का ठीक प्रकार विश्लेषण करना सीख सकता है।

(ii) किसी भी चीज को खोजने और उसे ठीक प्रकार से समझने के लिए जितने तरीके और युक्तियों का किसी व्यक्ति को पहले से ज्ञान है, उनके अतिरिक्त उसे और भी उपुयक्त नवीन विधियों और युक्तियों का ज्ञान कराया जा सकता है।

(iii) पूछताछ प्रक्रिया में परस्परिक सहयोग का काफी योगदान रहता है और इस तरह सहयोगियों की मदद और विचारों द्वारा ज्ञान के कलेवर में वृद्धि की जा सकती है।

(iv) ज्ञान शाश्वत नहीं बल्कि परिवर्तनशील है। किसी समय कोई वैज्ञानिक किसी सिद्धान्त का प्रतिपादन करता है, परन्तु कुछ समय पश्चात् वही सिद्धान्त असत्य अथवा अर्थहीन सिद्ध हो सकता है और उसके स्थान पर कोई नया सिद्धान्त आ सकता है।

(v) किसी प्रश्न का कोई एक उत्तर नहीं होता। किसी बात को कहने के अलग-अलग ढंग हो सकते हैं और किसी समस्या का सही हल निकालने के कई तरीके।

(vi) स्वाभाविक तौर पर किसी पहेली को सुलझाने अथवा समस्या से निपटने के लिए हम सभी पूछताछ प्रक्रिया की मदद लिया करते हैं।

पूछताछ प्रशिक्षण प्रतिमान के तत्त्व

पूछताछ प्रशिक्षण प्रतिमान के मूल तत्त्व अग्रलिखित हैं–

1. लक्ष्य अथवा केन्द्र बिन्दु—विद्यार्थियों में ज्ञानात्मक कौशलों का विकास करना इस प्रतिमान का मुख्य उद्देश्य है। विद्यार्थी प्रकृति से जिज्ञासु होते हैं और वे स्वयं खोज द्वारा वस्तु और घटनाओं के विषय में प्रश्न पूछते हुए अपनी जिज्ञासा की तृप्ति करते हैं। इस प्रतिमान द्वारा व्यक्तिगत क्षमताओं का विकास उपयुक्त ढंग से हो सकता है। विद्यार्थियों को स्वतन्त्र रूप से सीखने और पूछताछ करने योग्य बना देता है। विद्यार्थी जटिल से जटिल समस्या का सामना करके, उसे हल करने के लिए स्वयं ही तैयार हो जाते हैं। किसी अमुक घटना अथवा बात के मूल में वास्तविक कारण क्या है, को जानने की कोशिश करते हैं।

2. संरचना—इस प्रतिमान की संरचना की पाँच अवस्थाएँ (Phases) हैं–

(i) समस्या का सामना करना—इस अवस्था में अध्यापक विद्यार्थियों के सामने किसी घटना अथवा समस्या को प्रस्तुत करता है, पूछताछ विधियों की जानकारी भी देता है। अध्यापक विद्यार्थियों को बताता है कि उन्हें पूछताछ किस तरह करनी है। इसमें मूल बात यह है कि इसके द्वारा विद्यार्थियों को पूछताछ करने के सही तरीके का उचित प्रशिक्षण मिल जाना चाहिए। आरम्भ में प्रश्न ऐसे पूछे जाने चाहिए जिनके उत्तर 'हाँ' अथवा 'न' में हों। विद्यार्थी अपनी सभी परिकल्पनाओं (Hypotheses) की जाँच के लिए सूचनाएँ इकट्ठी करते हैं। पुस्तकें पढ़ने तथा सहायक सामग्री का प्रयोग करने की आजादी होती है।

(ii) पुष्टीकरण के लिए आँकड़ों का संग्रह—इसमें पुष्टीकरण (Verification) के लिए आँकड़े इकट्ठे किए जाते हैं। यह कार्य निम्न दो प्रकार से होता है–

(a) समस्या अथवा घटना जिन परिस्थितियों में घटित होती है, उसके विषय में जरूरी खोज और प्रयोग किए जाएँ। पुष्टीकरण के दौरान वस्तुओं, विशेषताओं, स्थितियों और घटनाओं के विषय में प्रश्न पूछ सकते हैं।

(b) छात्रों द्वारा ऐसे प्रश्न पूछे जाते हैं जिनका उत्तर अध्यापक द्वारा केवल 'हाँ' अथवा 'न' में दिया जाए।

(iii) प्रयोगीकरण के लिए आँकड़े इकट्ठा करने की प्रक्रिया—प्रयोगीकरण में आँकड़े इकट्ठे करके मुख्य दो कार्य होते हैं–

(a) प्रत्यक्ष प्रशिक्षण—इसमें किसी उपकल्पना अथवा सिद्धान्त का परीक्षण किया जाता है।

(b) अन्वेषण—इसमें स्थिति को बदलकर होने वाले परिवर्तन को देखा जाता है।

(iv) सूचनाओं का संगठन—इसमें आँकड़े इकट्ठे करते समय प्राप्त सूचनाओं को संगठित किया जाता है। विद्यार्थियों से यह आशा की जाती है कि वे–

(a) संग्रह किए हुए आँकड़ों से सार्थक परिणाम निकालने का प्रयास करें तथा

(b) प्रस्तुत समस्या के समाधान में निहित कारणों की सबसे उत्तम ढंग से व्याख्या करें।

(v) पूछताछ प्रक्रिया का विश्लेषण—इसमें विद्यार्थी को उसकी पूछताछ की पद्धति का विश्लेषण करने को कहा जाता है। सम्पूर्ण पूछताछ प्रक्रिया में पूछे गए प्रश्नों, एकत्रित की गई सूचनाओं का मूल्याँकन और विश्लेषण है।

3. सामाजिक प्रणाली—पूछताछ प्रशिक्षण प्रतिमान, सामाजिक प्रणाली के नियन्त्रण को बहुत ज्यादा महत्त्व देता है लेकिन फिर भी जहाँ तक विचारों के आदान-प्रदान का प्रश्न है, विद्यार्थी और अध्यापक दोनों ही इस प्रतिमान में बराबर की भूमिका निभाते हैं। अध्यापक को सभी स्थितियों में इस प्रकार की अनुक्रिया करनी होती है कि विद्यार्थियों को पूछताछ करने और इस दिशा में ठीक प्रकार आगे बढ़ते रहने के लिए अधिक-से-अधिक प्रोत्साहन मिलता रहे। धीरे-धीरे, जैसे-जैसे विद्यार्थी पूछताछ करने के ढंग से परिचित होने लगते हैं, नियन्त्रण कम होने लगता है और विद्यार्थियों को अधिक सक्रिय सहयोग के अवसर दिए जाते हैं। उन्हें सोचने-विचारने की ओर इस तरह प्रेरित किया जाता है कि वे समस्या का समाधान करने और रहस्यों की खोज करने के वैज्ञानिक ढंग का प्रशिक्षण प्राप्त कर सकें। इस प्रतिमान की सफलता अध्यापक और छात्रों के पारस्परिक सहयोग पर ही निर्भर करती है।

4. मूल्याँकन प्रणाली—इस प्रतिमान के प्रयोग के लिए अध्यापक को निम्न प्रकार की अतिरिक्त मदद की जरूरत पड़ती है।

(i) लिखित रूप में किसी समस्या अथवा घटना का वर्णन करने वाली सामग्री।

(ii) पूछताछ करने के उचित तरीकों और युक्तियों के विषय में उचित प्रशिक्षण व विद्यार्थियों के ज्ञान के स्तर की जानकारी।

5. प्रयोग—ज्यादातर इस प्रतिमान का प्रयोग विज्ञान के विषयों के लिए अधिक उपयोगी रहता है। इस प्रतिमान का विकास प्राकृतिक विज्ञानों (Natural

Sciences) के लिए किया गया था। किसी भी समस्या अथवा समस्यात्मक परिस्थिति को सुलझाने के लिए यह प्रतिमान बहुत उपयोगी सिद्ध होता है।

पूछताछ प्रशिक्षण प्रतिमान की विशेषताएँ

पूछताछ प्रशिक्षण प्रतिमान की विशेषताएँ अग्रलिखित हैं–

1. इस प्रतिमान में 'हां' अथवा 'नहीं' में उत्तर दिए जाते हैं।

2. स्वतन्त्र रूप से यह पूछताछ प्रशिक्षण पर केन्द्रित रहता है।

3. यह प्रतिमान बौद्धिक क्षमताओं का विकास करता है।

4. विद्यार्थी स्वयं उपकल्पनाओं (Hypotheses) का विकास करके उनकी जाँच करते हैं और परिणाम निकालते हैं।1. इस प्रतिमान में विद्यार्थी स्वतन्त्र रूप से प्रश्न पूछते हैं।

5. इस प्रतिमान में अध्यापक व छात्र की भूमिकाओं का समान महत्त्व होता है।

6. अध्यापक का कार्य समस्यात्मक परिस्थिति को छात्रों के सामने प्रस्तुत करना होता है।

7. इस प्रतिमान में अध्यापक का नियन्त्रण धीरे-धीरे घटता जाता है और छात्र पूछताछ के नियम समझने के पश्चात् स्वतन्त्र हो जाता है।

शिक्षण और उससे मिले-जुले संप्रत्ययों को आपस में अलग करना

शिक्षा की इस दुनिया में शिक्षण के अतिरिक्त हम अन्य संप्रत्ययों का भी प्रयोग करते हैं और भूल से शिक्षण तथा इन संप्रत्ययों को एक दूसरे का पर्यायवाची भी मान लेते हैं। शिक्षण से मिले-जुले कुछ संप्रत्ययों—(1) प्रशिक्षण, (2) अनुदेशन, (3) अनुबन्धन, (4) प्रतिपादन आदि हैं।

1. प्रशिक्षण—प्रशिक्षण को शिक्षण का ही एक अंग माना जाता है। जितना अधिक-से-अधिक बुद्धि का प्रदर्शन प्रशिक्षण में होगा उतना ही यह प्रशिक्षण शिक्षण प्रक्रिया (Teaching Process) के नजदीक होता चला जाएगा। इससे प्रशिक्षण की शिक्षण के साथ समानता (Similarity) बढ़ती चली जाएगी। ये भी कहा जाता है कि प्रशिक्षण का स्तर अनुबन्धन के स्तर से थोड़ा ऊँचा है। शिक्षण और प्रशिक्षण में अन्तर इस बात पर निर्भर करता है कि बुद्धि का प्रदर्शन कितना हुआ। प्रशिक्षण द्वारा विभिन्न कौशलों का ज्ञान अर्जित किया जाता है। प्रशिक्षण (Training) और अनुबन्धन (Conditioning) में बहुत अधिक समानता पाई जाती है और शिक्षण और प्रशिक्षण में कम। शिक्षण और प्रशिक्षण में मुख्य अन्तर बुद्धि की मात्रा का उपयोग है।

2. अनुदेशन—शिक्षण को एक बड़ा संप्रत्यय माना जाता है और अनुदेशन को उसका एक छोटा-सा भाग। इसलिए अनुदेशन और शिक्षण एक नहीं हैं तथा शिक्षण में अनुदेशन का समावेश होता ही नहीं। जब कभी अनुदेशन दिया जा रहा है तो इसका अर्थ साफ-साफ है कि शिक्षण भी किया जा रहा है, परन्तु शिक्षण किया जा रहा होता है तो यह जरूरी नहीं कि उसमें अनुदेशन भी शामिल हो।

अनुदेशन का सम्बन्ध किसी व्यक्ति में किसी वस्तु, प्रणाली अथवा किसी प्रक्रिया के विषय में ज्ञान और समझ पैदा करने से है, परन्तु शिक्षण एक विस्तृत प्रक्रिया है और यह ज्ञान देने तक ही सीमित नहीं है बल्कि कार्य और भावना पक्ष को भी साथ लेकर बालक के व्यक्तित्त्व के विकास में मदद करती है।

शिक्षण और अनुदेशन का अन्तर उनमें छुपी हुई प्रक्रियाओं के आधार पर भी समझा जा सकता है। शिक्षण में अध्यापक की उपस्थिति, अध्यापक और छात्र के मध्य चल रहे पारस्परिक आदान-प्रदान और व्यक्तित्त्व सम्बन्धी प्रभाव को बहुत अधिक महत्त्व दिया जाता है। जबकि अनुदेशन में अध्यापक की उपस्थिति और अध्यापक-छात्र अन्तःक्रिया जरूरी नहीं होती। शिक्षण मशीन, टेप रिकॉर्डर, रेडियो, टेलीविजन, अभिक्रमित अनुदेशन, सहायक सामग्री आदि शिक्षण साधनों द्वारा अनुदेशन की क्रिया सम्पन्न हो सकती है। एक अध्यापक अपने शिक्षण में भी इन सभी शिक्षण साधनों का आवश्यकतानुसार प्रयोग करता हुआ देखा जा सकता है। इसलिए अनुदेशन से सम्बन्धित सभी बातों का तो शिक्षण में समावेश हो सकता है लेकिन अनुदेशन कभी भी शिक्षण की ऊँचाइयों को नहीं छू सकता।

3. अनुबन्धन—मनुष्य की आदतों के बनाने में अनुबन्धन (Conditioning) का विशेष सम्बन्ध माना गया है। जानवरों तथा कई पक्षियों की आदतों के बनाने में भी अनुबन्धन का ही प्रयोग होता है। जैसे जब कुत्ते को शिक्षा दी जाती है कि घंटी बजाने की आवाज पर पंजा उठाना है अथवा वांछित क्रिया करनी है, तो इस प्रकार के शिक्षण को अनुबन्धन कहा जाता है। तोते आदि को आदेशों का पालन करने का प्रशिक्षण दिया जाता है। इसी रूप में अनुबन्धन के द्वारा पशु, पक्षियों और मनुष्यों को विभिन्न संकेत चेतावनी और आदेशों का पालन करने के लिए शिक्षा दी जाती है, परन्तु अनुबन्धन की इस प्रक्रिया में मानसिक शक्तियों का विकास (Development of Mental Powers) नहीं होता। इसीलिए अनुबन्धन को शिक्षण के सबसे निचले स्तर का माना जाता है। इसीलिए शिक्षण और अनुबन्ध विभेदीकरण इस तरह कर सकते हैं कि शिक्षण का सम्बन्ध उन व्यवहारों से होता है जिनमें बुद्धि (Intelligence) का अधिक प्रदर्शन होता हो तथा अनुबन्धन की प्रक्रिया में बुद्धि के प्रदर्शन की मात्रा कम होती जाती है।

4. प्रतिपादन—शिक्षण की प्रक्रिया में प्रतिपादन (Indoctrination) को उच्चतम और सर्वोत्तम चरण माना जाता है। बाकी सभी संप्रत्यय (Concepts) शिक्षण और प्रतिपादन के बीच में आते हैं। प्रतिपादन की मदद से व्यक्ति के व्यक्तित्त्व में आदर्श और मूल्यों की स्थापना की जाती है। शिक्षण के इस स्तर पर व्यक्ति से अन्य स्तरों की तुलना में अधिक ऊंचे स्तर की बुद्धि के प्रदर्शन की आशा की जाती है।

प्रतिपादन के तहत विश्वास और व्यवहार को बदलने का प्रयास किया जाता है। इसके लिए छात्रों को कोई तर्क नहीं समझाया जाता। महान पुरुष, राजनीतिज्ञ, धर्माधिकारी, शासनाधिकारी आदि प्रतिपादन की मदद से व्यक्तियों को अपनी विचारधारा, विश्वास और कार्य शैली के रंग में रंगने में सफल हो जाते हैं। अध्यापक भी कभी-कभी प्रतिपादन की शैली को अपनी शिक्षण प्रक्रिया में शामिल कर लेता है। इस प्रकार से प्रतिपादन शिक्षण का एक अंग तो बन सकता है, परन्तु पर्याय नहीं। कोई भी अध्यापक प्रतिपादन के बिना भी शिक्षण प्रदान कर सकता है, परन्तु शिक्षण प्रक्रिया व उद्देश्यों के बिना प्रतिपादन का अस्तित्त्व सम्भव नहीं है।

थोड़े में यह कहा जा सकता है कि प्रशिक्षण, अनुदेशन, अनुबन्धन और प्रतिपादन शिक्षण के ही रूप हैं। इन्हें शिक्षण का अंग तो माना जा सकता है, लेकिन पर्याय नहीं। ये एक-दूसरे से प्रकृति और कार्यप्रणाली में अलग हैं। शिक्षण प्रक्रिया में इनमें से किसी को भी शिक्षण शैली के रूप में प्रयोग किया जा सकता है।

2

शिक्षण अधिगम

शिक्षण और सीखने का गहरा सम्बन्ध है। वही शिक्षण सफल माना जाता है जो बालक को सिखाने में सक्षम होता है। विद्यालय में सीमित वातावरण में अध्यापकों के सामने निरंतर यह प्रश्न रहता है–"बालकों को क्या, कैसे और क्यों सिखायें?" कारण यह है कि प्राचीन समय की अपेक्षा आज सीखने में ज्ञान के अर्जन से कहीं अधिक बातें सम्मिलित हैं। सफल शिक्षण के लिए इन सबकी जानकारी जरूरी है। यहाँ इन सबको प्रस्तुत किया जा रहा है।

सीखने का आशय

सामान्य रूप से 'सीखना' अनुभव के द्वारा व्यवहार में परिवर्तन है। उदाहरण के लिए–बच्चे का जलते हुए दीपक को पहली बार छूना, एक स्वाभाविक कार्य है। पर जलने में अनुभव के आधार पर जलते हुए दीपक को फिर न छूना, सीखा हुआ कार्य है। इस प्रकार सीखना पूर्व के अनुभव के कारण बच्चे के व्यवहार में परिवर्तन हो जाता है। इस सन्दर्भ में प्रेसी और रॉबिन्सन का मत है–"सीखना एक अनुभव है, जिसके कारण कार्य में परिवर्तन अथवा समायोजन होता है और व्यवहार की नई विधियाँ अपनाई जाती हैं।"

सीखने की परिभाषाएं

अग्रलिखित परिभाषाओं से सीखने के अर्थ को और अधिक स्पष्ट किया जा सकता है–

मेकगियोक–"अभ्यास के परिणामस्वरूप कार्य में परिवर्तन ही सीखना है।"

क्रो व क्रो–"सीखना ज्ञान और अभिवृत्ति को प्राप्त करना है।"

स्किनर–"सीखना–व्यवहार को अपनाने की एक विकासशील प्रक्रिया है।"

कुप्पूस्वामी–"सीखना वह प्रक्रिया है, जिसके द्वारा एक प्राणी किसी परिस्थिति में अपनी अन्तःक्रिया के फलस्वरूप व्यवहार की एक नयी विधि अपनाता है। इस व्यवहार में स्थायी होने की प्रवृत्ति होती है और यह कुछ सीमा तक प्राणी के सम्पूर्ण व्यवहार को प्रभावित करता है।"

सीखने की विशेषताएँ

सीखने की सामान्य विशेषताएँ अग्रलिखित हैं–

(1) सीखना : व्यक्तिगत व सामाजिक दोनों हैं–सीखना व्यक्तिगत कार्य तो है ही, पर इससे भी अधिक यह सामाजिक कार्य है। **योकम और सिम्पसन** के अनुसार, "सीखना सामाजिक है क्योंकि व्यक्ति का किसी प्रकार के सामाजिक परिवर्तन के अभाव में सीखना असम्भव है।" परिवार, समुदाय, धार्मिक संस्थाएँ आदि सामाजिक साधन बालक को विभिन्न बातें सिखाकर उसके व्यवहार को प्रभावित करते हैं।

(2) सीखना : वातावरण की उपज है–सीखना शून्य में न होकर, निरंतर उस वातावरण के प्रति प्रतिक्रिया के रूप में होता है, जिसमें व्यक्ति रहता है। बालक का सम्बन्ध जैसे वातावरण से होता है, वैसी बातें वह सीखता है। यही कारण है कि आजकल इस बात पर जोर दिया जाता है कि विद्यालय इतना उपयुक्त और प्रभावपूर्ण वातावरण उपस्थित करे कि बालक अधिक से अधिक बातों को सीख सके।

(3) सीखना : व्यवहार को प्रभावित करता है–सीखना दो प्रकार का है–वास्तविक और अवास्तविक। अगर हम एक भाषा को सीखकर उसके द्वारा अपने विचारों को व्यक्त कर सकते हैं, तो यह वास्तविक सीखना है, पर अगर हम ऐसा नहीं कर सकते हैं, तो यह अवास्तविक सीखना है। इस प्रकार के सीखने से हमारे व्यवहार पर सामान्य रूप से कोई प्रभाव नहीं पड़ता है। इसके विपरीत, वास्तविक सीखने से हमारे व्यवहार पर स्वस्थ प्रभाव पड़ता है। फलतः हम जीवन से अधिक अच्छा अनुकूलन कर सकते हैं और अपने विचारों तथा कार्यों में परिवर्तन करके उनको ठीक कर सकते हैं।

(4) सीखना : खोज करना है–वास्तविक सीखना किसी बात की खोज करना है अथवा उनको स्वयं सीखना है। इस प्रकार के सीखने में व्यक्ति विभिन्न प्रकार से प्रयास करके स्वयं एक परिणाम पर पहुँचता है। **मरसेल** का कथन है–"सीखना उस बात को खोजने और जानने का कार्य है, जिसे एक व्यक्ति सीखना और जानना चाहता है।"

(5) सीखना : अभिवृद्धि है–बालक अपनी दैनिक क्रियाओं और अनुभवों के द्वारा कुछ-न-कुछ सीखता है। फलस्वरूप उसकी शारीरिक और मानसिक अभिवृद्धि होती है। सीखने की इस विशेषता को पेस्टालॉजी ने वृक्ष और फ्रॉबेल ने उपवन का उदाहरण देकर स्पष्ट किया है।

(6) सीखना : अनुकूलन है–सीखना वातावरण से अनुकूलन करने के लिए जरूरी है। सीखकर ही व्यक्ति नई परिस्थितियों से अपना अनुकूलन कर सकता है।

जब हम अपने व्यवहार को इनके अनुकूल बनाते हैं, तभी कुछ सीखते हैं। गेट्स का कथन है—"सीखने का सम्बन्ध स्थिति के क्रमिक परिचय से है।"

(7) सीखना : अनुभवों का संगठन है—सीखना न तो नये अनुभव की प्राप्ति है और न पुराने अनुभवों का योग, वरन् नये और पुराने अनुभवों का संगठन है। जैसे-जैसे व्यक्ति नये अनुभवों के द्वारा नई बातें सीखता जाता है, वैसे-वैसे वह अपनी आवश्यकताओं के अनुसार अपने अनुभवों को संगठित करता चला जाता है।

(8) सीखना : उद्देश्यपूर्ण है—सीखना उद्देश्यपूर्ण होता है। उद्देश्य जितना ही प्रबल होगा, सीखने की क्रिया उतनी ही तीव्र होगी। उद्देश्य के अभाव में सीखना असफल होता है। **मरसेल** के अनुसार—"सीखने के लिए उत्तेजित और निर्देशित उद्देश्य की अति आवश्यकता है और ऐसे उद्देश्य के बिना सीखने में असफलता निश्चित है।"

(9) सीखना : विवेकपूर्ण है—मरसेल का कथन है कि सीखना यांत्रिक कार्य के बजाय विवेकपूर्ण कार्य है। उसी बात को शीघ्रता और सरलता से सीखा जा सकता है, जिसमें बुद्धि अथवा विवेक का प्रयोग किया जाता है। बिना सोचे-समझे किसी बात को रटना ठीक नहीं है, क्योंकि इसका कोई स्थायी परिणाम नहीं होता है। परीक्षणों द्वारा सिद्ध किया जा चुका है कि अर्जित ज्ञान की मात्रा का रटने की संख्या से बहुत ही कम सम्बन्ध होता है। अतः सीखने में बालक को अपने विवेक का प्रयीग करके उस बात को मालूम करना चाहिए, जिसे वह जानना चाहता है।

(10) सीखना : सक्रिय है—सक्रिय सीखना ही उद्देश्यपूर्ण सीखना है। बालक तभी कुछ सीखता है, जब वह स्वयं सीखने की प्रक्रिया में भाग लेता है। जिस सीखने में उस पर दूसरे व्यक्ति द्वारा ज्ञान लादा जाता है, वह निष्क्रिय होता है। यही कारण है कि डाल्टन, प्लान, प्रोजेक्ट मेथड, मॉण्टेसरी मेथड आदि शिक्षण की सभी विकासशील विधियाँ बालक की क्रियाशीलता पर जोर देती हैं।

सीखने पर प्रभाव डालने वाले तत्त्व

कक्षा में सीखने की क्रिया पर अग्रलिखित तत्त्व बहुत अधिक प्रभाव डालते हैं—

(1) सीखने की इच्छा—अगर छात्रों में किसी बात को सीखने की इच्छा होती है, तो वे प्रतिकूल परिस्थितियों में भी उसी सीख लेते हैं। अतः अध्यापक का एक प्रमुख कर्त्तव्य यह है कि वह छात्रों की इच्छा शक्ति को दृढ़ बनाये। इस लक्ष्य की प्राप्ति के लिए, उसे उनकी रुचि और उत्सुकता को जाग्रत करना चाहिए।

(2) प्रेरणा—सीखने की प्रक्रिया में प्रेरकों (Motives) का स्थान सबसे शक्तिशाली माना जाता है। प्रेरक बालकों को नई बातें सीखने के लिए उत्तेजित करते

हैं। अतः अगर अध्यापक चाहता है कि उसके छात्र नये पाठ को सीखें तो वह प्रशंसा, प्रोत्साहन, प्रतिद्वंद्विता आदि विधियों का प्रयोग करके उनको प्रेरित करे।

(3) अध्यापक व सीखने की प्रक्रिया–सीखने की प्रक्रिया में पथ-प्रदर्शक के रूप में अध्यापक का स्थान अति महत्त्वपूर्ण है। उसके कार्यों और विचारों, व्यवहार और व्यक्तित्व, ज्ञान और शिक्षण विधि व छात्रों के सीखने पर प्रत्यक्ष प्रभाव पड़ता है। इन बातों में अध्यापक का स्तर जितना ऊँचा होगा, सीखने की प्रक्रिया उतनी ही तीव्र और सरल होगी।

(4) सीखने का उचित वातावरण–सीखने की प्रक्रिया पर न केवल कक्षा के अन्दर वरन् बाहर के वातावरण का भी प्रभाव पड़ता है। कक्षा के बाहर का वातावरण शान्त होना चाहिए। निरन्तर शोर-गुल से छात्रों का ध्यान सीखने की प्रक्रिया से हट जाता है। अगर कक्षा के अन्दर छात्रों को बैठने के लिए पर्याप्त स्थान नहीं है और उसमें वायु और प्रकाश की कमी है, तो छात्र थोड़ी देर में ही थकान का अनुभव करने लगेंगे। फलतः उनकी सीखने में रुचि समाप्त हो जाएगी। कक्षा का मनोवैज्ञानिक वातावरण (Psychological Climate) भी सीखने की प्रक्रिया को प्रभावित करता है। अगर छात्रों में एक-दूसरे के प्रति सहयोग और सहानुभूति की भावना है; तो सीखने की प्रक्रिया को आगे बढ़ने में योग मिलता है।

(5) सीखने की विधि–सीखने की विधि का सम्बन्ध छात्र और विषय–दोनों से है। यह विधि जितनी ही अधिक रुचिकर और उपयुक्त होती है, सीखना उतना ही सरल होता है। इसलिए प्रारम्भिक कक्षाओं में **'खेल'** और **'करके सीखने'** की विधियों का और उच्च कक्षाओं में पूर्ण **सामूहिक** और **सहसम्बन्ध** विधियों का प्रयोग किया जाता है।

(6) सम्पूर्ण परिस्थिति–बालक के सीखने को प्रभावित करने वाले जितने तत्त्व होते हैं, वे उस पर पृथक रूप से प्रभाव न डालकर सामूहिक रूप से डालते हैं। अतः एक सम्पूर्ण परिस्थिति का होना जरूरी है, जिसमें सीखने के सभी तत्त्व और सभी दिशायें विद्यमान हों। विद्यालय की सम्पूर्ण परिस्थिति का बालक के बाह्य जीवन और समाज के सामान्य जीवन से घनिष्ठ सम्बन्ध होना चाहिए। रायबर्न के अनुसार–"उस सम्पूर्ण परिस्थिति का, जिसमें बालक अपने को विद्यालय में पाता है, जीवन से जितना अधिक सम्बन्ध होता है, उतना ही अधिक सफल और स्थायी उसका सीखना होता है।"

(7) पाठ्य-विषय का संगठन–अगर अध्यापक द्वारा पाठ्य-विषय का संगठन ठीक प्रकार से किया गया है, तो छात्रों को उसे सीखने में किसी प्रकार की कठिनाई नहीं होती है। अतः यह आवश्यक है कि बालकों के अर्जित ज्ञान

को ध्यान में रखकर अध्यापक पहले ही इस बात की योजना बना ले कि उसको शिक्षण किस तरह करना है।

(8) शारीरिक व मानसिक स्वास्थ्य—जो छात्र शारीरिक और मानसिक दृष्टि से स्वस्थ होते हैं, वे सीखने में रुचि लेते हैं और शीघ्र सीखते हैं। इसके विपरीत, शारीरिक अथवा मानसिक रोगों से ग्रस्त छात्र सीखने में किसी प्रकार की रुचि नहीं लेते हैं। फलतः वे किसी बात को देर में और कम सीखते हैं।

(9) परिपक्वता—शारीरिक और मानसिक परिपक्वता वाले छात्र नये पाठ को सीखने के लिए निरंतर तत्पर और उत्सुक रहते हैं। फलतः वे सीखने में किसी प्रकार की कठिनाई का अनुभव नहीं करते हैं। अगर छात्रों में शारीरिक और मानसिक परिपक्वता नहीं है, तो सीखने में उनके समय और शक्ति का नाश होता है।

(10) सीखने का समय व थकान—सीखने का समय सीखने की प्रक्रिया को प्रभावित करता है। उदाहरणार्थ—जब छात्र विद्यालय आते हैं तब उनमें स्फूर्ति होती है। अतः उनको सीखने में सुगमता होती है। जैसे-जैसे शिक्षण के घण्टे बीतते जाते हैं उनकी स्फूर्ति में शिथिलता आती जाती है और वे थकान अनुभव करने लगते हैं। फलस्वरूप उनकी सीखने की क्रिया मन्थर हो जाती है।

सीखने की प्रभावोत्पादक विधियाँ

किसी नई क्रिया अथवा नये पाठ को सीखने के लिए विभिन्न विधियों को अपनाया जा सकता है। यहाँ हम केवल उन विधियों का वर्णन कर रहे हैं, जिनको मनोवैज्ञानिक प्रयोगों के आधार पर अधिक उपयोगी और प्रभावोत्पादक माना गया है—

(1) परीक्षण करके सीखना—नई बातों की खोज करना, एक प्रकार का सीखना है। बालक इस खोज को परीक्षण द्वारा कर सकता है। परीक्षण के पश्चात् वह किसी निष्कर्ष पर पहुँचता है। इस प्रकार वह जिन बातों को सीखता है, वे उसके ज्ञान का अभिन्न अंग हो जाती हैं; उदाहरणार्थ—वह इस बात का परीक्षण कर सकता है कि गरमी का ठोस और तरल पदार्थों पर क्या प्रभाव पड़ता है। वह इस बात को पुस्तक से पढ़कर भी सीख सकता है। पर यह सीखना उतना प्रभावपूर्ण न होगा, जितना कि स्वयं परीक्षण करके सीखना।

(2) सामूहिक विधियों द्वारा सीखना—सीखने का कार्य व्यक्तिगत और सामूहिक—दोनों है। कक्षा में सीखने का कार्य सामूहिक होने के कारण सामूहिक विधियों पर आधारित किया जाता है। इन विधियों में अग्रलिखित-विधि प्रमुख हैं—

(i) वर्कशॉप विधि—इस विधि में विभिन्न विषयों पर सभा का आयोजन किया जाता है और इन विषयों के हर पहलू का छात्रों द्वारा अध्ययन किया जाता है।

(ii) सम्मेलन व विचार-गोष्ठी विधियाँ—इन विधियों में किसी विशेष विषय पर छात्रों द्वारा विचार-विनिमय किया जाता है।

(iii) वाद-विवाद विधि—इस विधि में प्रत्येक छात्र को अपने विचार व्यक्त करने और प्रश्न पूछने का समान अवसर दिया जाता है।

(iv) प्रोजेक्ट, डाल्टन व बेसिक विधियाँ—इन आधुनिक विधियों में व्यक्तिगत और सामूहिक—दोनों प्रकार के प्रेरकों का स्थान होता है। प्रत्येक अपनी व्यक्तिगत रुचि, ज्ञान और क्षमता के अनुसार स्वतन्त्र रूप से कार्य करता है, जिससे उसका सीखने का कार्य सरल हो जाता है। इसके अतिरिक्त, सामूहिक रूप से कार्य करने के कारण उसमें स्पर्द्धा, सहयोग और सहानुभूति का विकास होता है।

(3) मिश्रित विधि द्वारा सीखना—सीखने की दो महत्त्वपूर्ण विधियाँ हैं—पूर्ण विधि (Whole Method) और आंशिक विधि (Part-Method)। पहली विधि में छात्रों को पहले पाठ्य विषय का पूर्ण ज्ञान दिया जाता है और फिर उसके विभिन्न अंगों में सम्बन्ध स्थापित किया जाता है। दूसरी विधि में पाठ्य-विषय को खण्डों में बाँट दिया जाता है। आधुनिक विचारधारा के अनुसार इन दोनों विधियों को मिलाकर सीखने के लिए मिश्रित विधि का प्रयोग किया जाता है।

(4) करके सीखना—इस सन्दर्भ में डॉ. मेस का मत है—"स्मृति का कथन मस्तिष्क में नहीं वरन् शरीर के अवयवों में है। यही कारण है कि हम करके सीखते हैं।"

बालक स्वयं करके किसी कार्य को जल्दी सीखते हैं। क्योंकि उसे करने में वे उसके उद्देश्य का निर्माण करते हैं, उसको करने की योजना बनाते हैं और योजना को पूर्ण करते हैं। फिर वे यह देखते हैं कि उसके प्रयास सफल हुए हैं अथवा असफल। अगर वे असफल हुए तो वे अपनी गलतियों का पता कर उसमें सुधार करने का प्रयास करते हैं।

(5) निरीक्षण करके सीखना—इस सन्दर्भ में योकम व सिम्पसन का विचार है—"निरीक्षण—सूचना प्राप्त करने, प्रदत्त एकत्रित करने और वस्तुओं तथा घटनाओं के विषय में सही विचार प्राप्त करने का साधन है।"

बालक जिस वस्तु का निरीक्षण करते हैं, उसके विषय में जल्दी और स्थायी रूप से सीखते हैं। कारण यह है कि निरीक्षण करते समय वे उस वस्तु को छूते हैं अथवा प्रयोग करते हैं अथवा उसके बारे में बातचीत करते हैं। इस प्रकार वे अपने एक से अधिक इन्द्रियों का प्रयोग करते हैं। फलस्वरूप उनके स्मृति-पटल पर उस वस्तु का स्पष्ट चित्र अंकित हो जाता है।

सीखने के कार्य को सरल एवं सफल बनाने के लिए सबसे अधिक जरूरी है–'सीखने की स्थिति का संगठन' (Organization of the Learning Situation)। यह तभी सम्भव हो सकता है, जब विद्यालय का निर्माण इस प्रकार किया जाय कि उसमें सीखने की सभी क्रियाएँ उपलब्ध हों और सीखने की सभी विधियों का प्रयोग किया जाय। दुर्भाग्य से ऐसा नहीं है। इस सन्दर्भ में मरसेल ने ठीक ही लिखा है–"विद्यालय का निर्माण कभी भी सीखने की प्रभावशाली कला की संस्था के रूप में नहीं किया गया है और यह अनेक प्रकार से एक भद्दा और मूर्खतापूर्ण ढाँचा होता है।"

शिक्षण और अधिगम का सम्बन्ध

शिक्षण को प्रायः अधिगम का अभिन्न अंग माना जाता है। कुछ शिक्षा शास्त्रियों का यह विश्वास है कि निश्चित रूप से ही शिक्षण का अन्त अधिगम में होता है। महान् शिक्षाशास्त्री किलपैट्रिक ने कहा है कि "जब तक बच्चा सीखता नहीं अध्यापक ने पढ़ाया नहीं।" यहाँ तक ही नहीं, उन्होंने आगे कहा है, कि शिक्षण और अधिगम में वही सम्बन्ध है जो कि बेचने और खरीदने में। इस प्रकार की युक्तियाँ और विचार आधुनिक शिक्षा-जगत में एवं सर्वसाधारण में अत्यधिक प्रचलित हैं। ऊपर लिखित देखने पर इस युक्ति में सत्यता की झलक मिलती है, लेकिन तर्क की कसौटी पर यह कथन अथवा सादृश्य (analogy) खरा नहीं उतरता।

जिस प्रकार खरीदने और बेचने के बीच चार तत्त्व होते हैं–(i) एक बेचने वाला, (ii) एक खरीदने वाला, (iii) बेचने की क्रिया, तथा (iv) खरीदने की क्रिया; उसी प्रकार शिक्षण और सीखने के बीच भी चार तत्त्व होते हैं–(i) एक अध्यापक, (ii) एक शिष्य, (iii) शिक्षण की क्रिया, और (iv) सीखने की क्रिया।

शिक्षण, अध्यापक एवं छात्र के मध्य चलने वाली परस्पर क्रिया है जिसके द्वारा विद्यार्थी किसी उद्देश्य की ओर उन्मुख होता है। अध्यापक द्वारा निर्मित अधिगम की परिस्थितियों की मदद से सीखता है। शिक्षण का कार्य ऐसी परिस्थितियों तथा विद्यालय और कक्षा में ऐसे वातावरण का निर्माण करना है जिसके द्वारा अधिगम को और अधिक प्रभावकारी बनाने में मदद प्रदान की जाती है। दूसरे शब्दों में अधिगम विद्यार्थी से सम्बन्धित मानसिक प्रक्रिया है और शिक्षण अधिगम में मदद पहुँचाने वाला बाहरी प्रक्रम है।

अतः सारांश रूप में यह कहना बिल्कुल ठीक होगा कि जहाँ शिक्षण को शिक्षा की प्रक्रिया और अध्ययन अध्यापन योजना का केन्द्रबिन्दु बनाना उचित

होगा, वहाँ सभी प्रकार के शिक्षण को अधिगम केन्द्रित बना कर ही शिक्षार्थी का अधिक-से-अधिक हितचिन्तन किया जा सकेगा।

शिक्षण अधिगम और अनुदेशन में अन्तर

शिक्षण की सम्पूर्ण प्रक्रिया एवं अर्थ को समझने के लिए शिक्षण, अधिगम और अनुदेशन में अन्तर पहचानना अनिवार्य है। शिक्षण वह प्रक्रिया है जो विद्यार्थियों को कुछ उद्देश्यों की ओर प्रभावित करती है। इस प्रक्रिया में अध्यापक और छात्र में अन्तःप्रक्रिया होती है। अनुदेशन भी वह प्रक्रिया है जो छात्र को कुछ उद्देश्यों की ओर प्रभावित करती है, लेकिन इसमें शिक्षण की तरह अध्यापक और छात्र में पारस्परिक अन्तःप्रक्रिया नहीं होती। थोड़े में शिक्षण में अनुदेशन सम्मिलित होता है। लेकिन केवल अनुदेशन को पूर्ण शिक्षण नहीं कहा जा सकता। शिक्षण-प्रक्रिया द्वारा ज्ञानात्मक, भावात्मक और क्रियात्मक पक्षों का विकास सम्भव है, जबकि अनुदेशन प्रक्रिया में केवल ज्ञानात्मक पक्ष का विकास ही सम्भव है।

शिक्षण और अनुदेशन प्रक्रियाओं में अधिगम शामिल होता है। जहाँ ये दोनों प्रक्रियाएँ होंगी वहाँ अधिगम अवश्य होगा, परन्तु सभी प्रकार के अधिगम के लिए शिक्षण और अनुदेशन जरूरी नहीं। शिक्षण और अनुदेशन के बिना भी अधिगम हो सकता है। मुख्य रूप से शिक्षण और अनुदेशन का कार्य अधिगम को प्रभावित करना है। अधिगम छात्रों से सम्बन्धित मानसिक प्रक्रिया है तथा शिक्षण अधिगम में मदद पहुँचाने वाली बाह्य प्रक्रिया है। दूसरे शब्दों में, क्रियाओं और अनुभवों द्वारा व्यवहार में परिवर्तन आने को ही अधिगम कहते हैं, तथा शिक्षण और अनुदेशन की प्रक्रियाएँ ये परिवर्तन लाने में विशेष भूमिकाएँ निभाती हैं।

3

शिक्षण सूत्र

अध्यापक विद्वत्ता, विषय विशेष का विशेष ज्ञान तथा व्यावसायिक योग्यता का धारक होने के पश्चात् भी जरूरी नहीं है कि वह छात्रों के लिए उपयोगी होगा। वास्तव में वही अध्यापक उपयोगी हो सकता है जो अपने ज्ञान तथा अनुभवों की व्याख्या छात्र के मस्तिष्क तक पहुँचा सके। कक्षा के अन्दर अध्यापक का मुख्य कार्य तथा लक्ष्य यह होता है कि वह एक ऐसा वातावरण तैयार करें जिसमें अधिक-से-अधिक सीखने की क्रियाएँ तथा सीखने के अनुभव उत्पन्न किये जा सकें। इन विचारों तथा कार्य करने के तरीकों को ही 'शिक्षण सूत्र' की संज्ञा दी गई है। ये सूत्र विश्वसनीय तथा सार्वभौमिक होते हैं।

कुछ मुख्य सूत्रों का वर्णन अग्रलिखित रूप में किया जा रहा है—

1. विशिष्ट से सामान्य की ओर—सामान्यीकृत तथ्य, सिद्धान्त व संप्रत्यय आदि (Generalised Facts Principles and Concepts) अपने आप में कठिन होते हैं। आरम्भ में उन्हें ग्रहण करने में छात्रों को बहुत परेशानी होती है। प्रारम्भ में ही इन्हें प्रस्तुत नहीं करना चाहिए। इसलिए शिक्षण का आरम्भ विशेष तथ्यों, उदाहरणों व प्रयोगों के द्वारा ही किया जाना चाहिए। इस सूत्र का प्रयोग विज्ञान में उपयोगी होता है। 'विशेष से सामान्य की ओर' का सूत्र आगमनात्मक विधि (Inductive Method) पर आधारित है। छात्र पहले विशेष (Specific or Particular) बातों की ओर आकर्षित होता है और फिर सामान्यीकरण (Generalisation) की ओर अग्रसर होता है। इस सूत्र का प्रयोग गणित तथा भाषा-व्याकरण की शिक्षा में भी किया जाता है।

2. स्थूल से सूक्ष्म की ओर—सबसे पहले मानसिक विकास की आरम्भिक अवस्थाओं में छात्र स्थूल (Concrete) वस्तुओं के विषय में ज्ञान अर्जित करता है। जैसे-जैसे उनका मानसिक विकास होता है, वैसे-वैसे उसके अनुभव का क्षेत्र बढ़ता जाता है और वह सूक्ष्म विचारों को ग्रहण करने लगता है। कई बार सूक्ष्म अथवा अमूर्त (Abstract) तथ्यों की ओर ध्यान केन्द्रित करते समय छात्र ऊब

जाता है। उसका धीरज भी समाप्त होने लगता है। अमूर्त अथवा सूक्ष्म बातों को जानना एक कठिन कार्य होता है। अतः नए ज्ञान को स्थूल (Concrete) उदाहरण से सम्बन्धित करके अगर ज्ञान दिया जाए तो ज्ञान प्राप्त करना आसान हो जाता है। उदाहरस्वरूप अगर पशुओं का ज्ञान देना है तो आरम्भ में एक-दो पशुओं का ज्ञान दिया जाना चाहिए, इससे बाद में दूसरे पशुओं के विषय में भी सूक्ष्म विचार विकसित हो जाते हैं।

3. सरल से जटिल की ओर—पहले आसान तथ्यों को जानना और बाद में उसकी मदद से अनावश्यक रूप से कठिन व जटिल तथ्यों को समझने का प्रयास निरंतर ही लाभदायक होता है। शिक्षण अधिगम प्रक्रिया में भी 'सरल से कठिन की ओर' अथवा 'आसान से जटिल की ओर' अग्रसर होने का सूत्र उचित अधिगम क्रम एवं व्यवस्था प्रदान करता है। इसीलिए अध्यापक को शिक्षण कार्य करते समय पहले सरल, बाद में कठिन तथ्य प्रस्तुत करने चाहिए। भाषा की शिक्षा से पहले सरल वाक्यों (Simple Sentences) तथा बाद में जटिल वाक्यों (Complex Sentences) का ज्ञान कराना चाहिए। इतिहास तथा भूगोल में पहले स्थानीय तथ्यों के विषय में और बाद में ऐसे तथ्यों के सम्बन्ध में जानकारी देना चाहिए जो जटिल हों। इसी तरह गणित में पहले आसान प्रश्न कराए जाएँ तथा बाद में कठिन प्रश्नों की ओर बढ़ना चाहिए। इस सूत्र का प्रयोग करने के लिए अध्यापक को चाहिए कि वह बालकों के विकास की अनेक अवस्थाओं, उनकी वैयक्तिक भिन्नताओं (Individual Differences) तथा आवश्यकताओं को ध्यान में रखते हुए पाठ्य-वस्तु का विभाजन सरल तथा जटिल दोनों ही रूपों में कर लें और शिक्षण का क्रम भी इसी रूप में निर्धारित कर दें।

4. प्रत्यक्ष से अप्रत्यक्ष की ओर—जो वस्तुएँ तथा घटनाएँ छात्र के अनुभव क्षेत्र में प्रत्यक्ष ढंग से मौजूद होती हैं उनका ज्ञान छात्र को सरलतापूर्वक हो जाता है। वस्तुओं तथा घटनाओं के परोक्ष रूप में होने से उनका छात्र के ज्ञानकोष में प्रविष्ट कराना कठिन कार्य होता है। अतः अध्यापक को चाहिए कि अपने विषय से सम्बन्धित ज्ञान को पहले प्रत्यक्ष ढंग से तथा बाद में अप्रत्यक्ष ढंग से प्रस्तुत करें।

5. पूर्ण से अंश की ओर—इस शिक्षण-सूत्र का आधार मनोविज्ञान के प्रसिद्ध सिद्धान्त गैस्टाल्टवाद (Gestaltism) पर आधारित है। इसमें पहले पूर्ण वस्तु को प्रस्तुत करके फिर उसके विभिन्न भागों का अध्ययन कराया जाता है। अतः पहले पूर्व वस्तु (Whole thing) का प्रत्यक्षीकरण (Perception) करना

चाहिए, फिर उसके अंशों (Parts) का। उदाहरण के लिए अगर हमें कक्षा के विद्यार्थियों को फूल के भाग पढ़ाने हैं तो सबसे पहले उन्हें पूरा फूल दिखाकर फूल से परिचित कराना चाहिए, फिर उसके विभिन्न भागों का अध्ययन कराना चाहिए।

इस सूत्र का प्रयोग विविध विषयों के शिक्षण में विभिन्न प्रकार से किया जाता है। गणित की शिक्षा में इसका प्रयोग करने के लिए अध्यापक गणित की समस्या का सारा (Whole) रूप छात्रों के सामने प्रस्तुत करता है, इसके पश्चात् उस समस्या के अनेक पक्षों का विश्लेषण करता है। भाषा की शिक्षा में इस सूत्र का प्रयोग करने के लिए अध्यापक पूरे वाक्य को इकाई मानता है (Sentence as a Unit)। किसी वाक्य के अन्दर शब्दों, अक्षरों तथा स्पेलिंग आदि पर ध्यान बाद में जाता है, भूगोल की शिक्षा में प्रादेशिक वर्णन देते समय पूरे प्रादेशिक क्षेत्र (Region) का चित्रण पहले किया जाता है। इसके पश्चात् अलग-अलग देशों के भौगोलिक तथ्यों का वर्णन किया जाता है। इसी प्रकार अन्य विषयों के शिक्षण में इस सिद्धान्त का प्रयोग होता है।

6. अनिश्चित से निश्चित की ओर—छात्र का मस्तिष्क अपने वातावरण के सम्पर्क में अनिश्चित से निश्चित की ओर बढ़ता है। जिस प्रकार एक अन्वेषक अनिश्चित तथ्यों के आधार पर निश्चित तथ्यों की प्राप्ति करता है उसी प्रकार छात्र का मस्तिष्क कार्यशील रहता है। छात्र सीखने की प्रथम अवस्था में अनिश्चिय की दिशा में रहता है। तत्पश्चात् आगे चलकर वह निश्चय की स्थिति पर पहुँचता है। विज्ञान के शिक्षण में इस सिद्धान्त का प्रयोग बहुत होता है। छात्र विज्ञान के नियमों, सिद्धान्तों तथा घटनाओं के विषय में जानकारी प्राप्त करने के लिए अनिश्चित से निश्चित की ओर बढ़ता है। वह एक अन्वेषक के रूप में आगे बढ़ता है। इसी तरह गणित की शिक्षा में यह सब लागू होता है। अध्यापक को चाहिए कि वह छात्रों को अधिक देर तक अनिश्चय की स्थिति में न रखें, क्योंकि इससे छात्र के मन में तरह-तरह के शक पैदा हो सकते हैं। विषय का अच्छी तरह ज्ञान कराने के लिए यह अवस्था भी जरूरी है क्योंकि इसके पश्चात् निश्चय की अवस्था शीघ्र ही आनी चाहिए।

एक आदर्श अध्यापक को इन सूत्रों का ज्ञान उत्तम तरीके से कर लेना चाहिए। क्योंकि ये सूत्र शिक्षण प्रक्रिया के समुचित विकास एवं प्रभाव की दृष्टि से अधिक महत्त्व रखते हैं। अध्यापक इनके माध्यम से अपने शिक्षण की न्यूनताओं का मूल्याँकन करने में समर्थ हो सकता है। शिक्षण की क्रिया में अभीष्ट प्रभावशीलता (Effectiveness) एवं सजीवता का मूलमंत्र इन सूत्रों में ढूँढ़ा जा सकता है।

7. ठोस अनुभव से युक्तियुक्त की ओर—शिक्षण अधिगम प्रक्रिया का आरम्भ नियमीकरण अथवा व्याख्या के स्थान पर छात्र जो देखता है, अनुभव करता है, उसके आधार पर करना हमेशा उपयुक्त होता है। किसी वस्तु को देखने, परखने में उसकी अनुभूति पहले होती है तथा उसके विषय में तर्क देने की योग्यता बाद में आती है। युक्तियुक्त दृष्टिकोण ठोस अनुभवों का ही फल है। अनुभूतिजन्य प्रमाण अथवा मूर्त तथ्य ही किसी निष्कर्ष अथवा तर्कसंगत ज्ञान के लिए आधार का काम करते हैं। ठोस, सत्य अथवा मूर्त प्रमाणों से रहित थोथे विचारों से कभी भी युक्तियुक्त चिन्तन की क्रिया सम्पन्न नहीं हो सकती। अतः वस्तुओं-व्यक्तियों, घटनाओं अथवा तथ्यों से सम्बन्धित धारणाओं एवं प्रकृति को भलीभाँति समझने के तर्कसंगत दृष्टिकोणों को विकसित करने के लिए अथवा किसी ठोस निष्कर्ष तक पहुँचने के लिए अध्यापक को छात्रों के सम्मुख प्रत्यक्ष अथवा अप्रत्यक्ष अनुभवों, उदाहरणों, घटनाओं, तथ्यों अथवा प्रमाणों को प्रस्तुत करना पड़ता है। इसलिए अध्यापक को शिक्षण में सदा अपने विद्यार्थियों को ठोस अनुभव से युक्तियुक्त ज्ञान की ओर अग्रसर करना चाहिए। भाषा, गणित तथा विज्ञान आदि विषयों के शिक्षण में यह सूत्र बहुत अधिक मददगार हो सकता है।

8. मनोवैज्ञानिक से तार्किक क्रम की ओर—मनोवैज्ञानिक दृष्टिकोण शिक्षा की प्रक्रिया के शिक्षण और सीखने के मनोवैज्ञानिक सिद्धान्तों के महत्त्व को स्पष्ट करता है। इसके अनुसार शिक्षा का केन्द्र बिन्दु छात्र है। शिक्षण क्रियाओं का नियोजन एवं संगठन बच्चे की आवश्यकताओं, योग्यताओं, रुचियों एवं क्षमताओं के आधार पर किया जाता है। अनुदेशनात्मक उद्देश्यों का लक्ष्य भी बच्चे के हित को आधार मान कर तय किया जाता है। बाल मनोविज्ञान के आधार पर ही पाठ्यक्रम, शिक्षण ब्यूह रचना, सहायक सामग्री और शिक्षण अधिगम वातावरण सभी का निर्माण किया जाता है। लेकिन इसका यह मतलब नहीं कि एक अध्यापक अपना शिक्षण कार्य अनियोजित अथवा बेतरतीब ढंग से करने लगे। छात्र को जो कुछ ज्ञान दिया जाए वह मनोवैज्ञानिक आधार के साथ-साथ तर्कपूर्ण व क्रमबद्ध भी हो। शिक्षण कार्य को प्रभावोत्पादक बनाने के लिए यह परम आवश्यक है कि सीखने के लिए दिए जाने वाले अनुभवों, शिक्षण की ब्यूह रचनाओं, मूल्याँकन क्रियाओं, प्रति-पुष्टि की प्रविधियों आदि शिक्षण क्रियाओं को क्रमबद्ध प्रस्तुत किया जाए। इसलिए एक योग्य अध्यापक अपने शिक्षण कार्य में हमेशा मनोवैज्ञानिक एवं तार्किक—दोनों नियमों को सही रूप में अपनाता है। वह मनोवैज्ञानिक धरातल पर रहते हुए अपनी शिक्षण क्रियाओं की तर्कपूर्ण क्रमबद्धता बनाए रखने के हमेशा प्रयत्नशील रहता है।

9. आगमन से निगमन की ओर—अच्छा शिक्षण प्रायः आगमन (Induction) से आरंभ होकर निगमन (Deduction) पर खत्म होता है। आगमन तरीके से हमें यह पता चलता है कि अगर कोई बात अथवा कथन एक परिस्थिति में ठीक है तो उसी प्रकार की अन्य स्थितियों में भी यह ठीक ही होगा। इसके लिए अध्यापक को बालक के समक्ष कई उदाहरण और प्रमाण प्रस्तुत करने पड़ते हैं। निगमन इसका उल्टा है। इसमें पहले कुछ सिद्धान्तों, सामान्यीकृत तथ्यों व नियमों आदि को अध्यापक द्वारा बालक के समक्ष प्रस्तुत करके उदाहरणों की मदद से उन सिद्धान्तों, तथ्यों व नियमों की सत्यता (Validity) को जाँचा जाता है। उदाहरणस्वरूप भाषा की शिक्षा में व्याकरण के नियमों का ज्ञान कराते समय विश्लेषण आदि की परिभाषा समझाने के लिए विपृथक् रंगों आदि को वाक्यों के माध्यम से प्रस्तुत करते हुए विश्लेषण के सामान्यीकृत नियमों का ज्ञान प्रदान किया जा सकता है।

10. वास्तविकता से प्रतिरूप की ओर—शिक्षण अधिगम की किसी भी प्रक्रिया में ज्ञान का एक वास्तविक अंश, पदार्थ, प्रनियम अथवा सिद्धान्त अपने प्रतिरूप में कहीं अधिक श्रेष्ठ होते हैं। शैक्षिक मूल्यों एवं प्रत्यक्ष अनुभव की दृष्टि से कोई भी रोमांचक अनुभव दृश्य जैसे—वृक्षों की मरमराहट, पक्षियों की चहचहाहट अपने आप में अतुलनीय अनुभव है। किसी भी स्थान का भ्रमण, वहाँ की चर्चा मात्र से ज्यादा शिक्षाप्रद है। अतएव एक अध्यापक को हमेशा अपने छात्रों के सामने जहाँ तक सम्भव हो, कृत्रिम पदार्थ के स्थान पर प्राकृतिक पदार्थ प्रस्तुत करने का प्रयास करना चाहिए। भाषा में 'रेलवे स्टेशन का दृश्य' विषय पर निबन्ध रचना कराते समय चित्रों के स्थान पर छात्रों को वास्तविक रेलवे स्टेशन का दृश्य दिखाना ज्यादा अच्छा है।

11. प्राकृतिक विधि—शिक्षण का यह सूत्र रूसों के शिक्षा सिद्धान्तों से प्राप्त किया गया है। रूसो के अनुसार शिक्षा प्राकृतिक ढंग से होनी चाहिए। छात्र के शारीरिक तथा मानम्कि विकास के नियमों के अनुकूल ही उसके शिक्षा के साधन तैयार किए जाने चाहिए। छात्र की शारीरिक तथा मानसिक क्षमताओं की अवहेलना अप्राकृतिक एवं अमनोवैज्ञानिक है। इससे बालक के प्राकृतिक विकास में कठिनाई उत्पन्न होती है और उसका व्यक्तित्त्व कुण्ठित हो जाता है। शिक्षण का यह सूत्र प्रत्येक विषय की शिक्षा का आधारभूत तत्त्व है।

12. ज्ञात से अज्ञात की ओर—सीखने की प्रक्रिया में छात्र अपने पूर्व अर्जित ज्ञान तथा अनुभवों को नए ज्ञान तथा अनुभवों से जोड़ना चाहता है। शिक्षण प्रक्रिया में अध्यापक भी अपने विद्यार्थी के प्रति यही कार्य करता है। वह

बालक के पूर्व ज्ञान के आधार पर नए ज्ञान को जोड़ने की कोशिश करता है। इसके लिए उसे 'ज्ञात से अज्ञात की ओर' के शिक्षण सूत्र को अपनाना पड़ता है। उदाहरणार्थ अगर छात्रों को अनेक फूलों तथा पत्तियों के विषय में ज्ञान कराना हो तो सबसे पहले उनके आकार तथा रंगों के विषय में जानकारी करानी होगी और इसके पश्चात् उनसे पृथक्-पृथक् गुणों तथा प्रयोगों के विषय में बतलाना होगा। अगर अध्यापक गुणों और प्रयोगों के विषय में जानकारी पहले ही देने लगे तो छात्र उसे समझ ही नहीं पाएँगे। अतः ज्ञात से अज्ञात की ओर सीखने की प्रक्रिया को ले जाने पर बालक के अन्दर किसी तरह की भ्रान्ति नहीं रह पाती है।

13. विश्लेषण से संश्लेषण की ओर—विश्लेषण एक ऐसी प्रक्रिया है जिसमें किसी वस्तु के स्वरूप और रचना को अच्छी तरह समझने के लिए उसे आसान भागों, तत्त्वों अथवा अवयवों में अलग-अलग विभक्त किया जाता है। यह एक ऐसी प्रक्रिया अथवा प्रणाली है जिसके द्वारा एक समस्या के छिपे जुड़े तथ्य और किसी व्यवहार अथवा घटना के कारणों का पता लगाने तथा किसी तथ्य अथवा वस्तु की प्रकृति की जटिलता को समझने में मदद मिलती है। जैसे एक मशीन की बनावट अथवा कार्यप्रणाली समझने के लिए मशीन के भागों अथवा पुर्जों को अलग-अलग प्रस्तुत किया जाता है और हर पुर्जे का अलग-अलग ज्ञान दिया जाता है। फिर पूरी मशीन की बनावट व कार्यप्रणाली समझाई जाती है। इस प्रकार विश्लेषण की प्रक्रिया द्वारा कठिन-से-कठिन विषय को भी आसान बनाया जा सकता है।

संश्लेषण इससे ठीक उल्टा कार्य करता है। इसमें किसी भी वस्तु अथवा तथ्य की पूर्ण जानकारी देने के लिए उस वस्तु के विपृथक् भागों अथवा तत्त्वों को ठीक रूप में सामने पेश किया जाता है। संश्लेषण की तुलना में विश्लेषण की प्रक्रिया खोज करने अथवा किसी बात का पता लगाने की एक सहज, स्वाभाविक व आसान विधि है। यह शिक्षण अधिगम कार्य को आरंभ करने का एक अनुसन्धानात्मक दृष्टिकोण है। इसलिए अच्छे अध्यापक को अपना शिक्षण सदा विश्लेषण से आरंभ करके संश्लेषण पर समाप्त करना चाहिए।

4

शिक्षण सिद्धान्त

शिक्षण के सामान्य सिद्धान्त

शिक्षा और शिक्षण विज्ञान के क्षेत्र में की जाने वाली नई खोजों के परिणामस्वरूप कुछ सामान्य सिद्धान्तों को विकसित किया गया है। इनमें से कुछ प्रमुख सिद्धान्तों को यहाँ थोड़े में प्रस्तुत किया जा रहा है–

1. लचीलेपन का सिद्धान्त—यह ठीक है कि शिक्षण कार्य के लिए उचित पूर्व नियोजन की जरूरत होती है लेकिन इसका यह अर्थ कदापि नहीं कि शिक्षण अपने आप में जड़ तथा अपरिवर्तनशील बनकर रह जाए। शिक्षण एक कठिन कार्य और एक सजीव प्रक्रिया है। शिक्षण को क्रियान्वित करते समय पूर्व नियोजित स्थितियों अथवा वातावरण में किसी भी प्रकार के परिवर्तन की आवश्यकता पड़ सकती है। इसलिए आवश्यकतानुसार स्थिति पर नियन्त्रण करने के लिए अध्यापक को लचीलेपन के प्रनियम का पालन करना चाहिए। शिक्षण-अधिगम वातावरण एवं विद्यार्थियों की माँग के अनुसार अपने आपको व अपने शिक्षण को समायोजित करने के लिए अध्यापक को साधन, सम्पन्न कल्पनाशील, मौलिक एवं रचनात्मक होना चाहिए।

2. पूर्व अनुभवों के प्रयोग का सिद्धान्त—व्यक्ति के पूर्व अनुभव एक ऐसा आधार अथवा नींव है जिन पर नवीन ज्ञान का ढाँचा मजबूती एवं सुरक्षा के साथ खड़ा किया जा सकता है। इसलिए एक अध्यापक को चाहिए कि वह छात्रों को जो भी नवीन ज्ञान दे उसे उनके पूर्व अर्जित अनुभवों एवं ज्ञान के साथ उचित ढंग से जोड़ दे। यह शिक्षण क्रिया को आसान बना देता है। इस प्रनियम का पालन करने से शिक्षण के निश्चित उद्देश्यों की प्राप्ति में आसानी हो जाती है। अब यह बात गलत सिद्ध हो चुकी है कि बच्चा कोरी स्लेट (Clean Slate) की तरह होता है क्योंकि हर अवस्था में बच्चा कुछ-न-कुछ अनुभव अर्जित करता रहता है। शिक्षण की हर अवस्था में बच्चे का अपना प्रारम्भिक व्यवहार (Entering

Behaviour) होता है जो बच्चे के व्यवहार में सुधार करने की प्रक्रिया को एक आधार और प्रारम्भिक बिन्दु प्रदान करता है। शिक्षण को सफल बनाने के लिए यह बहुत जरूरी है कि बच्चों को नवीन ज्ञान से परिचित कराने के लिए, उस ज्ञान को प्रारम्भिक शिक्षण बिन्दु (Starting Point) बनाया जाए जिसे वह पहले से ही जानता है।

3. व्यक्तिगत विभिन्नता का सिद्धान्त—सभी विद्यार्थी एक समान नहीं होते। उनमें अनेक प्रकार की विभिन्नताएँ होती हैं, जिन्हें हम व्यक्तिगत विभिन्नताएँ कहते हैं। ये विभिन्नताएँ बुद्धि, रुचियां, क्षमताएँ आदि के दृष्टिकोण से होती हैं। अच्छी शिक्षण प्रक्रिया वही होगी जिसमें बच्चों की व्यक्तिगत विभिन्नताओं को ध्यान में रखा जाता है और उन विभिन्नताओं के आधार पर ही शिक्षण विधियों का चयन किया जाता हो। अतः व्यक्तिगत विभिन्नताओं का सिद्धान्त भी एक जरूरी सिद्धान्त है।

4. बाल केन्द्रित सिद्धान्त—शिक्षण का उद्देश्य बालक के व्यवहार में वाँछित परिवर्तन लाता है। इसलिए हर अवस्था में शिक्षण प्रक्रिया को बाल केन्द्रित बनाया जाना चाहिए। छात्रों की योग्यताओं व आवश्यकताओं को ध्यान में रखकर शिक्षण क्रियाओं का नियोजन करना चाहिए। शिक्षण कार्यों का मूल्याँकन करते समय छात्रों की योग्यताओं तथा आवश्यकताओं को ध्यान में रखना चाहिए।

5. वास्तविक जीवन से सम्बन्ध जोड़ने का सिद्धान्त—शिक्षण को छात्रों की आवश्यकताओं और वास्तविक जीवन से सम्बन्धित करना जरूरी होता है। शिक्षण और जीवन में दूरी का अर्थ है प्रभावहीन अधिगम और उद्देश्यों को प्राप्त करने में असफलता। शिक्षा के सामाजिक उद्देश्यों को पूरा करने के लिए शिक्षण प्रक्रिया सामाजिक परिस्थितियों के अनुसार ही सम्पन्न करनी चाहिए। इसलिए छात्र को शिक्षण के माध्यम से जो कुछ भी सिखाए जाए, वह वास्तविक जीवन से अलग अथवा दूर नहीं होना चाहिए। थोड़े में शिक्षा का क्षेत्र कक्षा अथवा स्कूल तक ही सीमित न होकर वास्तविक जीवन के विभिन्न पहलुओं का स्पर्श करे, तभी अधिगम प्रभावशाली होगा।

6. सक्रिय सहयोग लेने का सिद्धान्त—शिक्षण एक द्विपक्षीय प्रक्रिया है जो अध्यापक व छात्र दोनों के सामूहिक प्रयास व सक्रिय सहयोग के द्वारा पूर्ण होती है। जिस तरह किसी तार में विद्युतधारा प्रवाहित होने के लिए दो ध्रुवों की आवश्यकता होती है, उसी प्रकार से अध्यापन एवं अध्ययन प्रक्रिया को चालू रखने के लिए अध्यापक व विद्यार्थी दो ध्रुवों का कार्य करते हैं। ज्ञान की धारा को प्रवाहित करने के लिए अध्यापक को विद्यार्थी का वांछित सहयोग जरूरी है।

विद्यार्थी की इच्छा के प्रतिकूल अगर कोई अध्यापक विद्यार्थी शिक्षण प्रक्रिया सम्पन्न करना चाहता है तो वह उसकी बिल्कुल भूल है। वह अपनी शक्ति के साथ-साथ राष्ट्रीय स्रोतों का भी अपव्यय करता है। एक अच्छा अध्यापक शिक्षण प्रक्रिया के वांछित एवं प्रभावशाली परिणामों के लिए हमेशा विद्यार्थियों का सक्रिय सहयोग लेने का प्रयास करता है। शिक्षण के उद्देश्यों को प्राप्त करने के लिए शिक्षण कार्य में अपने गम्भीर प्रयासों के साथ-साथ वह अपने विद्यार्थियों को भी उसमें भाग लेने के लिए उत्साहित करता है।

7. उचित नियन्त्रण तथा अनुकूल वातावरण का सिद्धान्त—किसी भी शिक्षण प्रक्रिया में उचित वातावरण, उचित प्रबन्ध तथा शिक्षण अधिगम परिस्थितियों पर नियन्त्रण का भी बहुत योगदान है। अन्य वातावरण सम्बन्धी तत्त्व जैसे बैठने की उचित व्यवस्था कमरों में रोशनदान तथा प्रकाश की व्यवस्था, कक्षा अन्तःक्रिया, समूह गतिविधियाँ तथा अनुशासन अधिगम प्रक्रिया पर बहुत प्रभाव डालते हैं।

8. अन्य विषयों से सम्बन्धों का सिद्धान्त—शिक्षण प्रक्रिया में विषयों को अलग-अलग नहीं समझना चाहिए। आपस में सभी विषयों में सम्बन्ध होता है। एक विषय दूसरे विषय के अध्ययन में सहायक होता है। इसलिए अध्यापक को सभी विषयों में सम्बन्ध स्थापित करने के सिद्धान्त का पूरी तरह पालन करना चाहिए। जैसे इतिहास का ज्ञान भूगोल को पढ़ाने के लिए हस्ताँतरित किया जा सकता है। गणित का ज्ञान विज्ञान सीखने के लिए काम में लिया जा सकता है।

9. प्रभावशाली ब्यूह रचना और अनुदेशनात्मक सामग्री का सिद्धान्त—कोई भी उत्पादन किसी-न-किसी प्रक्रिया का परिणाम है। इस प्रक्रिया की सफलता ब्यूह रचना, युक्तियों एवं साधनों के उचित चुनाव एवं प्रयोग पर निर्भर करती है। शिक्षण की सफलता भी शिक्षण की प्रभावशाली ब्यूह रचनाओं, साधनों व सामग्री पर निर्भर करती है। एक अध्यापक द्वारा किसी विद्यार्थी को किसी विषय विशेष अथवा उपविषय के शिक्षण में जो साधन व सामग्री उचित सिद्ध होती है जरूरी नहीं कि वही साधन व सामग्री दूसरी परिस्थिति में भी सहायक सिद्ध हो। इसलिए किसी भी विषय के शिक्षण में सफलता प्राप्त करने के लिए यह जरूरी है कि विद्यार्थी की योग्यता को ध्यान में रखते हुए बहुत ही सावधानी के साथ किसी उचित ब्यूह रचना अथवा अनुदेशनात्मक सामग्री का चयन किया जाए।

10. उद्देश्यों की निश्चितता का सिद्धान्त—शिक्षण प्रक्रिया तब तक सफल नहीं हो सकती जब तक शिक्षण के उद्देश्यों की जानकारी नहीं हो जाती। अगर अध्यापक को अपने कार्य की स्पष्टता ही नहीं अथवा उसे यह मालूम ही नहीं कि उसने कक्षा में क्या करना है अथवा उसकी गतिविधियों का केन्द्र-बिन्दु

(Focus) क्या होगा, वह अध्यापक अपने कार्य में कैसे सफल हो सकता है? अध्यापक को अपने उद्देश्यों की स्पष्टता ही उसकी आधी सफलता है। उद्देश्यों की स्पष्टता अथवा निश्चितता से वह उचित शिक्षण विधि का चयन कर सकता है। इससे समय की बर्बादी टाली जा सकती है। इन निश्चित उद्देश्यों की मदद से अध्यापक सदा अपने ध्यान में रहता है और भटकने से बच जाता है। इस प्रकार उद्देश्यों की निश्चितता का सिद्धान्त शिक्षण को प्रभावशाली बनाने में मदद करता है।

11. नियोजन का सिद्धान्त—किसी भी कार्य की सफलता उसके पूर्व नियोजन (Planning) पर निर्भर करती है। इसी प्रकार शिक्षण प्रक्रिया की सफलता भी नियोजन पर आधारित है। उदाहरण के लिए, अगर अध्यापक कक्षा में पढ़ाने के लिए कक्षा में जाने से पहले अपने पाठ की ठीक योजना बनाकर जाता है तो उसका शिक्षण बहुत ही प्रभावशाली होगा। उसका विषय प्रस्तुतीकरण भी प्रभावशाली होगा क्योंकि अध्यापक को इसमें अपने उद्देश्यों की निश्चितता तथा स्पष्टता होगी और उन्हीं के अनुसार वह अपनी शिक्षण विधियों का चुनाव करेगा। एक अध्यापक को बहुत ही सावधानी से अपनी उस यात्रा की योजना पूरी तैयार कर लेनी चाहिए जिसे वह कक्षा के कमरे में अथवा अन्य किसी शिक्षण वातावरण में अपने विद्यार्थियों के साथ तय करने जा रहा है।

शिक्षण के मनोवैज्ञानिक सिद्धान्त

शिक्षण के मनोवैज्ञानिक सिद्धान्त वे सिद्धान्त हैं जिनका जन्म ज्यादातर मनोविज्ञान के क्षेत्र में हुए विभिन्न प्रयोगों व सिद्धान्तों के परिणामस्वरूप हुआ है। ये सिद्धान्त शिक्षण प्रक्रिया को अधिक प्रभावोत्पादक बना देते हैं, इस कारण इनका महत्त्व और भी बढ़ जाता है। कुछ प्रमुख मनोवैज्ञानिक सिद्धान्त अग्रलिखित हैं—

1. सहानुभूति और सहयोग का सिद्धान्त—अध्यापक सहानुभूति और सहयोग के सिद्धान्त का पालन करके छात्रों में कई प्रकार के मूल्यों का विकास कर सकता है तथा उनकी कठिनाइयों को दूर करने में सहायक हो सकता है। उचित सहानुभूति और सक्रिय सहयोग प्राप्त करके अध्यापक अपने छात्रों को अधिक-से-अधिक प्रोत्साहन और अमूल्य सुझाव देने का प्रयास करता है। इससे कक्षा का सारा वातावरण प्रेरणादायक और सजीव बन जाता है।

2. अभिप्रेरणा एवं रुचि का सिद्धान्त—शिक्षण और अधिगम की प्रक्रिया में अभिप्रेरणा और रुचि (Motivation and Interest) प्रमुख तत्त्व होते हैं।

विद्यार्थियों को अभिप्रेरित करना और उसमें रुचि उत्पन्न करना अध्यापक के लिए एक चुनौती भरा कार्य हो सकता है। अतः अध्यापक एक ऐसी शिक्षण योजना की तैयारी करें जिसमें विद्यार्थियों की अभिप्रेरणा और रुचि का प्रबन्ध हो। तभी वह कुछ सीख पाएगा और उसके व्यवहार में परिवर्तन हो सकेगा। रुचि, व्यवहार में वांछित परिवर्तन लाने तथा अधिगम प्रदान करने का ये सिद्धान्त एक कुंजी है। "आप एक घोड़े को पानी तक ले जा सकते हैं, परन्तु उसे पानी पीने के लिए बाध्य नहीं कर सकते।" (You can take a horse to water but cannot make him drink water) ये कहावत उस छात्र के साथ ठीक बैठती है जिसके व्यवहार में वाँछित परिवर्तन लाने अथवा कुछ सिखाने का प्रयास किया जा रहा है।

३. स्व-अधिगम को प्रोत्साहित करने का सिद्धान्त—एक अध्यापक को अपने छात्रों के अन्दर 'स्वाध्याय', स्वयं अपने प्रयासों द्वारा सीखना, स्वतन्त्र रूप से चिन्तन एवं कार्य करने की उपयोगी आदतों को विकसित करने का प्रयास करना चाहिए। मुख्य बात ज्ञान की प्राप्ति नहीं बल्कि ज्ञान प्राप्त करने के ढंग का सीखना है। जिस छात्र को ज्ञान प्राप्त करने का ढंग आता है वह अपने प्रयासों से बहुत कुछ सीख सकता है। इसलिए एक अध्यापक को अपने छात्रों को ज्ञान प्राप्त करने के ठीक ढंग का प्रशिक्षण प्रदान करना चाहिए ताकि वे स्वाध्याय एवं अपने प्रयासों से वह सब कुछ अर्जित कर सकें जो उनको जीवन में ठीक प्रकार समायोजित होने और समाज में अपना महत्त्वपूर्ण योग देने में सहायक बन सके।

4. पृष्ट पोषण और पुनर्बलन का सिद्धान्त—अधिगम सिद्धान्तों ने शिक्षण अधिगम क्रिया में पुनर्बलन और प्रतिपुष्टि के महत्त्व को पूरी तरह स्थापित करने का प्रयास किया है। कार्य सम्पादन से जुड़े हुए परिणामों का जल्दी-से-जल्दी ज्ञान होना किसी भी छात्र को आगे सीखने के लिए अधिक प्रोत्साहित करता है। उसी प्रकार से सकारात्मक पुनर्बलन (Positive Reinforcement) जैसे–प्रशंसा करना, पुरस्कार और प्रमाण पत्र देना और इसी प्रकार के अन्य प्रोत्साहित करने वाले उपायों के परिणाम बहुत महत्त्वपूर्ण और प्रभावशाली होते हैं। शिक्षण अधिगम प्रक्रिया के सबसे महत्त्वपूर्ण लक्ष्य यानि व्यवहार में वांछित परिवर्तन लाने के लक्ष्य को प्रतिपुष्टि एवं पुनर्बलन के सिद्धान्त का अच्छी तरह से पालन करने से प्राप्त किया जा सकता है।

5. आवृत्ति एवं अभ्यास का सिद्धान्त—शिक्षण अधिगम प्रक्रिया में आवृत्ति एवं अभ्यास की उपयोगिता सिद्ध करने के लिए थार्नडाइक (Thorndike) ने प्रयोगात्मक साक्ष्य (Experimental Evidences) प्रस्तुत करने का प्रयास किया।

अब यह बात स्पष्ट हो चुकी है कि आवृत्ति एवं अभ्यास के सिद्धान्त का प्रयोग करने से व्यवहार में वांछित परिवर्तन प्रभावशाली ढंग से लाए जा सकते हैं। 'करत-करत अभ्यास के जड़मति होत सुजान' (Practice makes a man perfect) यह कहावत कुशलताओं, दृष्टिकोणों, रुचियों एवं ज्ञान की प्राप्ति में सही सिद्ध होती है। जो अध्यापक अपने सिखाए हुए ज्ञान के अभ्यास, आवृत्ति, पुनरावृत्ति एवं प्रयोग में विश्वास रखता है वह अपने शिक्षण के उद्देश्यों को प्राप्त करने में सदा सफलता प्राप्त करता है।

6. ज्ञानेन्द्रियों को प्रशिक्षित करने का सिद्धान्त—सभी ज्ञानेन्द्रियों का ठीक विकास प्रभावशाली अधिगम के लिए उत्तरदायी होता है। सभी ज्ञानेन्द्रियों के प्रयोग तथा उन्हें प्रशिक्षण देने से शिक्षा के क्षेत्र में अच्छे परिणाम प्राप्त किए जा सकते हैं। इसलिए इन ज्ञानेन्द्रियों का ठीक प्रशिक्षण अनिवार्य है। दोषपूर्ण अधिगम से इन इन्द्रियों का विकास रुक जाता है। अधिगम के विभिन्न पक्षों जैसे निरीक्षण, पहचान, सामान्यीकरण व प्रयोगों आदि के लिए सभी प्रकार की क्षमताओं की जरूरत होती है। ये क्षमताएँ इन ज्ञानेन्द्रियों द्वारा ही प्राप्त होती हैं, अतः इसके प्रशिक्षण का ठीक प्रबन्ध होना चाहिए। अगर एक ज्ञानेन्द्रिय के स्थान पर कई ज्ञानेन्द्रियों जैसे—सुनने, देखने, स्वाद चखने, स्पर्श करने एवं सूंघने आदि से सम्बन्धित सभी ज्ञानेन्द्रियों को शिक्षा का आधार बनाया जाए तो पढ़ने पढ़ाने के क्षेत्र में अच्छे-से-अच्छे परिणाम प्राप्त किए जा सकते हैं।

7. समूह गतिशास्त्र के उपयोग का सिद्धान्त—शिक्षण के उद्देश्यों की प्राप्ति में समूह व्यवहार और समूह गतिशास्त्र विशेष भूमिका निभाते हैं। समूह व्यवहार के तहत कोई भी विद्यार्थी वही सोचता है जैसा कि उसके समूह में शामिल सभी विद्यार्थी सोचते हैं। वह वही करता है जो दूसरे करते हैं और वैसा ही महसूस करता है जैसा दूसरे करते हैं। एक सफल अध्यापक को अच्छे परिणामों के लिए हमेशा ही समूह मनोविज्ञान के उपयोगी सिद्धान्तों का पालन करने का प्रयास करना चाहिए।

8. उपचारात्मक शिक्षण का सिद्धान्त—शिक्षण कार्य का उद्देश्य छात्रों के व्यवहार में वांछित परिवर्तन लाना है। यह कार्य इतना आसान नहीं है। इसे पूरा करने में बहुत अधिक कठिनाइयों का सामना करना पड़ता है। अपने शिक्षण के पश्चात् ही अध्यापक को यह अनुभव हो सकता है कि वह अपने शिक्षण उद्देश्यों को ठीक प्रकार प्राप्त कर पाया है अथवा नहीं। इसका अर्थ यही है कि शिक्षण अधिगम प्रक्रिया में कहीं-न-कहीं, कोई-न-कोई भूल हो गई है। चाहे वह उद्देश्यों को ठीक प्रकार बाँटने से सम्बन्धित हो अथवा पाठ्य-वस्तु, शिक्षण विधि और

अध्यापक विद्यार्थी अन्तःक्रिया की कुछ कमियों के कारण से हो। कोई विद्यार्थी स्वयं अपनी सीमाओं अथवा कमियों के कारण से भी शिक्षा के क्षेत्र में पीछे रह सकता है। एक अध्यापक को हर हालत में सही कारण का पता लगाना होता है और उसे ध्यान में रखते हुए अच्छे-से-अच्छे उपचार की तलाश करनी होती है।

9. सृजनात्मकता एवं आत्माभिव्यक्ति के पोषण का सिद्धान्त—किसी भी अच्छे शिक्षण से यह आशा नहीं की जा सकती कि वह छात्रों को बिना सोचे-समझे तथा रटकर सीखने अथवा तथ्यों की मात्र पुनरावृत्ति करने के लिए प्रोत्साहित करे। हर अवस्था में अच्छे शिक्षण के द्वारा व्यक्ति की सृजनात्मक क्षमताओं का विकास होना चाहिए। इसके द्वारा छात्रों को प्रभावपूर्ण आत्माभिव्यक्ति के ऐसे मौके दिए जाने चाहिए जिससे उनकी छिपी हुई योग्यताओं एवं प्रतिभाओं को बाहर आने का अवसर मिल सके। इसके द्वारा विद्यार्थियों की सृजनात्मकता तथा आत्माभिव्यक्ति में नवीनता, अन्वेषण, क्षमता आदि गुणों को विकसित करने का प्रयास किया जाना चाहिए। छात्रों को वस्तुओं एवं तथ्यों की खोज करना और कोई घटना क्यों घटित हुई, इसकी तह में जाने का प्रशिक्षण दिया जाना चाहिए। इस प्रकार से उन्हें नवीन अनुसन्धान, सृजन एवं खोज के मार्ग पर अग्रसर कर मानवता का कल्याण करने में समर्थ बनाया जाना चाहिए।

5

शिक्षण प्रणालियाँ

ए.एच. गार्लिक ने शिक्षण-प्रणालियों पर प्रकाश निक्षेप करते हुए लिखा है कि अध्यापक को सबसे पहले यह निर्णय करना पड़ता है कि वह क्या पढ़ायेगा। उसके पश्चात् वह विषय-सामग्री को व्यवस्थित व क्रमबद्ध करता है और यह सोचता है कि वह उसको अपने छात्रों के समक्ष किस तरह प्रस्तुत करेगा। वह ऐसा करने के लिए विभिन्न प्रणालियों का प्रयोग करता है। यहाँ कुछ प्रमुख शिक्षण-प्रणालियों पर प्रकाश डाला गया है।

शिक्षण की प्रमुख प्रणालियाँ

1. व्याख्या-प्रणाली

(अ) व्याख्या का तात्पर्य और उद्देश्य–'व्याख्या के अर्थ को स्पष्ट करते हुए ए.एच. गार्लिक ने लिखा है–"व्याख्या का अभिप्राय उस प्रक्रिया से है, जिसके द्वारा किसी शब्द, शब्द-समूह अथवा कथन के अर्थ की सब जटिलता दूर हो जाती है।"

इस प्रणाली का प्रयोग साहित्य, इतिहास, भूगोल और विज्ञान के शिक्षण में ज्यादातर किया जाता है। इन विषयों को पढ़ाते समय प्रायः भावों अथवा विचारों की जटिलता सामने आ जाती है। इनको सरल व स्पष्ट भाषा में समझाना परम आवश्यक हो जाता है। ऐसा न करने से विचार स्पष्ट नहीं होते हैं। इस तरह व्याख्या का उद्देश्य है–किसी भाव अथवा विचार को स्पष्ट करना, जिससे कि बालक उसको उत्तम तरीके से समझ जायें।

(ब) व्याख्या करने में सावधानियाँ–व्याख्या करने में अग्रलिखितह बिन्दुओं पर ध्यान देना चाहिए–

1. व्याख्या आवश्यकता से अधिक लम्बी नहीं होनी चाहिए। आवश्यकता से अधिक लम्बी व्याख्या से छात्र ऊब जाते हैं और उनकी रुचि समाप्त हो जाती है।

2. व्याख्या आवश्यकता से अधिक छोटी नहीं होनी चाहिए। ऐसी व्याख्या कथन का अर्थ पूर्ण रूप से स्पष्ट नहीं कर पाती।

3. व्याख्या में कोई जटिलता नहीं होनी चाहिए, क्योंकि उससे छात्रों को समझने में कठिनाई होती है।

4. व्याख्या को स्पष्ट बनाने के लिए उसमें सम्बन्धित विचारों को क्रमबद्ध करना चाहिए, अन्यथा छात्रों में भ्रम उत्पन्न हो जाता है।

5. व्याख्या शुद्ध, सरल व स्पष्ट होनी चाहिए।

6. व्याख्या छात्रों की आयु, अनुभव और मानसिक स्तर के अनुसार होनी चाहिए, जिससे कि वे उसको अच्छी तरह समझ सकते हैं।

7. व्याख्या को सजीव और रोचक बनाने के लिए दृष्टान्त और उदाहरण देना चाहिए।

8. साहित्य से सम्बन्धित किसी पद अथवा गद्यांश की व्याख्या करते समय समानता और असमानता आदि युक्तियों (Techniques) का प्रयोग करना चाहिए।

9. कठिन शब्दों को समान अथवा विपरीत अर्थ बताने वाले सरल शब्दों का प्रयोग करके स्पष्ट करना चाहिए।

10. व्याख्या करते समय छात्रों की रुचि को बनाये रखने के लिए उनसे प्रश्न पूछने चाहिए और उनको भी प्रश्न पूछने का मौका देना चाहिए।

11. बिना आवश्यकता के व्याख्या नहीं करनी चाहिए। इससे समय और शक्ति दोनों का ह्रास होता है।

12. व्याख्या उपदेश के रूप में नहीं होनी चाहिए।

13. व्याख्या हमेशा उचित समय व स्थान पर की जानी चाहिए। अगर व्याख्या उनसे पहले अथवा बाद में की जाती है तो उसका महत्त्व समाप्त हो जाता है।

14. व्याख्या करने से पूर्व अध्यापक को पाठ्य-विषय से सम्बन्धित सभी तथ्यों की पूर्ण और विस्तृत जानकारी कर लेनी चाहिए।

15. अगर सम्भव हो तो छात्रों को वह वस्तु दिखा देनी चाहिए, जिसकी व्याख्या की जानी है।

(स) व्याख्या करने की विधियाँ—व्याख्या करने की प्रमुख विधियाँ अग्रलिखित हैं—

1. **परिभाषा**—शब्दों के अन्तर को स्पष्ट करने के लिए उनकी परिभाषा देना।

2. **अभिनय**—क्रियात्मक शब्दों (Action Words) का अर्थ समझाने के लिए क्रिया का अभिनय करना।

3. **स्पष्टीकरण**—कठिन शब्दों अथवा विचारों का सरल भाषा में विश्लेषण करना।

4. पर्याय–कठिन शब्दों के लिए सरल पर्यायवाची शब्द बताना।

5. तुलना–कठिन शब्दों की उसके समान अथवा असमान अर्थ वाले सरल शब्दों से तुलना करना।

6. व्युत्पत्ति–कठिन शब्दों की उत्पत्ति बताकर उनके अर्थ की व्याख्या करना।

7. विग्रह–कठिन शब्दों का समास तोड़कर और उसका विग्रह करके अर्थ बताना।

8. सन्धि-विच्छेद–कठिन शब्दों की सन्धि तोड़कर उसमें आये हुए शब्दों के अर्थ को स्पष्ट करना।

9. शाब्दिक उदाहरण–कठिन शब्दों की किसी कहानी, घटना, उपमा, दृष्टान्त आदि द्वारा व्याख्या करना।

10. रेखाचित्र–अगर शब्द अथवा शब्द समूह का अर्थ उसकी सूचक वस्तु से स्पष्ट किया जा सकता है, तो श्यामपट पर उस वस्तु का रेखाचित्र बनाना।

11. मूर्त्त सामग्री–अगर शब्द किसी मूर्त्त वस्तु का प्रतीक है, तो उस वस्तु को दिखाकर उसका अर्थ स्पष्ट करना।

12. भाषान्तर–दूसरी भाषा के शब्दों को छात्रों को मातृभाषा में बताना।

2. स्पष्टीकरण प्रणाली

(अ) स्पष्टीकरण का अर्थ और उद्देश्य–'स्पष्टीकरण' का अर्थ बताते हुए गार्लिक ने लिखा है–"स्पष्टीकरण वास्तव में एक प्रकार का वर्णन है। स्पष्टीकरण के द्वारा भाव अथवा अर्थ स्पष्ट किया जाता है और उसके विचारों को स्पष्ट रूप से व्यक्त करने की कला कहा जा सकता है।"

'स्पष्टीकरण' का उद्देश्य है–छात्रों के सामने नवीन ज्ञान को इस तरह से स्पष्ट और बोधनीय ढंग से प्रस्तुत करना कि वे उसे हृदयंगम कर लें। अध्यापक इस प्रणाली का प्रयोग तब करता है, जब उसे यह मालूम होता है कि उसके छात्र उस विषय के सन्दर्भ में बहुत कम जानते हैं, जिसे वह पढ़ाने जा रहा है।

(ब) स्पष्टीकरण करने में सावधानियाँ–स्पष्टीकरण करते समय अग्रलिखित बिन्दुओं पर ध्यान देना चाहिए–

1. अध्यापक को अपने पाठ में अत्यधिक सहायक सामग्री का प्रयोग नहीं करना चाहिए। ऐसा करने से छात्रों का ध्यान विषय की अपेक्षा सामग्री पर अधिक रहता है।

2. अध्यापक को प्रत्येक पद के पश्चात् पुनरावृत्ति करनी चाहिए। इससे मन्द बुद्धि बालकों को स्पष्टीकरण को समझने में मदद मिलती है।

3. जब अध्यापक पढ़ाना समाप्त कर दे, तब उसे यह जानने के लिए कि छात्र विषय-वस्तु को समझे हैं अथवा नहीं, प्रश्न पूछने चाहिए।

4. अध्यापक का स्पष्टीकरण सरल, सुबोध व सुनिश्चित होना चाहिए।

5. अध्यापक की भाषा स्वाभाविक व छात्रों के बोधनीय होनी चाहिए।

6. अध्यापक को बहुत जल्दी नही बोलना चाहिए। ऐसा करने से छात्र उसके विचारों को पूर्ण रूप से नहीं समझ पाते हैं।

7. अध्यापकों को अपना स्पष्टीकरण छात्रों के मानसिक स्तर के अनुसार बनाना चाहिए।

8. अध्यापक और छात्रों को पाठ का उद्देश्य व अभिप्राय स्पष्ट रूप से ज्ञात होना चाहिए।

9. अध्यापक को अपनी विषय-सामग्री पर ज्यादा-से-ज्यादा विचार-विमर्श करना चाहिए।

10. अध्यापक को अपनी विषय-वस्तु को तार्किक ढंग से छात्रों के समक्ष रखना चाहिए।

11. अध्यापक को चाहिए की वह सम्पूर्ण पाठ को स्पष्ट और स्वाभाविक खण्डों में बाँट ले।

12. अध्यापक की प्रस्तावना संक्षिप्त होनी चाहिए।

13. अगर पाठ में बहुत-से उप-प्रकरण हैं, तो अध्यापक को एक उप-प्रकरण पूर्ण रूप से बताने के पश्चात् ही दूसरा प्रारम्भ करना चाहिए।

14. अध्यापक को विषय-वस्तु के मुख्य बिन्दुओं को संक्षिप्त रूप में श्यामपट पर लिख देना चाहिए और उन पर जोर देना चाहिए।

3. वर्णन प्रणाली

(अ) वर्णन का अर्थ और उद्देश्य–'वर्णन' के अर्थ और उद्देश्य को स्पष्ट करते हुए गार्लिक ने अपना विचार व्यक्त किया है–"वर्णन का अर्थ है–शब्दों अथवा संकेतों अथवा दोनों के द्वारा किसी वस्तु अथवा चित्र प्रस्तुत करने का कार्य। यह शाब्दिक चित्र बनाने की प्रक्रिया है। वह किसी वस्तु का ब्यौरा देने का प्रयास करता है, जिससे कि बालक उसके विषय में उचित धारणा बना सके।"

'वर्णन' वास्तव में 'स्पष्टीकरण' का एक रूप है। उदाहरण के लिए–अध्यापक इतिहास पढ़ाने में किसी युद्ध का, विज्ञान पढ़ाने में किसी यन्त्र का अथवा भूगोल पढ़ाने में किसी प्रदेश का वर्णन करके छात्रों के मस्तिष्क में उनका चित्र अंकित करता है। 'वर्णन-प्रणाली' का प्रयोग कम अथवा अधिक मात्रा में सभी विषयों के शिक्षण में किया जाता है। इस समय वह थोड़े में स्पष्टीकरण ही देता है।

(ब) वर्णन करने में सावधानियाँ–वर्णन करते समय अग्रलिखित बिन्दुओं पर ध्यान देना चाहिए–

1. वर्णन स्थल का चयन पाठ-योजना बनाने के समय ही कर लेना चाहिए।

2. वर्णन करते समय अध्यापक को 'पूर्ण से अंश की ओर' और 'ज्ञात से अज्ञात की ओर' जाना चाहिए।

3. वर्णन के समय अध्यापक को केवल शब्दों का ही सहारा नहीं लेना चाहिए, उसे विषय से सम्बन्धित स्थूल वस्तुयें भी छात्रों को दिखानी चाहिए।

4. अध्यापक को उस वस्तु अथवा व्यक्ति का पूर्ण ज्ञान होना चाहिए, जिसका वर्णन वह करने जा रहा है।

5. वर्णन हमेशा सरल व सरस भाषा में किया जाना चाहिए।

6. वर्णन की विषय-वस्तु, छात्रों की आयु, अनुभव और मानसिक स्तर के अनुरूप होनी चाहिए।

7. वर्णन को सजीवता और रोचकता प्रदान करने के लिए अध्यापक को हाव-भाव का सहारा लेना चाहिए।

8. वर्णन तर्कों और तथ्यों पर आधारित होना चाहिए। किसी दशा में उसमें कल्पना अथवा असत्यता का समावेश नहीं होना चाहिए।

9. वर्णन को मनोरंजक और प्रभावोत्पादक बनाने के लिए उपयुक्त सहायक सामग्री का प्रयोग करना चाहिए।

10. वर्णन में कोई तथ्य छूटना नहीं चाहिए। छूटने की दशा में वर्णन अपूर्ण होता है। परिणामस्वरूप उसका चित्र भी अधूरा रहता है।

11. वर्णन अधिक लम्बा अथवा अधिक छोटा नहीं होना चाहिए। अधिक लम्बा वर्णन छात्रों को भ्रम में डाल देता है। अधिक छोटा वर्णन उसके मस्तिष्क पर धुँधला चित्र अंकित करता है।

12. वर्णन व्यवस्थित और क्रमबद्ध होना चाहिए, जिससे छात्रों पर उसका स्थायी प्रभाव पड़ सके।

4. विवरण प्रणाली

(अ) विवरण का अर्थ और उद्देश्य–वर्णन और विवरण एक ही सिक्के के दो पहलू हैं। हम किसी व्यक्ति अथवा स्थान का वर्णन करते हैं, पर किसी घटना का विवरण देते हैं। वस्तुतः 'विवरण' कहानी कहने का एक रूप है। ग्रीन व बरचेना के अनुसार–"विवरण का अर्थ है–क्रमबद्ध घटनाओं का वर्णन।"

'विवरण-प्रणाली' का उद्देश्य विद्यार्थियों के मस्तिष्क पर किसी घटना का स्पष्ट चित्र अंकित करना है। इससे वे संबंधित घटना को सरलतापूर्वक ग्रहण कर सकते

हैं। इस प्रणाली का इतिहास के शिक्षण में विशेष महत्त्व है; क्योंकि अध्यापक विभिन्न ऐतिहासिक घटनाओं का विवरण देकर ही छात्रों को उनसे अवगत कराता है। इससे ऐतिहासिक युद्धों का स्पष्ट चित्र विद्यार्थियों के मस्तिष्क पर अंकित हो जाता है।

(ब) विवरण देने में सावधानियाँ—विवरण प्रस्तुत करते समय अग्रलिखित बिन्दुओं पर ध्यान देना चाहिए—

1. विवरण को रोचक और आकर्षक बनाने के लिए अध्यापक को भावों के अनुसार अपने स्वर में उतार-चढ़ाव लाना चाहिए।

2. विवरण की शैली सजीव और चित्ताकर्षक होनी चाहिए।

3. विवरण अधिक लम्बा अथवा अधिक छोटा नहीं होना चाहिए। अधिक लम्बा विवरण छात्रों में विरक्ति पैदा करता है और अधिक छोटा विषय का पूर्ण परिचय नहीं दे पाता।

4. विवरण स्पष्ट, सरल और रोचक होना चाहिए।

5. विवरण विद्यार्थियों की आयु और रुचि को ध्यान में रखकर होना चाहिए।

6. विवरण देने से पूर्व अध्यापक को अपने विचार को क्रमबद्ध कर लेना चाहिए और उसी क्रम के अनुसार विवरण देना चाहिए।

7. अध्यापक जिस घटना का विवरण देना चाहता है, उसे उसका और उससे सम्बन्धित तथ्यों का पूर्ण ज्ञान होना चाहिए।

8. विवरण में कोई भी अनावश्यक बात नहीं होनी चाहिए। क्योंकि इससे समय और शक्ति दोनों का दुरुपयोग होता है।

9. विवरण देते समय अध्यापक को उपदेश नहीं देने चाहिए, क्योंकि छात्रों को उपदेशों से स्वाभाविक घृणा होती है।

10. विवरण में आने वाली महत्त्वपूर्ण बातों पर प्रश्न पूछे जाने चाहिए। इससे छात्रों में सजगता रहती है और अध्यापक को यह जानकारी हो जाती है कि छात्र उसको समझ रहे हैं अथवा नहीं।

11. अध्यापक को संकेतों एवं शारीरिक गतियों द्वारा विवरण से सम्बन्धित वातावरण का निर्माण करना चाहिए।

12. विवरण को नाटक के रूप में अभिनय करने के लिए विद्यार्थियों को मौका देना चाहिए।

13. विवरण देते समय चित्रों, उदाहरणों और दृष्टान्तों का स्वतन्त्र रूप से प्रयोग करना चाहिए, क्योंकि इससे विवरण प्रभावोत्पादक हो जाता है।

14. विवरण खण्डों में दिया जाना चाहिए। लेकिन इन खण्डों को तार्किक क्रम में नियोजित करना चाहिए।

15. विवरण प्रारम्भ से लेकर अन्त तक मौखिक होना चाहिए।

5. तुलना प्रणाली

(अ) तुलना का अर्थ और उद्देश्य–'तुलना' को हम शिक्षण की सहायक प्रणाली मान सकते हैं। इसका प्रयोग अन्य प्रणालियों के साथ शिक्षण को अधिक प्रभावोत्पादक बनाने के लिए किया जाता है। 'तुलना' के अर्थ पर प्रकाश निक्षेप करते हुए लेंडन ने लिखा है–"तुलना का आशय है–एक तथ्य को दूसरे के साथ रखना और दोनों के निकट सम्बन्ध का अध्ययन करना। इसके अर्थ को विस्तृत करने के लिए इसमें विभिन्नता को भी सम्मिलित करना चाहिए।"

'तुलना-प्रणाली' का प्रयोग प्रायः नागरिकशास्त्र, विज्ञान, भूगोल आदि सभी विषयों में होता है। इस प्रणाली का उद्देश्य है–छात्रों में निरीक्षण, परीक्षण और चिन्तन के गुणों का विकार करना। जब अध्यापक दो तथ्यों, वस्तुओं, घटनाओं आदि में समानता और असमानता बताते हुए छात्रों से प्रश्न पूछता है, तब उनमें इन गुणों का स्वाभाविक रूप से विकास होता है। इसके अलावा छात्र एक निश्चित निष्कर्ष पर पहुँचकर अपने ज्ञान को निश्चित रूप प्रदान करते हैं।

(ब) तुलना करने में सावधानियाँ–तुलना करते समय अग्रलिखित बिन्दुओं पर ध्यान देना चाहिए–

1. तुलना कराने में वर्ग के सभी विद्यार्थियों को समान मौका देना चाहिए।

2. जिन बातों की तुलना की जाय, उनका पूर्व ज्ञान विद्यार्थियों को निश्चित रूप से होना चाहिए। ऐसा न होने से तुलना नहीं कर सकते हैं।

3. केवल उन्हीं तथ्यों व विचारों की तुलना करनी चाहिए, जो विद्यार्थियों के लिए वास्तव में महत्त्वपूर्ण हों और जिनसे उनकी विचार-शक्ति का विकास ।

4. तुलना से प्राप्त निष्कर्षों को क्रमबद्ध करके विद्यार्थियों से सामान्य नियम अथवा सिद्धान्त निकलवाना चाहिए।

5. तुलना किए जाने वाले तथ्यों अथवा विचारों में समता अयवा असमानता की बातें विद्यार्थियों से पूछी जानी चाहिये। इससे उनमें रुचि, जिज्ञासा और सक्रियता का समावेश होता है।

6. तुलना की जाने वाली वस्तुओं को विद्यार्थियों के समक्ष प्रस्तुत करना चाहिए। अगर ऐसा सम्भव नहीं हो तो सहायक सामग्री व रेखाचित्रों का सहारा लेना चाहिए।

6. कथा-प्रणाली

(अ) कहानी कहने का अर्थ एवं उद्देश्य—कहानी कहना एक अति प्राचीन कला है। यह एक ऐसी कला है जिसके द्वारा किसी विषय अथवा घटना को मनोरंजक बनाकर विद्यार्थियों को उसका ज्ञान सरलता व सफलता से दिया जा सकता है। उदाहरण के लिए—तराइन के युद्ध का वर्णन कहानी के माध्यम से किया जा सकता है। इसके लिए पृथ्वीराज चौहान को मुख्य पात्र बनाकर कहानी बच्चों को सुनायी जा सकती है। इससे विद्यार्थी इस युद्ध को स्वाभाविक रूप से अपने अन्तःकरण में ला सकते हैं। इसका उद्देश्य है—छात्रों में पाठ्य-विषय के प्रति रुचि और उत्साह को जाग्रत करना। इसलिए कहानी कहने को औपचारिक शिक्षा का महत्त्वपूर्ण साधन माना गया है और प्रत्येक अध्यापक को उससे पूर्ण रूप से अवगत होने का परामर्श दिया है।

(ब) कहानी कहने की सावधानियाँ—कहानी कहते समय अग्रलिखित बिन्दुओं पर ध्यान देना चाहिए—

1. कहानी कहते समय अध्यापक को कहानी कहने के उद्देश्य को ध्यान में रखना चाहिए। क्योंकि उद्देश्यहीन कहानी निरर्थक होती है।

2. कहानी कहते समय हास्य की अवहेलना नहीं करनी चाहिए, क्योंकि हास्य से बालकों को सजग रखने में मदद मिलती है।

3. कहानी पढ़ी नहीं जानी चाहिए, वरन् कही जानी चाहिए। क्योंकि पढ़ने से कहानी की रोचकता समाप्त हो जाती है।

4. अध्यापक जिस कहानी को कहना चाहता है, उसे आद्योपान्त याद होनी चाहिए।

5. कहानी कहते समय अध्यापक को रुकना नहीं चाहिए, क्योंकि इससे धाराप्रवाहिकता और मनोरंजन दोनों का क्षय होता है।

6. अध्यापक को कहानी का विवरण उसमें आई हुई घटनाओं के क्रम में देना चाहिए।

7. अध्यापक जिस कहानी को कहना चाहता है, उसमें उसे रुचि होनी चाहिए, अन्यथा वह अपने श्रोताओं में रुचि पैदा करने में असफल हो सकता है।

8. छोटे बालकों को कहानी सुनाते समय कहानियों के मुख्य वाक्यों और वार्त्तालापों को बार-बार दोहराना चाहिए, ऐसा करने से बालकों को इसमें आनन्द आता हो।

9. छोटे बालकों की कहानियों में अधिकाधिक क्रियाओं का समावेश होना चाहिए।

10. छोटे बालकों की प्रारम्भिक कहानियाँ उन विषयों के विषय में होनी चाहिए, जिनका उन्हें अनुभव हो।

11. कहानी सरल शब्दों में और स्पष्ट रूप से कही जानी चाहिए। ऐसा न होने से कहानी प्रभावहीन हो जाती है।

12. कहानी बिल्कुल स्वाभाविक ढंग से कही जानी चाहिए, लेकिन आवश्यकता के अनुरूप हाव-भाव और अभिनय निश्चित रूप से किया जाना चाहिए।

13. कहानी कहते समय अध्यापक के सामने उसका मानसिक चित्र उपस्थित रहना चाहिए; तभी वह कहानी क्रमबद्ध और मनोरंजक हो सकती है।

14. कहानी बालकों के ज्ञान और मानसिक स्तर के अनुकूल होनी चाहिए।

15. अगर कहानी में ऐतिहासिक तथ्य नहीं है, तो छात्रों की आयु को ध्यान में रखकर उसके स्वरूप को छोटा अथवा बड़ा कर देना चाहिए।

7. व्याख्यान-प्रणाली

(अ) व्याख्यान का अर्थ एवं उद्देश्य–'व्याख्यान' शिक्षण का एक ऐसा रूप है, जिसमें अध्यापक उन बातों को, जिन्हें वह अपने छात्रों को बताना चाहता है, लगातार बोलता रहता है। इस सन्दर्भ में **रिस्क** का मत है–"व्याख्यान उन तथ्यों, सिद्धान्तों अथवा अन्य सम्बन्धों का स्पष्टीकरण है, जिनको अध्यापक चाहता है कि उसके सुनने वाले समझें।"

रिस्क के कथन के आधार पर हम यह कह सकते हैं कि व्याख्यान का उद्देश्य–उन तथ्यों को प्रस्तुत करना है, जो किसी निर्दिष्ट लक्ष्य की प्राप्ति में मददगार होता है।

व्याख्यान प्रणाली की बहुत आलोचना की गई। इस प्रणाली को कक्षा शिक्षण के लिए बिल्कुल अनुपयुक्त माना गया। इसका समर्थन प्रसिद्ध विद्वान् रेन ने भी किया है। **रेन** के विचार से–"व्याख्यान देना कभी-कभी शिक्षण की प्रणाली माना जाता है।" व्याख्यान देना व्याख्यान-प्रणाली है और जब शिक्षण व्याख्यान देता है, तब वह शिक्षण कार्य नहीं करता है। रेन का विचार निराधार नहीं है, क्योंकि शिक्षण और व्याख्यान दोनों के अर्थ व उद्देश्य पृथक् हैं। व्याख्यान का अर्थ है–सूचना देना तथा शिक्षण का अर्थ है–सूचना का प्रयोग करना। शिक्षण का उद्देश्य है–सिखाना। व्याख्यान शिक्षण के इस मूल उद्देश्य की पूर्ति नहीं करता है। अतः व्याख्यान को शिक्षण-प्रणाली नहीं माना जा सकता है।

इन सभी उपर्युक्त तर्कों के पश्चात् व्याख्या को शिक्षण-प्रणाली के रूप में पूर्ण रूप से अस्वीकार नहीं किया जा सकता। क्योंकि इस प्रणाली से विद्यालय के छात्रों को अनेक लाभ होते हैं। रिस्क और लेंडन ने भी इसका समर्थन किया है। लेंडन

ने तो इसके समर्थन में यहाँ तक कह दिया—"कुछ सीमा तक प्रत्येक पाठ में इसकी आवश्यकता होती है और अनेक पाठ मुख्य रूप से इस पर निर्भर रहते हैं।

सच्चे अर्थों में व्याख्यान देने के लिए पर्याप्त तैयारी अध्ययन, कुशलता और भाषा पर अधिकार की आवश्यकता होती है। अतः प्रत्येक अध्यापक को व्याख्यान देने की योग्यता प्राप्त करने का प्रयास करना चाहिए। जिसका प्रयास सार्थक होगा वह इसका प्रयोग प्रायः सभी कक्षाओं में सफलतापूर्वक कर सकेगा।

(स) व्याख्यान देने में सावधानियाँ—व्याख्यान देने में अग्रलिखित बिन्दुओं को ध्यान में रखना चाहिए—

1. छोटे बालक अधिक समय तक अपने ध्यान को केन्द्रित नहीं रख सकते हैं। निम्न कक्षाओं में लगातार व्याख्यान अति अनिवार्य परिस्थितियों में ही दिया जाना चाहिए।

2. अध्यापक को व्याख्यान देने से पहले उसका उद्देश्य निश्चित कर लेना चाहिए, क्योंकि सब कार्यों के समान व्याख्यान का भी उद्देश्य होना जरूरी है।

3. व्याख्यान निश्चित सीमाओं के अन्दर दिया जाना चाहिए और उसमें वे बातें कदापि नहीं आनी चाहिए, जिनका विषय से कोई सम्बन्ध नहीं है।

4. व्याख्यान छात्रों की आयु, योग्यता और विकास के अनुरूप होना चाहिए जिससे छात्र उसको समझ सकें।

5. अध्यापक की भाषा सरल और स्पष्ट होनी चाहिए एवं उसके विचारों का एक-दूसरे से सम्बन्ध होना चाहिए।

6. व्याख्यान देते समय अध्यापक को महत्त्वपूर्ण बातों पर जोर देना चाहिए। अतः सम्पूर्ण व्याख्यान एक स्वर में नहीं होना चाहिए, वरन् उसमें उतार-चढ़ाव होना चाहिए।

7. छात्रों के ध्यान को एकाग्र और आकर्षित करने के लिए अध्यापक की व्याख्यान देने की शैली रोचक और प्रभावोत्पादक होनी चाहिए।

8. मिडिल कक्षाओं में कुछ देर व्याख्यान देने के पश्चात् अध्यापक को रुककर और प्रश्न पूछकर यह अनुमान लगा लेना चाहिए कि छात्र उसकी बातों को समझ रहे हैं अथवा नहीं।

9. उच्च कक्षाओं में व्याख्यान-प्रणाली का प्रयोग प्रत्येक पाठ में किया जा सकता है, लेकिन इस प्रणाली के साथ-साथ किसी अन्य प्रणाली का भी प्रयोग किया जाना चाहिए। इस तरह के प्रणाली-परिवर्तन से छात्रों की रुचि में स्थिरता आती है।

8. पुस्तक-पठन-प्रणाली

(अ) पुस्तक-पठन-प्रणाली का अर्थ और उद्देश्य—पुस्तक-पठन-प्रणाली का तात्पर्य है—पुस्तक पढ़कर ज्ञान प्राप्त करना। सामान्य रूप से पुस्तक-पठन की दो

विधियाँ हैं—पहली विधि में अध्यापक कक्षा में पुस्तक को स्वयं पढ़ता है, और दूसरी विधि गें वह उसको छात्रों से पढ़वाता है। दोनों विधियों में वह पुस्तक में आने वाली कठिन और महत्त्वपूर्ण बातों की व्याख्या करता है। अतः पुस्तक-पठन-प्रणाली का उद्देश्य—छात्रों के ज्ञान में वृद्धि करना है।

(स) पुस्तक-पठन में सावधानियाँ—पुस्तक-पठन में अग्रलिखित बातों को ध्यान में रखना चाहिए :

1. पठन-सामंग्री बालकों की रुचि के अनुकूल होनी चाहिए। जैसे—प्रारम्भिक कक्षाओं के बालकों के लिए रोचक कहानियाँ।

2. पुस्तक पढ़वाते समय अध्यापक का मुख्य उद्देश्य—बालकों में स्वतन्त्र रूप से पढ़ने की आदत डालना होना चाहिए।

3. जो विषय-सामग्री छात्रों के द्वारा पढ़ी जानी है, उसे अध्यापक को स्वयं पहले पढ़ लेना चाहिए, जिससे कि वह छात्रों द्वारा उसके पढ़े जाने के समय उनका उचित निर्देशन और पथ-प्रदर्शन कर सके।

4. अध्यापक का हमेशा यह प्रयास होना चाहिए कि बालक पुस्तक को ध्यान और बुद्धिमानी से पढ़ें, क्योंकि शिक्षा का सम्पूर्ण ढाँचा ऐसे पढ़ने पर आधारित है।

5. अध्यापक अथवा छात्रों के द्वारा पुस्तक-पठन का कार्य किसी भी दशा में नीरस, निर्जीव और यन्त्रवत् नहीं होना चाहिए।

6

सामूहिक कार्य की प्रविधियाँ

प्रभावोत्पादक सामूहिक कार्य में विभिन्न विधियों का समावेश है। ये विधियाँ सामूहिक कार्य के जरूरी अंग के रूप में कार्य करती हैं। इनका अपना स्वतन्त्र अस्तित्व नहीं होता है। सामूहिक कार्य की कुछ प्रमुख विधियाँ अग्रलिखित हैं–

1. समिति-कार्य
2. अध्ययन-गोष्ठी
3. विचार-विमर्श

(1) समिति कार्य

(अ) समिति-कार्य का अर्थ तथा उसकी प्रक्रिया–समिति-कार्य के अर्थ को स्पष्ट करते हुए **जेम्स एम. ली** ने लिखा है–"समिति छात्रों का एक छोटा समूह है जो किसी महत्त्वपूर्ण शैक्षिक 'समस्या अथवा प्रकरण' पर गहन रूप से खोज करता है।"

समिति-कार्य में कक्षा सहयोगी रूप से चयन की हुई समस्या पर कार्य करती है। इनमें समस्या के विभिन्न पक्षों पर कार्य करने के लिए कला को विभिन्न समितियों में बाँट दिया जाता है। समितियों का निर्माण करने वालों की योग्यताओं, गुणों आदि का ध्यान रखकर किया जाता है। जहाँ तक सम्भव होता है, वहाँ तक एक-सी योग्यताओं एवं गुणों वाले छात्रों को समिति में रखा जाता है। प्रत्येक समिति अपना अध्यक्ष चुनती है। अध्यक्ष को अध्यापक द्वारा भी नियुक्त किया जा सकता है। समिति का प्रत्येक सदस्य किसी-न-किसी कार्य के उत्तरदायी होता है। समिति-कार्य अधोलिखित सोपानों में से होकर गुजरता है–

(1) प्रथम सोपान में, समिति का प्रत्येक सदस्य समिति के लिए किए गए निर्धारित कार्य के किसी पक्ष पर कार्य करेगा।

(2) द्वितीय सोपान में, समिति समग्र रूप में प्रत्येक सदस्य द्वारा किए गए कार्य की जाँच-पड़ताल करके किसी समाधान का निर्णय करेगी।

(3) तीसरे सोपान में, सम्पूर्ण कक्षा के सामने प्रत्येक समिति अपने कार्य की

रिपोर्ट प्रस्तुत करेगी। वह इस रिपोर्ट को लिखित अथवा मौखिक रूप से प्रस्तुत कर सकती है।

(4) चौथे सोपान में कक्षा रिपोर्टों पर विचार-विमर्श करेगी तथा मौलिक समस्या का समाधान खोजेगी।

(5) पाँचवें सोपान में, किसी मूल्यांकनात्मक क्रिया का आयोजन एवं संचालन किया जाएगा।

(6) छठे सोपान में, अध्यापक, सम्पूर्ण कक्षा तथा समितियाँ सहयोगी रूप में रिपोर्टों तथा मूल्यांकनात्मक क्रिया का मूल्यांकन करेंगे।

(ब) समिति-कार्य के गुण—समिति-कार्य के प्रमुख गुण अग्रलिखित हैं—

(1) यह छात्रों के किसी विशेष समस्या पर गहराई के साथ विचार करने का अवसर प्रदान करती है।

(2) यह छात्रों के सहयोग तथा उत्तरदायित्व ग्रहण करने एवं निर्वाह करने की भावना का विकास करता है।

(3) इसके द्वारा छात्रों में सामूहिक क्रियाओं में निहित सजीव प्रयोजनों को प्राप्त करने की क्षमता विकसित की जाती है।

(4) इसके द्वारा छात्रों को समस्या के विभिन्न पक्षों पर सारपूर्ण रिपोर्ट प्रदान करने के योग्य बनाया जाता है।

(5) इसके द्वारा वैयक्तिक विभिन्नताओं की पूर्ति के लिए अवसर प्रदान किए जाते हैं।

(6) इसके द्वारा छात्रों को अपनी क्रियाओं के आयोजन एवं सम्पादन के लिए अवसर प्रदान किए जाते हैं।

(7) यह छात्रों को अपनी सूचनाओं को रोचक तथा रचनात्मक ढंग से प्रस्तुत करने का अनुभव प्रदान करता है।

(8) इसके द्वारा छात्रों को अपने साथियों के साथ सहयोगी रूप से कार्य करने के लिए व्यावहारिक अनुभव प्रदान किए जाते हैं।

(2) अध्ययन-गोष्ठी

(अ) अध्ययन-गोष्ठी का अर्थ—गुण के विचार में—"अध्ययन गोष्ठी उच्च शिक्षा में कक्षा-संगठन का एक रूप है, जिसमें उन्नत छात्रों का समूह कॉलेज अथवा विश्वविद्यालय के एक अथवा अधिक अध्यापकों के पथ-प्रदर्शन में अनुसंधान अथवा उन्नत अध्ययन में पारस्परिक हित की समस्याओं पर विचार-विमर्श करने के लिए संलग्न रहता है।"

एम.पी. मोफात ने इस प्रविधिक को माध्यमिक स्तर के छात्रों के लिए भी उपयुक्त बताया है। उनका मत है कि इस स्तर पर भी इसका प्रयोग किया जाना चाहिए। इस स्तर की कक्षाओं के छात्रों को इसके प्रयोग के लिए छोटे-छोटे समूहों में विभाजित कर लिया जाय। समूह के छात्र तथा अध्यापक मिलकर विभिन्न प्रकरणों से सम्बन्धित अनुसंधान अथवा अध्ययन करें और उन पर विचार-विमर्श करके रिपोर्ट प्रदान करें।

(ब) अध्ययन-गोष्ठी के गुण—एम.पी. मोफात ने इसके अधोलिखित गुणों पर प्रकाश डाला है—

(1) इसके द्वारा छात्र-समूहों को महत्त्वपूर्ण प्रकरणों पर चुनौतीपूर्ण विचार-विमर्श करने के लिए उपयुक्त वातावरण प्रदान किया जाता है।

(2) यह छात्रों को संगत तथ्यों की खोज, अध्ययन तथा मूल्यांकन करने के लिए प्रोत्साहित करती है।

(3) इसके द्वारा छात्रों में जिज्ञासा की प्रवृत्ति जाग्रत तथा आलोचनात्मक चिन्तन का विकास किया जाता है।

हमने जिन सामूहिक कार्य-विधियों का वर्णन किया है, वे ऐसे साधन हैं, जिनको अपनाकर वैयक्तिक एवं सामूहिक अध्ययन को उन्नत बनाया जा सकता है। इस सम्बन्ध में **जॉन यू. माइकेलिस** ने लिखा है—"उचित रूप से पथ-प्रदर्शित सामूहिक कार्य को वैयक्तिक तथा सामूहिक अध्ययन को उन्नत बनाने के लिए प्रयुक्त किया जा सकता है। उन छात्रों के समूह द्वारा अधिक ज्ञान प्राप्त किया जा सकता है जो विचार-विमर्श, मूल्यांकन, चुनौती, आवृत्ति तथा विचारों, सुझावों, क्रियाओं एवं समस्याओं में भाग लेता है।"

(3) विचार-विमर्श

(अ) विचार-विमर्श का अर्थ—विचार-विमर्श के अर्थ के सन्दर्भ में **जेम्स एम. ली.** ने लिखा है—"विचार-विमर्श एवं शैक्षिक सामूहिक क्रिया है, जिसमें अध्यापक तथा छात्र सहयोगी रूप में किसी समस्या अथवा प्रकरण पर बातचीत करते हैं।"

हम विचार-विमर्श के अर्थ को और अधिक स्पष्ट करने के लिए कुछ और लेखकों के विचार को यहाँ प्रस्तुत कर रहे हैं—

रिस्क के विचार में—"विचार-विमर्श का अर्थ है—अध्ययन की आने वाली समस्या अथवा प्रकरण में निहित सम्बन्धों का विचारशील विवेचन।"

सैटलर व मिलर के विचार में—"विचार-विमर्श दो अथवा अधिक व्यक्तियों द्वारा विचारशील चिन्तन है, जिसे वे किसी समस्या के समाधान अथवा उसकी अच्छी

जानकारी प्राप्त करने के लिए किए गए प्रयास में सहयोगी रूप से विचारों एवं सूचनाओं का आदान-प्रदान करके करते हैं।"

(ब) विचार-विमर्श के आवश्यक तत्त्व—विचार-विमर्श के जरूरी तत्त्व अग्रलिखित हो सकते हैं—

1. उनको सतर्कतापूर्वक, आलोचनात्मक एवं विचारशील ढंग से समस्या का समाधान करना चाहिए।

2. उनको विचार-विमर्श सहयोगी रूप से करना चाहिए।

3. विचार-विमर्श में समूह के सदस्यों को सक्रिय रूप से भाग लेने का मौका मिलना चाहिए।

4. उनको यह अनुभूति करनी चाहिए कि वे उन स्तरों की खोज कर रहे हैं जो पूर्व निर्धारित नहीं हैं।

(स) विचार-विमर्श के प्रकार—विचार-विमर्श के प्रकार अग्रलिखित हो सकते हैं—

(1) औपचारिक विचार-विमर्श—इस प्रकार का विचार-विमर्श निर्धारित नियमों के अनुसार पूर्व-निर्धारित ढंग से संचालित किया जाता है। इसकी अपनी एक निश्चित संगठन योजना होती है। इसके लिए कक्षा को अध्यक्ष, उपाध्यक्ष, सचिव तथा अन्य अधिकारियों के साथ समूहों में विभक्त कर दिया जाता है। सचिव विचार-विमर्श का लेखा रखता है। यह अध्यक्ष के आदेशानुसार संचालित किया जाता है। औपचारिक विचार-विमर्श के अधोलिखित प्रमुख रूप होते हैं—

पेनल—यह एक कार्यक्रम है जिसमें छात्रों का एक छोटा समूह कक्षा के समक्ष बैठकर किसी समस्या अथवा प्रकरण पर अनौपचारिक रूप से विचार-विमर्श करता है। ये समस्या पर विभिन्न विरोधी मतों को प्रस्तुत करते हैं।

संगोष्ठी—यह एक कार्यक्रम है जिसमें छात्रों का एक समूह कक्षा के समक्ष किसी समस्या पर विभिन्न मतों को औपचारिक रूप से प्रस्तुत करते हैं।

पर्यालोचन या वाद-विवाद—यह एक कार्यक्रम है जिसमें दो अथवा अधिक छात्र किसी विशेष समस्या पर विवादास्पद मतों को औपचारिक भाषण द्वारा प्रस्तुत करते हैं।

(2) अनौपचारिक विचार-विमर्श—अनौपचारिक विचार-विमर्श का वर्ग-कक्ष में प्रयोग किया जाता है। इसमें भाग लेने वाले स्वतन्त्रतापूर्वक अपने विचारों का आदान-प्रदान करते हैं। लेकिन वे ऐसा पूर्व-निर्धारित नियमों से शामिल होकर नहीं करते हैं। अनौपचारिक विचार-विमर्श मुक्त रूप से किया जाता है। इस प्रकार के विचार-विमर्श को पथ-प्रदर्शित करते समय अग्रलिखित सुझावों को ध्यान में रखा

जाना चाहिए–

1. छात्रों को अपने अभिप्रायों अथवा अर्थ को स्पष्ट करने के लिए अवसर दिया जाए।

2. तर्क-वितर्क के बजाय छात्रों को दूसरे के दृष्टिकोणों अथवा विश्लेषणों को प्रस्तुत करने के लिए प्रोत्साहित किया जाय।

3. विचार-विमर्श में प्रत्येक छात्र का सहयोग प्राप्त किया जाय।

4. छात्रों को तथ्यों अथवा अन्य मतों का मूल्यांकन करने के लिए प्रोत्साहित किया जाय।

5. छात्रों को निष्कर्ष निकालने के लिए तत्पर बनाया जाय।

6. छात्रों को सारांश-लेखन के लिए प्रोत्साहित किया जाय।

7. किसी व्यक्ति द्वारा इनको अग्रसर किया जाय।

8. विचार-विमर्श को प्रमुख तथ्यों तक सीमित रखा जाय, अर्थात् भाग लेने वालों को अनावश्यक तथ्यों अथवा बातों में पड़ने से रोका जाय।

(द) विचार-विमर्श के गुण–इसके प्रमुख गुण अग्रलिखित हैं–

(1) यह समूह को सामान्य हित की समस्याओं को विश्लेषण के लिए तत्पर बनाता है।

(2) यह लोकतन्त्रीय शिक्षा के सच्चे अर्थ में अनिवार्य विधि है।

(3) विचार-विमर्श छात्रों को अभिप्रायों को निर्धारित करने, परिकल्पनाओं एवं प्रश्नों को प्रस्तुत करने तथा विभिन्न अनुभवों को जाँचने के लिए व्यावहारिक अवसर प्रदान करता है।

(4) इसके द्वारा छात्र सीखने की प्रक्रिया में सक्रिय भाग लेने वाला बन जाता है।

(5) एम.पी. मोफात के अनुसार, इसके द्वारा छात्रों में अधोलिखित गुणों का विकास किया जाता है–

(i) सृजनात्मक एवं आलोचनात्मक चिन्तन;

(ii) प्रभावशाली ढंग से बोलने की कला;

(iii) सहयोग, आत्मविश्वास, आत्मनियन्त्रण एवं सौहार्द; तथा

(iv) सूचनाओं को संगठित एवं मूल्याँकन करने की क्षमता।

7

धारण-सहायक युक्तियाँ

धारण-सहायक युक्ति के सन्दर्भ में गुड का विचार है—"धारण-सहायक युक्ति एक समावेशित पद है, जो सामग्री अथवा साधन की ओर संकेत करती है, जिसका अध्यापक द्वारा सीखने की प्रक्रिया को उन्नत, प्रोत्साहित अथवा प्रेरित करने के लिए प्रयोग किया जाता है। उदाहरण के लिए—पाठ्य-पुस्तकें, दृश्य-सामग्री, प्रतिरूप, योजनाएँ, अभ्यास, पुनरीक्षा, रूपरेखाएँ, विचार-विमर्श आदि। इनमें से जो छात्रों को किसी तथ्य अथवा विषयवस्तु को धारण करने में मदद करती है, उन्हें धारण-सहायक युक्तियों की श्रेणी में रखा जाता है। प्रमुख धारक-सहायक युक्तियों पर आगे प्रकाश-निक्षेप किया जा रहा है।

धारण-सहायक युक्तियाँ

प्रमुख धारण-सहायक युक्तियाँ अग्रलिखित हैं—

1. दत्तकार्य

(अ) दत्तकार्य का आशय—दत्तकार्य के अर्थ के सन्दर्भ में जेम्स एम.ली ने लिखा है—"दत्तकार्य, सीखने की स्थिति का वह अंग है जो औपचारिक निर्देशात्मक प्रक्रिया की अपेक्षा इस स्थिति के लक्ष्यों तथा अनुभवों को अधिक विस्तृत बनाता है। दत्तकार्य सृजनात्मक एवं पुनः परोक्षात्मक—दोनों प्रकार की युक्ति है।"

(ब) दत्तकार्य के प्रकार—जेम्स एम.ली ने दत्तकार्य के अग्रलिखित प्रकार बतलाये हैं—

(1) **प्रावीण्य दत्तकार्य**—इस तरह के कार्य का प्रमुख उद्देश्य तथ्यों एवं धारणाओं से दक्षता प्रदान करना है। इसमें प्रश्नों के उत्तर लिखना अथवा समस्या का हल आदि आते हैं।

(2) **अभ्यासात्मक दत्तकार्य**—इसका प्रमुख लक्ष्य सीखी हुई बातों के पूर्ण धारण की गारन्टी प्रदान करना है। इसमें सीखी हुई बातों का अर्थपूर्ण पुष्टीकरण निहित है।

(3) **अनुसन्धानात्मक दत्तकार्य**—इसका प्रमुख उद्देश्य खोज करने की कुशलता को उन्नत बनाना है। इसमें किसी समस्या अथवा प्रकरण सम्बन्धित तथ्यों एवं धारणाओं की खोज से सम्बन्धित कार्य निहित हैं।

(4) **मूल्यांकनात्मक दत्तकार्य**—इसका प्रमुख कार्य निर्णयात्मक चिन्तन का विकास करना है। इसमें दो अथवा अधिक तथ्यों, धारणाओं, वृत्तियों अथवा सम्मतियों की तुलना तथा प्रत्येक के उपयुक्त अंकन से सम्बन्धित कार्य आते हैं।

(5) **सौन्दर्यात्मक दत्तकार्य**—इसका प्रमुख उद्देश्य सौन्दर्य-प्रेम को जगाना है। इसमें वे कार्य आते हैं, जिनके द्वारा सौन्दर्यात्मक अनुभव प्रदान किये जाते हैं।

(6) **प्रोजेक्ट दत्तकार्य**—इसका प्रमुख कार्य छात्रों की सृजनात्मक योग्यताओं को बढ़ाना है। इसमें विभिन्न योजनाओं (Project) को स्थान दिया जाता है जिनकी पूर्ति में छात्रों को शारीरिक एवं बौद्धिक क्रियाओं को करना पड़ता है।

(7) **प्रयोगात्मक दत्तकार्य**—इसका प्रमुख उद्देश्य आगमन एवं निगमन युक्ति में छात्रों को प्रवीण बनाना है। इसमें परिकल्पनाओं के परीक्षण, पुष्टिकरण अथवा अस्वीकरण से सम्बन्धित कार्य निहित हैं।

(8) **सामान्य दत्तकार्य**—इस प्रकार के कार्य को वर्ग के प्रायः सभी छात्र करते हैं।

(9) **छोटे समूह के लिए दत्तकार्य**—यह कक्षा के छोटे समूहों के लिए उनके छात्रों की आवश्यकताओं, रुचियों तथा योग्यताओं के अनुसार होता है।

(10) **वैयक्तिक दत्तकार्य**—यह प्रत्येक छात्र के लिए आवश्यक होता है। प्रत्येक छात्र की रुचियों, योग्यताओं, आवश्यकताओं तथा उसके बौद्धिक स्तर को ध्यान में रखकर इसको निर्धारित किया जाता है।

(स) दत्तकार्य के गुण—इस सन्दर्भ में नेल्सन एल. बॉसिंग (Nelson L. Bossing) ने दत्तकार्य के अग्रलिखित गुण बतलाये हैं—

(1) दत्तकार्य नई इकाई का पहले के अनुभवों से निश्चित रूप से सम्बन्ध स्थापित करे।

(2) छात्रों को दत्तकार्य के महत्त्व को समझना चाहिए।

(3) दत्तकार्य उन्नत कार्य में छात्रों की रुचि जाग्रत करे।

(4) दत्तकार्य छात्र की योग्यता एवं रुचियों की विभिन्नताओं की पूर्ति के लिए मौका प्रदान करे।

(5) दत्तकार्य चिन्तन को प्रेरित करे।

(6) दत्तकार्य उपलब्ध समय तथा कक्षा की उपलब्ध सामग्री के अनुकूल हो।

(7) दत्तकार्य स्पष्ट एवं निश्चित होना चाहिए।

(8) दत्तकार्य संक्षिप्त होना चाहिए।

2. पुनरीक्षा

(अ) पुनरीक्षा का अर्थ—पुनरीक्षा के अर्थ के विषय में टॉमस एम. रिस्क ने लिखा है—"पुनरीक्षा का अर्थ—पूर्व अध्ययन किये हुए सम्बन्धों की अच्छी जानकारी प्राप्त करने के लिए प्राचीन दृष्टिकोण का नवीनीकरण अथवा नवीन दृष्टिकोण की प्राप्ति है।"

पुनरीक्षा के अर्थ को अधिक स्पष्ट करने के लिए यहाँ कुछ परिभाषाएँ प्रस्तुत की जा रही हैं।

1. जेम्स एम.ली के विचार में—"पुनरीक्षा पूर्व प्रक्रिया तथा प्राप्त ज्ञान की पुनः परीक्षा तथा अतीत-सम्बन्धी सर्वेक्षण है।"

2. एम.पी. मोफात के मत में—"पुनरीक्षा एक निरन्तर प्रक्रिया है जो कार्य को दिशा प्रदान करती है।"

3. बॉसिंग के अनुसार—"पुनरीक्षा मस्तिष्क में तथ्यों के दृढ़ीकरण के लिए मात्र उनकी आवृत्ति ही नहीं है, वरन् एक सिद्ध स्थिति में उनका एक नवीन दृष्टिकोण है, जिससे नवीन प्रकार की समझदारियाँ, परिवर्तित वृत्तियाँ अथवा विभिन्न व्यवहार सम्बन्धी ढंग प्राप्त किये जा सकें।"

(ब) पुनरीक्षा के प्रकार—जेम्स एम.ली ने पुनरीक्षा के अग्रलिखित प्रकार बताए हैं :

(1) अभ्यासात्मक अथवा व्यवहारात्मक पुनरीक्षा—इसमें पूर्व-अर्जित ज्ञान के पुष्टिकरण पर जोर दिया जाता है।

(2) विकासात्मक पुनरीक्षा—इसमें पूर्व अर्जित ज्ञान को विस्तृत तथा स्थायी बनाने के लिए विभिन्न दृष्टिकोणों से नया स्वरूप प्रदान किया जाता है।

(स) पुनरीक्षा के प्रयोजन—पुनरीक्षा के अग्रलिखित प्रयोजन हो सकते हैं—

(1) छात्रों को विभिन्न दृष्टिकोण अपनाने के योग्य बनाना।

(2) विषय-वस्तु तथा अनुभवों के उपयुक्त विस्तार के लिए मौका प्रदान करना।

(3) भावी अध्ययन को क्रियात्मक आधार देना।

(4) छात्रों की कठिनाइयों का पता लगाना।

(5) अध्यापक की कमजोरियों का पता लगाना।

(6) पूर्व-अर्जित अथवा प्राचीन विषय-वस्तु में रुचि लेना।

(7) अर्जित विषय-वस्तु अथवा क्रियाओं को मस्तिष्क में स्थायी बनाना।

(8) समझ प्राप्त करने के लिए बड़ी इकाइयों में विषय-वस्तु एवं अनुभवों को क्रमबद्ध करना।

(द) पुनरीक्षा करने के विषय में कुछ सुझाव—अध्यापक को किसी पाठ की पुनरीक्षा करते समय अग्रलिखित बिन्दुओं को ध्यान में रखना चाहिए :

(1) पुनरीक्षा पाठ, इकाई अथवा पाठ्य-विषय के प्रमुख तथ्यों को एकीकृत रूप में विकसित करना चाहिए।

(2) पुनरीक्षा अर्जित ज्ञान का व्यवहारिक जीवन से सम्बन्ध स्थापित करे।

(3) अभ्यासात्मक पुनरीक्षा के लिए संक्षिप्त और रोचक प्रश्न किये जायें।

(4) पुनरीक्षा गत अनुभवों की निर्जीव आवृत्ति मात्र नहीं हो।

(5) पुनरीक्षा का प्रत्येक पहलू उन मनोवैज्ञानिक सिद्धान्तों को स्पष्ट करे जो अर्थ, सम्बन्ध एवं समझदारी से गहरा सम्बन्ध रखते हैं।

(6) पुनरीक्षा के छात्रों का दृष्टिकोण एक चुनौती के रूप में होना चाहिए।

3. अभ्यास एवं व्यवहार

(अ) अभ्यास का अर्थ—अभ्यास के अर्थ के सन्दर्भ में **रिस्क** ने लिखा है—"अभ्यास मुख्यतः सूचनाओं, नियमों, परिभाषाओं, तिथियों, संकेतों, सूत्रों तथा शब्दावलियों के रटने से सम्बन्धित है।"

अभ्यास के अर्थ को और अधिक स्पष्ट करने के लिए आगे कुछ परिभाषाएँ दी जा रही हैं—

जेम्स एम.ली—"अभ्यास बौद्धिक, भावात्मक तथा वृत्ति-सम्बन्धी ज्ञान के आवृत्त पुष्टिकरण में निहित है।"

वुडरफ—"अभ्यास संकेतात्मक ज्ञान-प्राप्ति की शिक्षण-प्रणाली है।"

(ब) अभ्यास की विधियाँ—अभ्यास के लिए अग्रलिखित विधियाँ हो सकती हैं—

(1) अभ्यास छात्रों की कमजोरियों पर केन्द्रित हो, क्योंकि यह मूल रूप से उपचारात्मक युक्ति है।

(2) अभ्यास में विषय-वस्तु के कृत्रिम सम्बन्धों की अपेक्षा स्वाभाविक सम्बन्धों पर जोर दिया जाय।

(3) अभ्यास वैयक्तिक हो।

(4) पुनरावृत्ति का प्रयोग यदा-कदा एवं कुशलतापूर्वक किया जाय।

(स) व्यवहार का अर्थ—व्यवहार के अर्थ के सन्दर्भ में **रिस्क** ने लिखा है—"व्यवहार अभ्यास की अपेक्षा उन शैक्षिक क्रियाओं में प्रयुक्त किया जाता है जो किसी प्रकार की योग्यता की प्राप्ति से सम्बन्धित है, चाहे वह योग्यता चेष्टा उत्पन्न करने वाली हो अथवा अनुकूली।"

(द) व्यवहार के प्रयोग के सिद्धान्त—व्यवहार के प्रयोग में अग्रलिखित सिद्धान्त अनपाये जा सकते हैं—

(1) व्यवहार अधिगम के लिए अर्थपूर्ण होना चाहिए।

(2) व्यवहार को प्रभावोत्पादक बनाने के लिए उदार, संवेगात्मक एवं प्रेरक रूप में प्रस्तुत किया जाना चाहिए।

(3) व्यवहार को अधिक प्रभावोत्पादक बनाने के लिए बालकों को उनके विकास से अवगत कराय जाय।

(4) व्यवहार को उत्साहपूर्वक संचालित किया जाय।

(5) व्यवहार कार्य की अवधि छोटी होनी चाहिए।

(6) व्यवहार से पूर्ण और अंश विधियों का मिश्रित रूप में प्रयोग हो।

अन्त में, हम व्यवहार के विषय में रिस्क के शब्दों में कह सकते हैं—''व्यवहार समझदारियों को प्रयोग में लाने, उनको प्रयुक्त करने की योग्यता को ग्रहण करने और पूर्ण आधिपत्य प्राप्त करने के सबसे उत्तम साधनों में से एक है। इसलिए व्यवहार एक प्रमुख ज्ञानात्मक क्रिया है जिसे अवश्य प्रदान किया जाना चाहिए।''

8

पाठ-योजना का अर्थ व महत्त्व

अध्यापक जिस पाठ्य-वस्तु को पढ़ाना चाहता है उसे छोटी इकाईयों (Units) में बाँट लेता है और पढ़ाने के लिए उस विषय-वस्तु की एक विस्तृत रूप-रेखा तैयार करता है जिसे पाठ योजना (Lesson Plan) कहते हैं।

पाठ योजना का अर्थ

आई. के. डेवीज (I. K. Davis) ने अपने प्रथम सोपान में पाठ योजना की रचना को बहुत अधिक महत्त्व दिया है। शिक्षण व्यवस्था के सभी पक्षों के व्यावहारिक रूप का आलेख ही पाठ योजना है। कक्षा शिक्षण की पूर्व अवस्था (pre-active stage) में पाठ योजना तैयार की जाती है।

डेविस—"कक्षा में जाने वे पहले अध्यापक को पूरी तैयारी कर लेनी चाहिए क्योंकि अध्यापक की प्रगति के लिए कोई बात इतनी बाधक नहीं है जितनी कि अध्यापक की अपूर्ण तैयारी।"

बिनिंग और बिनिंग—"दैनिक पाठ-योजना में उद्देश्यों को परिभाषित करना, पाठ्य-वस्तु का चयन, उसे क्रम में व्यवस्थित करना और विधियों तथा प्रक्रिया को निर्धारित करना शामिल है।"

एन. एल. बॉसिंग—"पाठ योजना उन उद्देश्यों के कथनों और विशिष्ट तरीकों को प्रदान किया गया शीर्षक है जिनके द्वारा क्रियाओं के परिणामस्वरूप उन्हें प्राप्त किया जाता है।"

थोड़े में हम कह सकते हैं कि ध्यानपूर्वक योजना का निर्माण करना अच्छे शिक्षण के लिए जरूरी है। रायबर्न (Ryburn) ने यह भी कहा है—"शिक्षण के लिए हमें पूर्व प्राप्त अनुभव का प्रयोग अपने कार्य को करने के लिए करना चाहिए।"

पाठ योजना की आवश्यकता और महत्त्व

अध्यापक की सफलता का रहस्य उसके पाठों की पूर्व योजनाएँ होती हैं। इसलिए अध्यापक के लिए पाठों की पूर्व योजना बहुत जरूरी है। पूर्व योजना की

सहायता से शिक्षण उद्देश्यों की प्राप्ति में आसानी होती है। पाठ योजना की आवश्यकता तथा महत्त्व निम्नलिखित हैं :–

1. शिक्षण अधिगम में सम्बन्ध स्थापित करना—शिक्षा के क्षेत्र में शिक्षण और अधिगम का सम्बन्ध बहुत जरूरी होता है। इनमें व्यावहारिक रूप से सम्बन्ध स्थापित करने के लिए पाठ योजना बहुत जरूरी है।

2. पाठों की निरन्तरता—किसी भी विषय में उपविषयों (Topics) में एक निरन्तरता बनाए रखना जरूरी होता है। पाठ योजना के आधार पर अध्यापक ये जान सकता है कि विषय के कौन-कौन से उप-विषय पढ़ाए जा चुके हैं और कौन-कौन से उपविषय शेष रह गए हैं। छात्रों के पूर्व ज्ञान का पता लगाना भी इससे आसान होता है।

3. रूप-रेखा प्रदान करना—अध्यापकों के प्रशिक्षण के लिए पाठ योजना कक्षा की क्रियाओं के लिए रूप-रेखा प्रदान करती है।

4. पूर्व ज्ञान के आधार पर नया ज्ञान—पाठ योजना से शिक्षण में सरलता तथा नवीनता आ जाती है। पहले से ही सभी क्रियाएँ कक्षा-स्तर तथा पाठ्य-वस्तु के अनुसार चुन ली जाती हैं। इससे पूर्व ज्ञान के आधार पर नया ज्ञान मिलता है। पाठ में छात्रों की रुचि भी बढ़ती है।

5. अनुशासनहीनता पर नियंत्रण—अगर अध्यापक तैयार होकर कक्षा में नहीं आता और उसका शिक्षण अरुचिकर रहता है तो अनुशासनहीनता फैल जाती है। इस प्रकार की समस्या के समाधान के लिए पाठ योजना का होना बहुत ही जरूरी होता है। इससे छात्र योजनानुसार क्रिया करने में व्यस्त रहते हैं।

6. व्यक्तिगत विभिन्नताओं का उपयोग—कक्षा के छात्रों की विभिन्नताओं को ध्यान में रखकर उनके अनुसार भिन्न-भिन्न प्रकार की पाठ योजनाएँ तैयार की जा सकती हैं। इस प्रकार व्यक्तिगत विभिन्नताओं का उपयोग पाठ योजना द्वारा ठीक प्रकार से किया जा सकता है।

7. शिक्षण क्रियाओं तथा सहायक सामग्री की जानकारी—पाठ योजना की सहायता से अध्यापक पहले ही तय कर लेता है कि कक्षा में उसे कौन-कौन सी शिक्षण क्रियाएँ करनी हैं और कैसे करनी हैं। इस बात का भी निर्णय प्रारम्भ में ही कर लिया जाता है कि सहायक सामग्री कौन-कौन सी और कैसे प्रयोग में लाई जाती है।

8. विषय-वस्तु का संगठन—पाठ योजना के महत्त्व के कारण निर्धारित उद्देश्यों की प्राप्ति के लिए विषय-वस्तु का संगठन करना जरूरी है। इस योजना में प्रस्तुतीकरण के क्रम तथा पाठ्य-वस्तु के रूप को निश्चित कर लिया जाता है।

9. उद्देश्यों को परिभाषित करना—निर्धारित उद्देश्यों को परिभाषित करने के लिए पाठ योजना को बनाना जरूरी हो जाता है। शिक्षण उद्देश्यों तथा परीक्षण परिस्थितियों का निर्धारण होता है।

10. शिक्षण उद्देश्यों की स्पष्टता—कक्षा में पढ़ाई जाने वाली विषय-वस्तु के शिक्षण उद्देश्यों की स्पष्टता के लिए पाठ योजना तैयार करना अनिवार्य है। पाठ योजना के कारण अध्यापक अपने पाठ के उद्देश्यों पर ही केन्द्रित रहता है और इधर-उधर की बातों में समय नष्ट नहीं करता।

11. कक्षा क्रियाओं की व्यवस्था—छात्रों की व्यक्तिगत भिन्नता के आधार पर कक्षा की क्रियाओं की व्यवस्था करने में पाठ योजना सहायक होती है। छात्राध्यापकों को प्रशिक्षण के लिए पाठ योजना कक्षा क्रियाओं के लिए रूप-रेखा प्रदान करती है।

12. समस्याओं का समाधान—पाठ के सम्बन्ध में पैदा होने वाली सम्सयाओं तथा कठिनाईयों को पाठ योजना के माध्यम से हल किया जा सकता है।

13. व्यवस्थित ज्ञान—विद्यार्थियों को क्रमबद्ध तथा व्यवस्थित रूप से ज्ञान प्रदान करना अनिवार्य होता है। इस उद्देश्य के लिए पाठ योजना का बहुत महत्त्व होता है।

14. पुनर्वलन—छात्रों की क्रियाओं के नियन्त्रण तथा पुनर्वलन की प्रविधियों के प्रयोग की परिस्थिति भी निर्धारित की जाती है। यह पाठ योजना द्वारा ठीक हो सकती है।

ऊपरलिखित तत्त्वों को देखते हुए ये कहा जा सकता है कि पाठ योजना का कितना महत्त्व तथा आवश्यकता है। कक्षा में अध्यापक को नैतिक जोर प्रदान करने के लिए पाठ योजना जरूरी है। इसलिए अध्यापक को कक्षा में शिक्षण के लिए जाने वे पहले, चाहे वह छोटी कक्षा क्यों न हो, अपने पाठ की योजना तैयार कर लेनी चाहिए इससे अध्यापक का विश्वास बढ़ता है।

पाठ योजना के हरबर्ट उपागम

हरबर्ट उपागम एक प्राचीन प्रणाली है। इसका प्रयोग अतीत काल से किया जाता है और आज भी प्रयोग करते हैं। अधिकांश प्रशिक्षण संस्थाओं में हरबर्ट की पाठ योजना ही प्रयोग में लाई जाती है और यह पाठ्य-वस्तु केन्द्रित है।

इस उपागम में प्रस्तुतीकरण पर अधिक जोर दिया जाता है। इसमें छात्रों की रुचियों, अभिवृत्तियों, मूल्यों तथा सम्बन्धों पर ध्यान नहीं दिया जाता। यह उपागम स्मृति स्तर (Memory Level) तक का है। अर्थात् इसमें छात्रों के

रटने पर अधिक जोर दिया जाता है। अधिकांश विषयों के पाठ्य-वस्तु (Subject Matter) के शिक्षण के लिए इस पाठ योजना को प्रयोग में लाया जा सकता है।

सैद्धान्तिक आधार—हरबर्ट का यह उपागम इस सिद्धान्त पर आधारित है कि ज्ञान बाहर से दिया जाता है और संचित होता रहता है। इसे 'संचित ज्ञान सिद्धान्त' (Apperceptive Mass Theory) कहते हैं। इस सिद्धान्त के अनुसार अगर नए ज्ञान को पुराने ज्ञान से सम्बन्धित करके पढ़ाया जाए तो ज्ञान अधिक प्रभावशाली तथा स्थाई होता है। नए पाठ्य-वस्तु (Subject Matter) के शिक्षण की व्यवस्था एक क्रम की की जानी चाहिए जिससे छात्र पूर्व ज्ञान से सम्बन्ध स्थापित कर सकें।

हरबर्ट उपागम के सोपान

इस उपागम के निम्नलिखित पांच प्रमुख सोपान हैं—

1. तैयारी अथवा प्रस्तावना
2. प्रस्तुतीकरण
3. तुलना एवं सम्बन्ध
4. सामान्यीकरण
5. प्रयोग

1. तैयारी अथवा प्रस्तावना—इसमें विद्यार्थियों के पूर्व ज्ञान के आधार पर पाठ की प्रस्तावना की जाती है। प्रस्तावना का उद्देश्य पूर्व ज्ञान को पाठ से सम्बद्ध कराना तथा छात्रों को नवीन ज्ञान ग्रहण करने के लिए तैयार करना है। इसके पश्चात् उस दिन पढ़ाए जाने वाले पाठ की घोषणा की जाती है और छात्रों को नया पाठ पढ़ने के लिए मानसिक रूप से तैयार किया जाता है।

2. प्रस्तुतीकरण—अध्यापक नवीन ज्ञान व तथ्यों को छात्र के पूर्व ज्ञान से सम्बन्ध स्थापित करने के लिए प्रस्तुत करता है कि विकासात्मक तथा बोध प्रश्नों की सहायता से अध्यापक पाठ का प्रस्तुतीकरण करता है। इसमें अध्यापक को अग्रलिखित बातों का ध्यान रखना चाहिए—

(i) छात्रों के सामने कितनी तथा किस तरह की अधिगम सामग्री प्रस्तुत की जानी चाहिए।

(ii) अधिगम सामग्री को कितनी इकाईयों (Units) में बाँटा जाना चाहिए।

(iii) पाठ की किसी इकाई का अन्य विषयों के साथ समवाय (Correlation) कब और कैसे किया जाए।

(iv) छात्रों का सहयोग कैसे प्राप्त किया जाए तथा पाठ को प्रस्तुत करने के लिए कौन-कौन सी प्रविधियों तकनीकों तथा ब्यूह रचनाओं को प्रयोग में लाया जाए।

3. तुलना एवं सम्बन्ध—छात्रों के नवीन तथ्यों का पूर्ण ज्ञान से सम्बन्ध स्थापित कराया जाता है। नए ज्ञान को स्थायी कराना होता है। अध्यापक अर्जित ज्ञान का पूर्व ज्ञान के साथ तुलना करता है और नए ज्ञान तथा पूर्व ज्ञान से सम्बन्ध स्थापित करने का प्रयास करता है।

4. सामान्यीकरण—इस सोपान में पाठ में सीखे हुए ज्ञान का सामान्यीकरण किया जाता है। नए सीखे हुए ज्ञान से परिणाम, सिद्धान्त और नियमों को प्रतिपादित किया जाता है। यह सामान्यीकरण अध्यापक को छात्रों से कराया जाना चाहिए, यह अधिक प्रभावशाली होता है। अध्यापक का कार्य मार्गदर्शन तक ही सीमित रहना चाहिए।

5. प्रयोग—इस सोपान में अध्यापक ऐसी परिस्थितियाँ प्रस्तुत करता है जिनमें छात्र अपने सीखे हुए ज्ञान का प्रयोग कर सकता है। जैसे किसी सूत्र की सहायता से किस तरह समस्याएँ हल की जाती हैं। इसमें अध्यापक छात्रों के सामने पुनरावृत्ति प्रश्न प्रस्तुत करके छात्रों को नए ज्ञान का प्रयोग करा सकता है।

हरबर्ट उपागम पर आधारित पाठ योजना की रूप-रेखा

इन पाँच सोपानों के आधार पर पाठ योजना की रूप-रेखा विकसित की गई। इसके प्रमुख पद अग्रलिखित हैं–

1. विषय, प्रकरण अथवा उप-विषय, कक्षा, विभाग, कालांश तथा दिनांक—पाठ-योजना की तैयारी इन तथ्यों के निर्धारण से होती है। विषय के अनुसार उपविषय अथवा प्रकरण तथा कक्षा का चयन किया जाता है। शिक्षण के लिए समय आदि भी निर्धारित किया जाता है।

2. सामान्य उद्देश्य—प्रत्येक विषय के शिक्षण के पीछे कुछ सामान्य उद्देश्य का निर्धारण जरूरी होता है। इन उद्देश्यों की प्राप्ति ही शिक्षण की सफलता होती है। अध्यापक के शिक्षण का व्यापक मूल्याँकन भी इन सामान्य उद्देश्यों के सन्दर्भ में किया जाता है। सामान्य उद्देश्य कक्षा-स्तर तथा आयु-वर्ग के अनुसार होने जरूरी हैं। ये पाठ-योजना के आरंभ में ही लिखे जाने चाहिए।

3. विशिष्ट उद्देश्य—इन विशिष्ट उद्देश्यों का सम्बन्ध प्रत्यक्ष रूप से पढ़ाए जाने वाले पाठ से होता है। इनका निर्धारण विषय-वस्तु के आधार पर किया जाता है। विशिष्ट उद्देश्य प्रत्येक प्रकरण के साथ बदलते रहते हैं। इनके निर्धारण के लिए अध्यापक को विषय-वस्तु का व्यापक ज्ञान होना चाहिए।

4. सहायक सामग्री—अध्यापक को पाठ-योजना में ही सहायक सामग्री को तय करना पड़ता है। जैसे श्यामपट, माडल चार्ट, रेडियो, टेप-रिकार्डर, प्रोजेक्टर, टेलीविजन आदि। किस चरण में इनका प्रयोग किया जाना है–यह भी पाठ-योजना में तय कर लिया जाता है।

5. पूर्व ज्ञान—शिक्षण में नए ज्ञान को आरंभ करने के लिए पूर्व ज्ञान के विषय में सोचना अनिवार्य है। नवीन ज्ञान प्राप्त करने में पूर्व-ज्ञान आधार का कार्य करता है। इन दोनों में सम्बन्ध स्थापित करना जरूरी होता है। इससे पाठ रोचक और स्पष्ट बन जाता है।

6. प्रस्तावना—पाठ की प्रस्तावना छात्रों के पूर्व ज्ञान पर आधारित होती है। प्रस्तावना के माध्यम से नए पाठ तक पहुँचा जाता है। प्रस्तावना का पद पाठ-योजना में बहुत महत्त्वपूर्ण माना जाता है। प्रस्तावना के लिए प्रकरण (Topics) से सम्बन्धित पूर्व-ज्ञान के विषय में प्रश्न पूछकर उसे पढ़ाए जाने वाले प्रकरण के साथ जोड़ा जाता है। इसके लिए अध्यापक 3 अथवा 4 प्रश्न पूछता है ताकि पूर्व ज्ञान के साथ प्रस्तावित पाठ का सम्बन्ध जोड़ा जा सके।

7. उद्देश्य कथन—प्रस्तावना को आधार मानकर अध्यापक अपने शिक्षण के उद्देश्य का कथन करता है। शिक्षण पाठ से सम्बन्धित घोषणा करता है कि आज हम इस प्रकरण के विषय में अध्ययन करेंगे।

8. प्रस्तुतीकरण—पाठ-योजना का क्रियात्मक पक्ष प्रस्तुतीकरण से आरम्भ होता है। प्रस्तुतीकरण में अध्यापक को छात्रों की मानसिक क्रिया को निरन्तर प्रेरित तथा उत्तेजित करते रहना चाहिए। प्रस्तुतीकरण में विकासात्मक प्रश्न पूछकर पाठ को आगे बढ़ाया जाता है। पाठ को प्रस्तुतीकरण के लिए जरूरी इकाइयों में बाँट लिया जाता है लेकिन इन इकाइयों में क्रमबद्धता अवश्य होनी चाहिए।

9. स्पष्टीकरण—विकासात्मक प्रश्नों के उत्तर न मिलने पर अध्यापक स्वयं उन प्रश्नों का स्पष्टीकरण दे ताकि छात्रों के मन में किसी किस्म का द्वन्द्व न आरंभ हो पाए।

10. श्यामपट कार्य—अध्यापक अपने शिक्षण बिन्दुओं को श्यामपट पर लिखता है। श्यामपट अध्यापक का अभिन्न मित्र होता है। इसके बिना अध्यापक सफल नहीं हो सकता। श्यामपट सार अथवा तो शिक्षण के साथ-साथ लिखा जाना चाहिए, अथवा अध्यापक के कथनों की समाप्ति पर। श्यामपट सार का विकास छात्रों से प्रश्न पूछ-पूछ कर उनके सहयोग से किया जाना चाहिए। श्यामपट पर लिखाई आकर्षक हो।

11. पुनरावृत्ति—पढ़ाए गए पाठ को दोहराना ही पुनरावृत्ति कहलाता है। इससे शिक्षण की सफलता का साथ-साथ ही ज्ञान होता रहता है। पुनरावृत्ति के समय अध्यापक छात्रों की कापियाँ बन्द करवा दे। श्यामपट सार को भी मिटा देना चाहिए। पुनरावृत्ति में पूछे गए प्रश्नों के सही उत्तर प्राप्त करने से ही अध्यापक की सफलता का अनुमान लगाया जा सकता है। अगर पाठ को छोटी-छोटी इकाईयों में बाँट रखा है तो प्रत्येक खंड अथवा भाग अथवा इकाई पढ़ाने के पश्चात् पुनरावृत्ति की जानी चाहिए। इसे खंड-पुनरावृत्ति (Sectional Recapitulation) कहते हैं। पाठ पूरा होने पर पूरे पाठ की पुनरावृत्ति की जानी चाहिए।

12. गृह-कार्य—शिक्षण में गृह-कार्य का महत्त्व किसी भी सोपान से कम महत्त्वपूर्ण नहीं है। अतः गृह-कार्य अवश्य दिया जाना चाहिए। गृह-कार्य में विभिन्न प्रकार के प्रश्न दिए जा सकते हैं जैसे, रिक्त स्थानों की पूर्ति, संक्षिप्त उत्तर वाले प्रश्न, लम्बे उत्तरों वाले प्रश्न तथा वस्तुनिष्ठ (Objective Type) प्रश्न आदि।

हरबर्ट उपागम के गुण

हरबर्ट उपागम के प्रमुख गुण अग्रलिखित हैं–

1. ये उपागम शिक्षण के मनोवैज्ञानिक सिद्धान्तों पर आधारित हैं।
2. यह शिक्षा को एक सुनियोजित, सुव्यवस्थित तथा सुनियन्त्रित क्रिया के रूप में सामने लाता है।
3. इस उपागम द्वारा सभी विषयों तथा उप-विषयों की शिक्षा दी जा सकती है।
4. इससे पाठ योजना का कार्य विधिवत और सरल हो जाता है।
5. इसमें छात्रों को सोचने का मौका मिलता है और वे सक्रिय रहते हैं।
6. इसमें पूर्व ज्ञान के आधार पर नए ज्ञान को प्रस्तुत किया जाता है।
7. नया अर्जित ज्ञान नई परिस्थितियों में कैसे प्रयोग किया जाए इस उपागम द्वारा छात्रों को सिखाया जाता है।
8. इससे सारा ज्ञान दूसरे विषयों से भी समन्वित करके दिया जाता है।

हरबर्ट उपागम के दोष

इसकी निम्नलिखित सीमाएँ अथवा दोष हैं–

1. इसमें प्रस्तुतीकरण पर अधिक बल दिया जाता है।
2. शिक्षण उद्देश्यों और अधिगम परिस्थितियों को ध्यान में नहीं रखा जाता।
3. पाठ योजना में शिक्षण अधिगम परिस्थितियों को ध्यान में नहीं रखा जाता।
4. शिक्षण की क्रियाओं की सार्थकता और व्यावहारिकता को ध्यान में नहीं रखा जाता।

5. शिक्षण क्रियाओं तथा सार्थकता और व्यावहारिकता को ध्यान में नहीं रखा जाता।

6. पाठ योजना कम लचीली होती है।

7. छात्रों की रुचियों तथा अभिवृत्तियों पर ध्यान नहीं दिया जाता।

8. शिक्षण स्मृति स्तर तक सीमित रहता है।

इकाई उपागम के सोपान

इकाई उपागम के निम्नलिखित सोपान हैं—

1. अन्वेषण (Exploration)
2. प्रस्तुतीकरण (Presentation)
3. आत्मीकरण (Assimilation)
4. व्यवस्थापन (Organization)
5. आवृत्ति (Recitation)

1. अन्वेषण—यह सोपान हरबर्ट उपागम के प्रस्तावना और तैयारी सम्बन्धी पद से मिलता-जुलता है। अन्वेषण का अर्थ होता है पता लगाना। छात्रों में पूर्व ज्ञान का पता लगाना ही अन्वेषण (Exploration) कहलाता है। अध्यापक को निम्न बातों का अन्वेषण करना चाहिए।

(i) छात्रों की रुचियों तथा अभिरुचियों का अन्वेषण।

(ii) पाठ की इकाई से सम्बन्धित पूर्व ज्ञान का अन्वेषण।

(iii) उपलब्ध वातावरण और शिक्षण स्रोतों का अन्वेषण।

(iv) इकाई को प्रस्तुत करने के लिए जरूरी विधियों और प्रविधियों का अन्वेषण।

2. प्रस्तुतीकरण—इसमें पाठ्य-वस्तु की व्याख्या की जाती है। अध्यापक समस्त इकाई के स्वरूप को छात्रों के सामने प्रस्तुत करता है। उद्देश्यों से भी छात्रों को परिचित कराया जाता है। यह पद हरबर्ट उपागम के प्रस्तुतीकरण से मिलता-जुलता है। अध्यापक अगली इकाई तब तक प्रस्तुत नहीं करता जब तक पहली इकाई की सामग्री विद्यार्थी पूरी तरह से सीख न लें। इरा सोपान के अन्तर्गत अध्यापक छात्रों से अधिक सक्रिय रहता है और लगभग सभी क्रियाएँ अथवा तो वह करता है अथवा उन पर उसका नियन्त्रण रहता है।

3. आत्मीकरण—यह सोपान अर्जित किए गए ज्ञान को स्थाई करने से सम्बन्धित होता है। छात्र ज्ञान अर्जित करने के लिए पुस्तकालय तथा प्रयोगशालाओं

का प्रयोग करते हैं। छात्र इस सोपान में निरीक्षण (Observation), शंकाओं का समाधान, तर्क-वितर्क आदि प्रविधियों का प्रयोग करके आत्मीकरण करते हैं। कठिनाइयों को नोट करने के लिए छात्रों को निर्देशन पत्र (Guide sheets) भी दे दिए जाते हैं। विद्यार्थी कठिनाइयों का समाधान अथवा तो स्वयं करने का प्रयास करते हैं अथवा अध्यापक से सहायता लेते हैं।

4. व्यवस्थापन—इस सोपान में छात्र पढ़ी हुई विषय-वस्तु का संगठन करते हैं। अध्यापक यह देखता है कि छात्र पुस्तक अथवा नोट्स की मदद से विषय-वस्तु को लिखकर अभिव्यक्त करने में कितने समर्थ हो गए हैं। संगठन में छात्र सीखे हुए पाठ को लिखित रूप में प्रस्तुत करते हैं। मोरीसन ने इसे व्यवस्थापन अथवा संगठन का नाम दिया है। इस पद की उपयोगिता विस्तृत विषय के लिए ही अधिक हो सकती है।

5. आवृत्ति—इस उपागम के अन्तिम पद में छात्र इकाई से सम्बन्धित अर्जित की गई सामग्री को अध्यापक अथवा सहपाठियों के सामने मौखिक रूप से प्रस्तुत करते हैं। लेकिन इसमें छात्रों की रुचि का भी ध्यान रखना चाहिए। इससे छात्रों में विश्वास बढ़ जाता है। इस सोपान में लिखित अभिव्यक्ति, श्यामपट पर कार्य, प्रयोगशाला में कार्य कराना आदि सम्मिलित हैं। कुछ परिस्थितियों में ऐसा भी हो सकता है कि प्रस्तुतीकरण सोपान से अन्तिम सोपान पर सीधे ही पहुँचा जाए। इस अवस्था में आत्मीकरण व व्यवस्थापन सोपान की आवश्यकता नहीं पड़ती है।

इकाई उपागम के गुण

इकाई उपागम के प्रमुख गुण अग्रलिखित हैं—

1. यह उपागम छात्र-प्रधान है।
2. पाठ्य-वस्तु को छोटी-छोटी इकाइयों व उप-इकाइयों में बाँट दिया जाता है। इससे शिक्षण व अधिगम सरल हो जाता है।
3. इसमें विद्यार्थी जो कुछ सीखतें हैं, पूरी तरह समझ कर सीखते हैं।
4. इस उपागम से विद्यार्थियों में स्वयं सीखने की आदत विकसित होती है।
5. यह उपागम मौखिक व लिखित दोनों प्रकार की अभिव्यक्ति को प्रोत्साहन देता है।
6. छात्रों में अपने विचारों को अभिव्यक्त करने की योग्यता आ जाती है।
7. इस उपागम से शिक्षण अधिगम प्रक्रिया को पारस्परिक सहयोग से चलाना होता है। अतः अन्तःक्रिया स्वस्थ रूप में विकसित होती है।

8. इसमें शिक्षण-अधिगम क्रियाएँ सामाजिक सन्दर्भ में सम्पन्न होती हैं। इसलिए छात्रों में उचित सामाजिक मूल्यों को विकसित करने में मदद मिलती है।

9. इस उपागम से छात्र एक इकाई से दूसरी इकाई को सीखता हुआ सारी शिक्षण सामग्री को आसानी से सीख लेता है।

10. किसी इकाई से सम्बन्धित पाठ्य-वस्तु को विद्यार्थी आसानी से आत्मसात् कर सकते हैं।

दोष

प्रमुख दोष अग्रलिखित हैं—

1. इसमें समय अधिक खर्च होता है। मन्थर गति से सीखने वाले बच्चों के कारण सामान्य व प्रतिभाशाली बच्चों का काफी समय व्यर्थ चला जाता है।

2. शिक्षण की इस मन्दगति के कारण पाठ्यक्रम ठीक समय पर पूरा करने में कठिनाई होती है।

3. जो विद्यार्थी पहली इकाई में अनुर्त्तीण हो जाते हैं उन्हें पुनः वही इकाई पढ़नी पड़ती है। यह विचार व कार्य व्यावहारिक दृष्टि से ठीक नहीं है।

4. कई बार जरा-सी असावधानी बरतने से यह नीरस तथा निर्जीव हो जाती है।

5. प्रत्येक इकाई को सार्थक बनाना व्यावहारिक रूप से असुविधाजनक होता है।

6. इस प्रणाली में शिक्षण धीमी गति से होता है जिसके परिणामस्वरूप पाठ समय पर समाप्त नहीं हो पाता।

7. इस उपागम के कई सोपान क्रिया और व्यवहार में एक-दूसरे से काफी मिलते-जुलते हैं। इसलिए इनमें आपस में अन्तर न होने के कारण काफी अस्पष्टता रहती है।

शिक्षण उद्देश्यों का निर्धारण—किसी क्रिया द्वारा व्यवस्थित रूप से जो परिवर्तन होते हैं वह उद्देश्य का ही रूप होता है। शैक्षिक उद्देश्य से तात्पर्य (i) ज्ञानात्मक (ii) भावात्मक तथा (iii) क्रियात्मक पक्षों में परिवर्तन लाना है। इन उद्देश्यों के निर्धारण में निम्न बातों को ध्यान में रखना जरूरी है।

(i) प्रत्येक विषय की प्रकृति (Nature) भिन्न होती है जिससे विभिन्न उद्देश्यों की प्राप्ति होती है।

(ii) समाज की आर्थिक, राजजीतिक तथा सांस्कृतिक जरूरीताओं का निर्धारण करते हैं जो उद्देश्य के लिए महत्त्वपूर्ण होते हैं।

(iii) एक ही पाठ्य-वस्तु को विभिन्न स्तरों पर पढ़ाया जा सकता है लेकिन शिक्षण के उद्देश्य भिन्न होते हैं। उद्देश्यों के निर्धारण में स्तर को महत्त्व दिया जाता है।

(iv) छात्र के विकास क्रम को ध्यान में रखने से भिन्न-भिन्न स्तर के छात्रों के लिए उचित उद्देश्यों का निर्धारण किया जाता है।

अधिगम के अनुभव—ये वे साधन हैं जिनकी मदद से शिक्षण उद्देश्यों की प्राप्ति की जाती है। विद्यार्थी को अनेकों अनुभव होते हैं लेकिन सबको 'अधिगम के अनुभव' नहीं कह सकते। केवल स्कूल तथा उसके बाहर प्राप्त अनुभवों को ही 'अधिगम के अनुभव' कहा जा सकता है। ये अनुभव शिक्षण उद्देश्यों को प्राप्त करने में सहायक होते हैं।

कक्षा में अध्यापक भिन्न-भिन्न प्रकार की क्रियाएँ करके छात्रों को अधिगम अनुभव प्रदान करता है। अतः अध्यापक उन सभी युक्तियों को शामिल करता है जो उद्देश्यों की प्राप्ति में सहायक होती हैं। इनमें शिक्षण की विधि, प्रविधि, सहायक सामग्री तथ अनुदेशन (Instruction) को शामिल कर सकते हैं।

शिक्षण उद्देश्य अधिगम के अनुभवों के साधन

1.	ज्ञान उद्देश्य	व्याख्यान, चार्ट, प्रदर्शन, पाठ्य पुस्तकें, फिल्म तथा गृह-कार्य।
2.	बोध उद्देश्य	वाद-विवाद, प्रश्नोत्तर विधि, प्रदर्शन, रेखाचित्र, मानचित्र, माडल, पाठ्य-पुस्तकें तथा गृह-कार्य।
3.	प्रयोग उद्देश्य	समस्या समाधान, प्रयोगात्मक विधि, अन्तः प्रक्रिया विधि, अनुवर्ग शिक्षण।
4.	सर्जनात्मक उद्देश्य	समस्या समाधान, व्यक्तिगत प्रयोग।

व्यवहार परिवर्तन का मूल्याँकन—अधिगम के अनुभवों की मदद से विद्यार्थियों के व्यवहार में वांछित परिवर्तन लाए जा सकते हैं। व्यवहार परिवर्तन तीन प्रकार के होते हैं—

(i) ज्ञानात्मक

(ii) भावात्मक

(iii) क्रियात्मक

इन तीनों प्रकार के व्यवहार परिवर्तन के मापने की व्यवस्था की जाती है। इनमें आपस में समन्वय एवं सामंजस्य होता है। उद्देश्यों की प्राप्ति किस सीमा तक हुई है इसकी जानकारी छात्रों में व्यवहार परिवर्तन से की जाती है। अतः

व्यवहार परिवर्तन के मूल्याँकन के लिए अग्र प्रविधियाँ प्रयोग में लाई गई हैं–

व्यवहार परिवर्तन के मूल्याँकन की प्रविधियाँ

उद्देश्य मूल्याँकन की प्रविधियाँ	
1. ज्ञानात्मक	मौखिक, निरीक्षण तथा लिखित वस्तुनिष्ठ निबन्धात्मक परीक्षाएँ तथा साक्षात्कार।
2. भावात्मक	निरीक्षण, अभिरुचि परीक्षण निबन्धात्मक परीक्षाएँ, परिस्थिति परीक्षण।
3. क्रियात्मक	निरीक्षण, प्रयोगात्मक, साक्षात्कार, प्रदर्शन

मूल्याँकन उपागम के गुण

1. यह उपागम मनोविज्ञान के सिद्धान्तों पर आधारित है।

2. इसमें अध्यापक और छात्रों की क्रियाओं को अलग-अलग स्पष्ट किया जाता है।

3. इस उपागम में शैक्षिक उद्देश्यों को व्यावहारिक शब्दावली (Behavioural Terms) में प्रस्तुत किया जाता है।

4. शिक्षण बिन्दुओं के माध्यम से विषय-वस्तु और अधिगम अनुभवों को संक्षिप्त रूप में प्रस्तुत किया जा सकता है।

5. इसमें निर्धारित उद्देश्यों की प्राप्ति के लिए अपनाई जाने वाली विधियों, प्रविधियों, ब्यूह रचनाओं और सहायक साधनों का स्पष्ट उल्लेख किया जाता है।

6. इस उपागम में वाँछित व्यवहार परिवर्तनों के मूल्याँकन पर जोर दिया जाता है।

7. इस उपागम में शैक्षिक उद्देश्यों, अधिगम अनुभवों और व्यवहार परिवर्तन में निकट का सम्बन्ध स्थापित किया जाता है।

मूल्याँकन उपागम के दोष

1. इसमें शैक्षिक उद्देश्यों को लिखने के लिए मानसिक योग्यताओं का ध्यान नहीं रखा जाता।

2. छात्र व अध्यापक की स्वतन्त्रता छिन सकती है क्योंकि इसमें उनकी क्रियाओं को पहले से ही सीमाबद्ध कर दिया जाता है।

3. इसमें छात्रों की अपेक्षा अध्यापक का अधिक नियन्त्रण रहता है जिससे छात्रों को स्वयं आगे बढ़ने के उतने अवसर नहीं मिलते।

4. इस उपागम के उद्देश्यों, अधिगम अनुभवों और मूल्याँकन तकनीकों में समन्वय व्यावहारिक रूप से कठिन लगता है।

पाठ-योजना के हरबर्ट उपागम और मूल्याँकन उपागम में अन्तर

हरबर्ट उपागम

1. हरबर्ट उपागम में शैक्षिक उद्देश्यों को व्यावहारिक शब्दावली में बदलने की व्यवस्था नहीं है।

2. यह उपागम पाठ्य-वस्तु केन्द्रित है।

3. इस उपागम में पाठ्य-वस्तु के प्रस्तुतीकरण पर अधिक जोर दिया जाता है।

4. हरबर्ट उपागम में इन पदों का प्रयोग किया जाता है–(i) तैयारी, (ii) प्रस्तुतीकरण, (iii) तुलना और सम्बन्ध, (iv) सामान्यीकरण, (v) प्रयोग।

5. इस उपागम में शिक्षण उद्देश्यों और अधिगम परिस्थितियों को ध्यान में नहीं रखा जाता।

6. इस उपागम में शिक्षण–अधिगम उद्देश्यों का विशिष्टीकरण नहीं किया जाता।

7. इस उपागम में शिक्षण के विभिन्न पक्षों को पृष्ठ-पोषण (Feedback) नहीं मिलता।

8. इसमें शिक्षण ज्ञानात्मक पद तक ही सीमित है।

मूल्याँकन उपागम

1. मूल्याँकन उपागम में शैक्षिक उद्देश्यों को व्यावहारिक शब्दावली में बदलकर प्रयोग में लाया जा सकता है।

2. यह उपागम शिक्षण-बिन्दु केन्द्रित है।

3. इस उपागम में अपेक्षित व्यवहार परिवर्तनों के मूल्याँकन पर जोर दिया जाता है।

4. इस उपागम में इन पदों का प्रयोग होता है–(i) शैक्षिक उद्देश्यों को निर्धारित करना, (ii) अधिगम के अनुभव प्रदान करने, (iii) व्यवहार-परिवर्तन का मूल्याँकन करना।

5. इस उपागम में शिक्षण-उद्देश्यों और अधिगम-परिस्थितियों पर विशेष जोर दिया जाता है।

6. इस उपागम में शिक्षण-अधिगम उद्देश्यों का विशिष्टीकरण करना सम्भव है।

7. इस उपागम में इसकी व्यवस्था सम्भव है।

8. इसमें शिक्षण में ज्ञान, बोध, प्रयोग तथा सृजनात्मक पक्ष शामिल हैं।

अध्यापक के लिए पाठ योजना का महत्त्व

पाठ योजना सम्बन्धी यह उपागम क्षेत्रीय शिक्षा महाविद्यालय मैसूर ने विकसित किया है। इसलिए इस उपागम को क्षेत्रीय शिक्षा महाविद्यालय मैसूर उपागम अथवा आर.सी.ई.एम. उपागम के नाम से जाना जाता है। ये पाठ योजना अन्य पद्धतियों से श्रेष्ठ मानी गई है। इसमें मानसिक प्रक्रियाओं को महत्त्व दिया जाता है। उद्देश्यों के निर्धारण में ब्लूम के वर्गीकरण (Bloom's Taxonomy) का प्रयोग किया गया है। इस उपागम में 17 मानसिक योग्यताओं का उपयोग किया गया है। अध्यापक की अपनी पाठ योजनाओं के निर्माण में इन्हीं मानसिक योग्यताओं के विकास की व्यवस्था करनी पड़ती है।

मुख्य विशेषताएँ

1. यह उपागम प्रणाली उपागम (System Approach) के उपयोग पर आधारित है।

2. इस उपागम में प्रणाली उपागम के तीनों पदों–अदा (Input), प्रक्रिया (Process) और प्रदा (Output) के प्रयोग में लाया जाता है। ये पद अग्रलिखित हैं–

(i) अदा (Input)—आर. सी. ई. एम. उपागम में अदा (Input) को अपेक्षित व्यवहार परिणाम (Expected Behaviour Outcomes or E B O S) का नाम दिया गया है। इस पद में पाठ के शैक्षिक उद्देश्यों का ठीक प्रकार से निर्धारण व स्पष्टीकरण किया जाता है।

अदा के अन्तर्गत शिक्षण के अपेक्षित व्यवहारों का निर्धारण करना तथा उन्हें व्यावहारिक रूप में लिखना है। ब्लूम के 6 वर्गों को 4 वर्गों में बाँट लिया गया है। इन चार वर्गों–ज्ञान, बोध, प्रयोग तथा सर्जनात्मक, को 17 मानसिक योग्यताओं में बाँटा गया है। इनकी मदद से शिक्षण उद्देश्यों को व्यावहारिक रूप में लिखा जाता है।

(ii) प्रक्रिया (Process)—इस उपागम में प्रक्रिया को संप्रेषण ब्यूह रचना (Communication Strategies) का नाम भी दिया गया है। इस पद को हरबर्ट उपागम के 'प्रस्तुतीकरण' और ब्लूम के 'मूल्याँकन उपागम' के 'अधिगम अनुभव' (Learning Experience) पदों जैसा ही माना जाता है। उद्देश्यों की प्राप्ति के लिए शिक्षण की विभिन्न विधियों, ब्यूह रचनाओं तथा सहायक सामग्री की व्यवस्था

की जाती है। इस पद में छात्र और अध्यापक दोनों की क्रियाएँ शामिल हैं और कक्षा में अन्तःक्रिया होती है।

(iii) प्रदा (Output)—इस उपागम से इस पद को 'वास्तविक अधिगम परिणाम' (Real Learning Outcomes-RLO) का नाम भी दिया गया है। छात्रों के पद का सीधा सम्बन्ध पाठ के मूल्याँकन (Evaluation) से होता है। छात्रों के व्यवहार में परिवर्तन होना ही 'वास्तविक अधिगम परिणाम (RLO) कहलाता है। इसके लिए अध्यापक विभिन्न प्रकार की मापन विधियों का प्रयोग करता है। ये मापन विधियाँ 'अपेक्षित व्यवहार परिवर्तन' (EBOS) पर आधारित होती हैं। इसमें अध्यापक मौखिक तथा लिखित परीक्षाओं को प्रयोग में लाता है और शिक्षण के साथ-साथ वह अपने उद्देश्यों की प्राप्ति की जानकारी भी लेता रहता है।

भारतीय परिस्थितियों में यह उपागम अधिक उपयोगी सिद्ध हो सकता है। इस उपागम में ब्लूम के वर्गीकरण का उपयोग किया जाता है और ब्लूम के 6 वर्गों को घटाकर केवल 4 वर्गों का प्रयोग किया है। दूसरे उपागमों में मानसिक क्रियाओं का कोई उल्लेख नहीं है जबकि इसमें 17 मानसिक योग्यताओं का उल्लेख है। हरबर्ट उपागम में शैक्षिक उद्देश्यों के वर्गीकरण का प्रयोग नहीं किया जाता और न ही इन उद्देश्यों का प्रयोग मूल्याँकन उपागम में किया जाता है। हरबर्ट उपागम में केवल ज्ञान पक्ष से सम्बन्धित उद्देश्यों की पूर्ति हो सकती है। आर. सी. ई. एम. उपागम स्मृति स्तर तक सीमित है तथा बोध और चिन्तन भी इसमें सम्मिलित है। मानसिक योग्यताओं का उल्लेख मूल्याँकन उपागम में नहीं पाया जाता। जबकि आर. सी. ई. एम. उपागम में छात्रों की योग्यताओं, रुचियों, अभिरुचियों और प्रविष्टि व्यवहारों (Entering Behaviours) का पूरा ध्यान रखा जाता है। दूसरे उपागमों में ऐसी व्यवस्था नहीं मिलती। अतः आर. सी. सी. ई. एम. उपागम दूसरे उपागमों से कई दृष्टिकोणों में उत्तम माना जाता है।

9

प्रमुख शिक्षण विधियाँ

1. आगमन और निगमन विधियाँ

आगमन विधि का अर्थ

आगमन विधि शिक्षण की वह विधि है, जिसमें अध्यापक बालकों का ध्यान सर्वप्रथम अनेक विशिष्ट और समान उदाहरणों की ओर आकर्षित करता है और तत्पश्चात् उनके आधार पर एक सामान्य सिद्धांत निकलवाता है। बाद में अध्यापक द्वारा निकाले गए, सामान्य सिद्धांतों की सत्यता प्रमाणित करने के लिए कुछ अन्य उदाहरणों को प्रस्तुत करता है।' जैसे मान लीजिए छात्रों से यह सामान्य सिद्धांत निकलवाना चाहता है कि मनुष्य एक मरणशील प्राणी है। ''इसके लिए वह सर्वप्रथम छात्रों का ध्यान उन-उन व्यक्तियों की ओर आकर्षित करेगा, जो मर चुके हैं। इस तरह अनेकानेक उदाहरणों द्वारा वह खुद छात्रों से यह सामान्य सिद्धांत निकलवाएगा कि मनुष्य मरणशील प्राणी है।''

परिभाषा

आगमन विधि की कुछ प्रमुख परिभाषाएँ अग्रलिखित हैं–

लेंडन के शब्दों में–''जब कभी हम बालकों के समक्ष बहुत-से तथ्य, उदाहरण अथवा वस्तुएँ प्रस्तुत करते हैं, और फिर उनसे अपने स्वयं के निष्कर्ष निकलवाने का प्रयास करते हैं, यह प्रक्रिया शिक्षण की आगमन-विधि हैं।''

फाउलर ने आगमन की परिभाषा प्रस्तुतं करते हुए लिखा है, ''आगमनविशेष से सामान्य अथवा कम सामान्य से अधिक सामान्य का विधियुक्त अनुमान है।

जायस के अनुसार–''आगमन विशेष दृष्टांतों की मदद से सामान्य नियमों को विधिपूर्वक प्राप्त करने की क्रिया है।''

आगमन की इन परिभाषाओं के आधार पर हम कह सकते हैं कि शिक्षण में आगमन विधि का तात्पर्य उस विधि से है, जिसमें बालकों का ध्यान अनेक

विशिष्ट उदाहरणों पर केन्द्रित कर उनकी मदद से 'सामान्य सिद्धान्त' निकलवाए जाते हैं। आगम विधि द्वारा शिक्षण करते समय नियमों, सिद्धान्तों, परिभाषाओं आदि को पहले नहीं बताया जाता है। छात्र अनेक तथ्यों, उदाहरणों, वस्तुओं आदि का निरीक्षण, तुलना अथवा वर्गीकरण करके इन नियमों, सिद्धान्तों आदि पर स्वयं पहुँचते हैं। सूक्ष्म रूप से देखने से स्पष्ट पता चलता है कि इस विधि में शिक्षण के तीन सूत्रों का प्रयोग होता है–(1) विशिष्ट से सामान्य की ओर तथा (2) स्थूल से सूक्ष्म की ओर (3) विशिष्ट से सामान्य की ओर। रायबर्न (Ryburn) ने आगमन विधि पर प्रकाश निक्षेप करते हुए लिखा है "आगमन विधि के पाठ में बालक निरीक्षण करता है अथवा उसका ध्यान अनेक विशिष्ट उदाहरणों की ओर आकर्षित होता है और तभी विशिष्ट उदाहरणों के आधार पर एक सामान्य सिद्धान्त का निर्माण कर लेता है।"

आगमन विधि के पद

आगम विधि के प्रमुख पद अग्रलिखित हैं–

1. उदाहरण–एक ही प्रकार के विभिन्न उदाहरणों का चयन कर उन्हें छात्रों के समक्ष प्रस्तुत करना।

2. निरीक्षण–समस्त उदाहरणों का अवलोकन द्वारा तुलना करके उनमें समानता देखना तथा एक परिणाम पर पहुँचने का प्रयास करना।

3. नियमीकरण–एक ऐसे नियम अथवा सामान्य सिद्धान्त का छात्रों द्वारा निर्धारण करवाना, जिनसे अपना अभीष्ट सिद्ध हो सके।

4. परीक्षण–छात्रों द्वारा कुछ अन्य उदाहरणों द्वारा प्राप्त नियम अथवा सामान्य सिद्धान्त की सत्यता सिद्ध करवाना।

आगमन विधि से गुण

आगमन विधि के प्रमुख गुण अग्रलिखित हैं–

1. इस विधि में अध्यापक को उसे सामान्य नियम बतलाने की आवश्यकता नहीं पड़ती क्योंकि इसमें बालक स्वयं परिश्रम करके नये नियम अथवा सिद्धान्त की खोज करते हैं।

2. यह विधि पूर्णतया मनोवैज्ञानिक है। क्योंकि यह बालकों को बिल्कुल स्वाभाविक ढंग से ज्ञान प्रदान करने के कारण मनोवैज्ञानिक है।

3. इस विधि द्वारा ज्ञानार्जन करने से बालकों में आत्मनिर्भरता तथा आत्मविश्वास की भावना जाग्रत होती है।

4. इस विधि द्वारा बालकों को भावी जीवन में अन्वेषणं तथा खोज करने के लिए प्रोत्साहन प्राप्त होता है।

5. इस विधि द्वारा अध्ययन करने से विषय अत्यन्त सरल तथा रोचक हो जाता है।

6. इस विधि द्वारा जो बालक ज्ञान प्राप्त करता है, वह उसका स्थायी अंग बन जाता है।

7. यह विधि प्रत्यक्ष तत्त्वों पर आधारित होने के कारण सबसे अधिक वैज्ञानिक विधि है।

8. इस विधि का प्रयोग करने से बालकों में स्वतंत्र चिन्तन की क्षमता का विकास हो जाता है।

9. यह विधि 'स्थूल से सूक्ष्म की ओर' बढ़ने के कारण सरल और रोचक है।

10. यह विधि बालक को अपने भावी जीवन में खोज और अन्वेषण करने के लिए प्रोत्साहित करती है।

आगमन विधि के दोष

1. ज्ञानार्जन की गति बहुत ही धीमी रहती है। इसलिए यह बड़ी कक्षाओं के लिए यह ज्यादा महत्त्वपूर्ण नहीं होती है।

2. यह विधि मन्थर बुद्धि छात्रों के लिए उपयोगी नहीं है, क्योंकि वे चिन्तन एवं तर्क से भागते हैं। वे इस विधि के द्वारा विकास नहीं कर सकते हैं।

3. इस विधि में समय की अपेक्षा बहुत कम ज्ञान प्राप्त होता है।

4. यह विधि कभी-कभी बालक को गलत निष्कर्ष पर पहुँचा देती है, जिससे कि उसके मस्तिष्क पर विषय की गलत छाप अंकित हो जाती है।

5. यह विधि कक्षा शिक्षण में हमेशा प्रयुक्त नहीं हो सकती है।

6. यह विधि सभी विषयों के शिक्षण के लिए उपयुक्त नहीं है।

7. यह विधि पूर्ण नहीं है, क्योंकि यह बालक को यह नहीं बताती है कि किसी नियम को निर्धारित करने के पश्चात् क्या करे।

आगमन विधि के प्रयोग में सावधानियाँ

इस विधि का प्रयोग करते समय अध्यापक को अग्रलिखित बातों पर ध्यान रखना चाहिए—

1. अध्यापक को निकाले जानेवाले सामान्य सिद्धान्त से छात्रों को पहले से ही परिचित नहीं होने देना चाहिए।

2. अध्यापक को जहाँ तक सम्भव हो सके सरल एवं समझने योग्य उदाहरणों को प्रस्तुत करना चाहिए।

3. उदाहरणों को एक क्रम में प्रस्तुत करना चाहिए।

4. उदाहरणों में समानता होनी चाहिए।

5. उदाहरणों को बालक के बौद्धिक स्तर के अनुसार प्रस्तुत करना चाहिए।

6. प्रश्न सरल और प्रासंगिक होने चाहिए।

7. छात्रों को अधिक-से-अधिक तर्क करने का अवसर देना चाहिए।

8. छात्रों को भी प्रश्न पूछने के लिए प्रेरित करना चाहिए।

आगमन विधि के गुण-दोषों की विवेचना से यह स्पष्ट होता है कि आगमन विधि का प्रयोग विज्ञान, भाषा, गणित, व्याकरण, भूगोल आदि के शिक्षण में अत्यन्त लाभदायक होता है। व्याकरण जो कि बहुत कठिन होती है, इस विधि के प्रयोग से अत्यन्त सरल हो जाती है। लेकिन, उच्च कक्षाओं की अपेक्षा निम्न कक्षाओं के लिए ही यह अधिक उपयोगी है। लेंडन ने भी इसका समर्थन किया है। इस संदर्भ में लेंडन ने अपना मत व्यक्त करते हुए कहा है कि अधिकांश दशाओं में प्राथमिक शिक्षण के लिए यह विधि निगमन विधि से अधिक उपयुक्त विधि है।

निगमन विधि का अर्थ

निगमन विधि के सन्दर्भ में लेंडर का विचार है कि इस विधि द्वारा शिक्षण में पहले परिभाषा अथवा नियम सिखाया जाता है, फिर उसके अर्थों की सावधानी से व्याख्या की जाती है और अन्त में तथ्यों का प्रयोग करके उसे पूर्ण रूप से स्पष्ट किया जांता है। यह विधि आगमन विधि से ठीक विपरीत है, आगमन विधि में 'विशिष्ट से सामान्य की ओर' चलते हैं। इसके विपरीत निगमन विधि में 'सामान्य से विशिष्ट की ओर' (From General to Particular) चलते हैं। इस विधि द्वारा अध्यापन में अध्यापक बालकों को पहले सामान्य नियम का ज्ञान करा देता है फिर विभिन्न उदाहरणों को प्रस्तुत कर उस नियम की सत्यता सिद्ध करता है। उदाहरण के लिए छात्रों को पहले यह सामान्य नियम बता दिया जाता है कि वस्तुओं का भार वायु की अपेक्षा जल में कम होता है। उसके पश्चात् विभिन्न वस्तुओं का भार वायु और जल से लेकर यह सिद्ध किया जाता है कि यह नियम सत्य है। इसी प्रकार दूसरा उदाहरण दिया जा सकता है छात्रों के समक्ष ज्यामिती का यह नियम प्रस्तुत किया जाता है कि अगर एक सरल रेखा दूसरी सरल रेखा को काटती है तो इसके परिणामस्वरूप जो चार कोण बनते हैं उनका योग चार समकोणों के बराबर अर्थात 360° होता है। यह नियम सुनकर बालक के मस्तिष्क में यह जिज्ञासा उत्पन्न होती है कि आखिर किस तरह इन चारों कोणों का योग चार

समकोण के बराबर होता है। इस जिज्ञासा की तृप्त करने के लिए अध्यापक उदाहरण प्रस्तुत करके उसके चारों कोणों को नपवाता है। अन्त में बालक के समक्ष नियम की सत्यता स्पष्ट हो जाती है और वह नियम को अपने ज्ञान के रूप में अपना लेता है। शिक्षण के इसी ढंग को अर्थात् सामान्य नियम को विशेष उदाहरणों में प्रयोग कर उसकी सत्यता की पुष्टि करने को निगमन विधि कहते हैं। इस विधि में शिक्षण के दो सूत्रों का प्रयोग किया जाता है—(1) सामान्य से विशिष्ट की ओर (2) सूक्ष्म से स्थूल की ओर।

आगमन विधि के पद

1. **नियम**—छात्रों के समक्ष कोई नियम प्रस्तुत करना।
2. **उदाहरण**—नियम की सत्यता के लिए उदाहरण प्रस्तुत करना।
3. **निष्कर्ष**—उदाहरण के द्वारा किसी निष्कर्ष पर पहुँचना।
4. **परीक्षण**—छात्रों द्वारा उदाहरण की मदद से निष्कर्ष का परीक्षण किया जाना।

निगमन विधि के गुण

1. यह विधि ज्ञान को तीव्र गति से प्रदान करती है, क्योंकि बालक सामान्य नियम को जानने के पश्चात् थोड़े-से उदाहरणों से उसकी सत्यता को जान जाता है।
2. यह विधि अध्यापक के कार्यों को सरल बनाती है, क्योंकि उसे अपने कथन का प्रमाण नहीं देना पड़ता है।
3. यह विधि मन्थर बुद्धि छात्रों के लिए विशेष उपयोगी होती है।
4. इसके द्वारा कम-से-कम समय में अधिक-से-अधिक बातें बताई जा सकती हैं।
5. यह विधि उच्च कक्षाओं के छात्रों के लिए बहुत उपयोगी है, क्योंकि उसमें अमूर्त विचारों को समझने की क्षमता होती है।

निगमन विधि के दोष

1. यह विधि छात्रों की तर्क और विचार-शक्तियों का विकास नहीं करती है, क्योंकि यह किसी नियम को बिना परिश्रम किये उसे बता देती है।
2. इससे बच्चों में अनुकरण की प्रवृत्ति आ जाती है।
3. चिन्तन शक्ति का सदुपयोग नहीं हो पाता।
4. इससे छात्रों में आत्मनिर्भरता नहीं आ पाती।
5. इस विधि द्वारा प्राप्त ज्ञान अपूर्ण तथा अस्पष्ट होता है।

6. सूक्ष्म से स्थूल की ओर बढ़ने के कारण यह विधि अमनोवैज्ञानिक है।
7. यह विधि किसी सिद्धान्त की खोज करने में सहायक नहीं है।

उपर्युक्त विवरणों से यह स्पष्ट होता है कि निगमन विधि में छात्रों की स्वाभाविक क्रियाशीलता के प्रति थोड़ा भी ध्यान नहीं दिया जाता है। छोटे बालकों में क्रियाशीलता की मात्रा बहुत अधिक होती है। इसलिए इस विधि को उनके लिए अनुपयुक्त समझा जाता है। इस सन्दर्भ में लेंडन का कहना है कि कम आयु के बालकों के लिए निगमन विधि का इतनी सफलता से प्रयोग नहीं किया जा सकता है, जितना कि आगमन विधि द्वारा सरल शिक्षण का।

थोड़े में ऐसा कहा जा सकता है कि जब अध्यापक बालकों से विशिष्ट उदाहरणों के द्वारा सामान्य सिद्धान्तों को निकलवाता है तो इस पद्धति को आगमन विधि कहते हैं और जब बालकों को सीधे सामान्य सिद्धान्त बतलाकर उनका विशिष्ट परिस्थितियों अथवा उदाहरणों द्वारा परीक्षण कराता है तो इस विधि को निगमन विधि कहते हैं। सामान्य रूप से ऐसा प्रतीत होता है कि ये विधियाँ एक-दूसरे की विरोधी हैं लेकिन सिद्धान्ततः ये दोनों विधियाँ एक-दूसरे की विरोधी नहीं, अपितु एक-दूसरे की पूरक हैं। आगमन विधि की मदद से जिस नियम की खोज की जाती है, उसकी सत्यता की परीक्षा निगमन विधि से की जाती है। इस प्रकार दोनों विधियों का एक-दूसरे में समावेश रहता है। अध्यापकों को चाहिए कि आगमन विधि द्वारा बालकों से सामान्य सिद्धान्त निकलवाकर निगमन विधि द्वारा उनका परीक्षण कराएँ, तभी वे अध्यापन में वास्तविक सफलता प्राप्त कर सकेंगे। **'हरबार्ट की पंचपद प्रणाली'** में इस विधि का सुन्दर समन्वय मिलता है। इस सन्दर्भ में रायबर्न ने अपना विचार व्यक्त करते हुए लिखा है, "आगमन के पश्चात् निगमन प्रणाली का प्रयोग अवश्य होना चाहिए। बालकों द्वारा विशिष्ट उदाहरणों से सामान्य परिणाम निकलवा लेने से ही काम नहीं चलेगा, बल्कि उन्हें और आगे जाकर अपने ज्ञान में वृद्धि करने और इन नियमों का परीक्षण करने के लिए निगमन विधि का प्रयोग करना चाहिए।"

2. सुकराती शिक्षण विधि

यूनान के एथेन्स (Athens) नगर के प्रसिद्ध दार्शनिक तथा प्रसिद्ध अध्यापक 'सुकरात' इस सुकराती विधि का प्रतिपादक था, इसलिए इस विधि को सुकराती विधि कहते हैं। सुकरात आदर्शवादी दार्शनिक था। वह कुछ चुने हुए ऐसे सामान्य सिद्धान्तों को ढूँढ़ निकालना चाहता था, जिन्हें सार्वभौमिक सत्य की उपाधि दी जा सके। यद्यपि उस समय एथेन्स बुद्धिजीवियों से भरा पड़ा था, पर सार्वभौमिक नियमों

का सर्वथा अभाव था। सुकरात के समय एथेन्स के विचारक किसी तथ्य को बिना पूर्ण परीक्षा किए हुए उसके सम्बन्ध में अपनी-अपनी धारणाएँ बना लेते थे। सुकरात ने इन धारणाओं को गलत सिद्ध किया। उनके अनुसार केवल वही विचार अथवा धारणा सच्चा ज्ञान का रूप प्राप्त कर सकती हैं, जिनके सम्बन्ध में सब लोगों का एक मत हो। सुकरात का विचार था कि सब मनुष्यों का मस्तिष्क ज्ञान से भरा हुआ है। अध्यापक का कर्त्तव्य है कि वह बालकों को उनके मस्तिष्क में भरे हुए ज्ञान से परिचय कराएँ और उन्हें सार्वभौमिक सत्य का अवसर दें। इन उद्देश्यों की पूर्ति के लिए उसने **'प्रयोगात्मक व निरीक्षण-विधि'** (Experimental & Observational Method) को अपनाया। इसी विधि को 'सुकराती विधि' (Scoratic Method) की संज्ञा दी गई। उसने अपने इस विधि में इस बात को आधार बनाया—बालक की प्रकृति है। चूँकि इस विधि का प्रयोग करके बालक की शिक्षण में रुचि पैदा की जा सकती है; इसीलिए आधुनिक युग में प्रयोग की जाने वाली विधियों में इनको प्रमुख स्थान दिया जाता है।

सुकराती विधि का अर्थ और कार्य-प्रणाली

'सुकराती विधि' को एक 'प्रश्न विधि' की संज्ञा दी जा सकती है। सुकरात मनुष्यों के मस्तिष्क को ज्ञान से भरा मानता है। उसका कहना था कि शिक्षा का उद्देश्य—व्यक्ति की विचार-शक्ति का विकास करके उसे ज्ञान प्रदान करना है। इसलिए यह विधि मनुष्य के मस्तिष्क में भरे हुए ज्ञान को प्रश्नोत्तर द्वारा उसे उसकी चेतना में लाकर उसे बुद्धियुक्त करना चाहता है।

सुकरात ने स्वस्थ तथा वैधानिक शिक्षण के प्रमुख तीन लक्षण बतलाए—(1) पूछना (2) ज्ञात से अज्ञात की ओर अग्रसर होना (3) स्वशिक्षण (Self Teaching) के लिए प्रोत्साहन देना।

शिक्षण की इन विशेषताओं से स्पष्ट है कि सुकरात ने ज्ञान को बाहर से लादने के लिए किसी को बाध्य नहीं किया। यही तथ्य सुकरात द्वारा प्रस्तुत की हुई शिक्षा की परिभाषा से स्पष्ट होता है। "शिक्षा का तात्पर्य संसार से सर्वमान्य विचारों को, जो कि प्रत्येक मनुष्य के मस्तिष्क में स्वभावतः निहित होते हैं, प्रकाश में लाना है। जब कोई भी जिज्ञासु सुकरात के पास सीखने के लिए आता था तो वह उसके मन की धारणाओं को प्रश्नों द्वारा जान लेता था, आगे प्रश्न कर उसे गलत सिद्ध कर देता था, तदुपरान्त वह अन्य नवीन प्रश्नों द्वारा उसमें जिज्ञासा की वृद्धि करके उसे स्वयं उचित ज्ञान का आत्मसात् करने के लिए उचित मार्ग की ओर ले जाता था। अन्त में जिज्ञासु प्रश्नों के उत्तर के रूप में सच्चा ज्ञान प्राप्त कर लेता था। संक्षेप में यही

सुकराती विधि है। सर पॉल हार्वे के शब्दों में हम कह सकते हैं कि सुकराती शिक्षण-विधि प्रश्नों के द्वारा थी, जिनकी ऐसी कुशलता से प्रस्तुत किया जाता था कि उसी निष्कर्ष पर पहुँचा जा सके, जिसे सुकरात बताना चाहता था।

सुकराती विधि के आधारभूत सिद्धान्त

1. बालक को जो नवीन ज्ञान प्रदान किया जाए, वह उसके पूर्वार्जित ज्ञान पर आधारित हो।

2. सुकराती विधि में छात्रों को जबरदस्ती ज्ञान नहीं दिया जाता, बल्कि छात्रों को स्वयं ज्ञान प्राप्त करने के लिए उत्तेजित किया जाता है।

3. बालक को स्वशिक्षण के लिए प्रेरित किया जाता है।

4. बालकों को उनकी रुचि के अनुसार ज्ञान प्रदान किया जाए।

5. ज्ञान प्रदान करने के पूर्व बालकों की जिज्ञासा को जाग्रत किया जाए।

6. बाहरी ज्ञान को बालक के मस्तिष्क में न ठूँसा जाए।

7. बालक द्वारा दिए गए गलत उत्तरों को ठीक करने का ज्ञान दिया जाए।

8. बालकों से प्रश्नों को पूछकर ज्ञान प्रदान किया जाता है, क्योंकि इससे बालक जो ज्ञान प्राप्त करते हैं, वह उनका स्वयं का ज्ञान होता है।

9. सुकराती विधि प्रश्नोत्तर पर आधारित विधि है।

सुकराती विधि के गुण

1. इस विधि में बालक पर ज्ञान को बाहर से नहीं थोपा जाता है।

2. सुकराती विधि मनोविज्ञान-सम्मत विधि है।

3. यह बालकों की तर्क एवं चिन्तन शक्ति के विकास पर जोर देती है।

4. यह बालकों की रुचि पर ध्यान देती है।

5. यह अनुकरण विधि का विरोध करती है।

6. यह बालकों के ऊपर ज्ञान को लादती नहीं, बल्कि उन्हें स्वयं ज्ञान प्राप्त करने के लिए प्रेरित करती है।

7. इसमें बालकों को स्वशिक्षण की ओर अग्रसर किया जाता है।

8. यह छात्रों को स्वानुभव, परीक्षण और निरीक्षण के द्वारा ज्ञान प्राप्त करने के लिए उत्तेजित करती है।

9. यह छात्र और अध्यापक के बीच घनिष्ठ सम्बन्ध स्थापित करती है।

10. यह आँख मूँदकर पुस्तकों को रटने की विधि का विरोध करती है।

11. इस विधि में छात्र हमेशा सक्रिय रहते हैं।

सुकराती विधि के दोष

1. इस विधि का अधिक प्रयोग करने से बालक प्रश्नों में उलझ जाता है।

2. प्रश्नोत्तर में कभी-कभी अधिक समय लग जाता है और छात्र इधर-उधर बहक जाते हैं।

3. प्रत्येक विषय के शिक्षण के लिए यह उपयोगी नहीं है।

4. इस विधि के द्वारा किसी भी विषय का पर्याप्त ज्ञान कराया नहीं जा सकता।

6. बालक को नवीन ज्ञान बताना ही पड़ता है। अतः प्रश्न पूछने मात्र से काम नहीं चल सकता। वास्तव में सुकराती विधि को हम शिक्षण की एक मात्र विधि नहीं बना सकते, बल्कि यह बताने की ही विधि की सहायक हो सकती है।

7. इस विधि से बालकों को इतनी कम सूचना दी जा सकती है कि यह विद्यालयों के लिए अनुपयुक्त सिद्ध हुई है।

8. यह विधि विज्ञान, इतिहास और साहित्य ऐसे विषयों के लिए अनुपयुक्त है, क्योंकि इन विषयों के शिक्षण में प्रश्नों की अपेक्षा वर्णन, विवरण आदि को अधिक महत्त्वपूर्ण स्थान प्राप्त है।

उपर्युक्त विवरणों से स्पष्ट होता है कि सुकराती विधि अतिमहत्त्वपूर्ण होते हुए भी दोषरहित नहीं है। इस विधि की सबसे तीव्र आलोचना पेस्टालॉजी ने इन शब्दों में की है—"सुकराती विधि अनिवार्य रूप से बालकों के लिए असम्भव है, क्योंकि उनके लिए प्रारम्भिक ज्ञान की पृष्ठभूमि और अपने विचारों को व्यक्त करने के लिए बाह्य साधन—भाव—दोनों की आवश्यकता होती है।" फिर भी हम इस विधि का आवश्यकतानुसार परिमार्जन तथा संशोधन कर प्रयोग करें तो यह अत्यन्त लाभदायक सिद्ध हो सकती है। अगर अध्यापक छात्रों की अर्जित ज्ञान की पूरी जानकारी प्राप्त कर तथा उसकी मानसिक योग्यता को ध्यान में रखकर पाठ का विकास करे तो इस विधि का बहुत सफलता से प्रयोग किया जा सकता है।

3. शिक्षा में खेल विधि

खेल में बालक की स्वाभाविक रुचि होती है। खेल द्वारा वह अपनी रुचियों, इच्छाओं, मनोवृत्तियों और अभिवृत्तियों को व्यक्त करता है। सच्चे अर्थों में खेल ही बालक के लिए सब कुछ है। खेल द्वारा शिक्षण पद्धति के जन्मदाता यूरोप के प्रसिद्ध शिक्षाशास्त्री श्री हेनरी कोल्डवेल कुक (Henry Coldwell Cook) महोदय हैं। उन्होंने अपनी पुस्तक 'प्ले वे' (Playway) में इस पद्धति का स्वरूप प्रस्तुत किया है। उन्होंने परसी (Perse) नामक स्कूल में एक अध्यापक के रूप में कार्य करते हुए अनुभव किया कि

अगर अंग्रेजी भाषा एवं साहित्य के अध्ययन के लिए कक्षा कार्य में खेल की भावना को अभिनय व वाद-विवाद के रूप में प्रस्तुत किया जाए तो छात्र अपनी स्वतः क्रियाओं द्वारा उन्हें बहुत शीघ्र सीख सकते हैं। **श्री ग्रिफिथ्स (Griffiths) महोदय** ने ठीक ही लिखा है, ''खेल बालक के व्यवहार का एक प्रकार है और कोई भी शिक्षा की योजना इस स्वाभाविक दिशा में बाधक सिद्ध होती है, वह बालक के मानसिक तथा शारीरिक विकास के लिए खतरनाक होती है। खेल के इस महत्त्व को दृष्टि में रखते हुए मान्टेसरी, फ्रोबेल, मिस हेलन, पार्कहर्स्ट, किलपेट्रिक आदि शिक्षाशास्त्रियों ने खेल को अपनी शिक्षण पद्धतियों का आधार बनाया है। इस सन्दर्भ में **स्टीवेन्सन** ने अपने निबन्ध 'Child's Play' में अपना विचार इस प्रकार से व्यक्त किया है—''बालक के धूमिल भावना के संसार में खेल ही सब कुछ है। विभिन्न मिथ्या स्वरूप धारण करना—उसके सम्पूर्ण जीवन का सार है और वह इतना भी नहीं कर सकता है कि किसी अन्य व्यक्ति का रूप धारण किये बिना चल भी सके। बालक के जीवन में खेल के इसी महत्त्व के कारण उसको शिक्षा देने के लिए 'खेल-विधि' का आविष्कार श्री हेनरी कोल्डवेल कुक महोदय ने किया।

खेल-विधि का अर्थ

खेल-विधि बालकों की खेल-प्रवृत्ति का ऐसे उत्तम ढंग से उपयोग करती है कि खेल द्वारा की जाने वाली क्रियाओं के लाभप्रद शैक्षिक परिणाम निकलते हैं। सामान्य रूप में खेल-विधि का अर्थ बालकों की मनोरंजन की इच्छा को पूर्ण करना अथवा उनको खेलने की स्वतन्त्रता देना समझा जाता है। लेकिन यह कदापि नहीं समझा जाना चाहिए। **ह्यूरोज व ह्यूरोज** ने इस सन्दर्भ में अपना विचार इस प्रकार व्यक्त किया है—''खेल-विधि से सीखते समय बालक कलाकारों के समान होते है और उनके लिए खेल तथा कार्य का अन्तर समाप्त हो जाता है।'' सच्चे अर्थों में यही खेल विधि का आदर्श है। इन आदर्शों के परिपेक्ष में **ह्वाइटहेड** ने अपना विचार इस तरह से व्यक्त किया है—''ज्ञान अथवा अज्ञात रूप में इसका आदर्श उस पागल पादरी के आदर्श के समान है, जो ऐसे राष्ट्रमण्डल का स्वप्न देखता था, जिसमें कृत्य—खेल हो, और खेल—जीवन, जिसमें तीनों का एक में और एक में तीनों का समावेश हो।'' कहने का तात्पर्य यह कि 'खेल-विधि' द्वारा सीखते समय बच्चों के लिए खेल, कार्य और जीवन में कोई अन्तर नहीं रह जाता है, क्योंकि तीनों मिलकर एम हो जाते हैं।

खेल-विधि पर आधारित शिक्षण-पद्धतियाँ

1. डाल्टन पद्धति
2. प्रोजेक्ट पद्धति

3. मान्टेसरी पद्धति
4. ह्यूरिस्टिक पद्धति
5. बेसिक शिक्षा
6. गैरी योजना
7. विनेटका योजना
8. किंडरगार्टन पद्धति

खेल-विधि के सिद्धान्त

खेल द्वारा पद्धति के अग्र आधारभूत सिद्धान्त हैं—

1. स्वलक्षिता का सिद्धान्त—शिक्षा में छात्र के स्वयं का लक्ष्य बहुत ज्यादा महत्त्व रखता है। चूँकि खेल बालक की एक स्वलक्षित शक्ति है, अतएव इसी को आधार मानकर शिक्षा देनी चाहिए।

2. आनन्ददायिकता का सिद्धान्त—आनन्दपूर्ण जीवन को अगर हम जीवन की परिभाषा से सम्बोधित करें तो यह अतिशयोक्ति न होगी। खेल में बालक को आनन्द का अनुभूति होती है, ऐसी स्थिति में अगर खेल द्वारा शिक्षा दी जाती है तो वह अधिक स्वाभाविक एवं सफल होती है। इस दृष्टि से खेल-विधि का शिक्षा में बहुत ज्यादा महत्त्व है।

3. उत्तरदायित्व का सिद्धान्त—बालक खेल को अपनी ही क्रिया मानता है। वह इस बात का अनुभव करता है कि हमको बहुत ही अच्छी तरह से खेल खेलना चाहिए, अगर हम ऐसा नहीं कर सके तो दूसरों से पीछे रह जाएँगे। इस प्रकार खेल द्वारा बालक को अपना उत्तरदायित्व सम्भालने का प्रशिक्षण स्वाभाविक रूप से ही प्राप्त हो जाता है। अपने उत्तरदायित्व का भान होने के पश्चात् वह कक्षा के सभी कार्यों को बहुत ही रुचिपूर्वक सक्रिय होकर करता है।

4. जन्मजातीयता का सिद्धान्त—बालक की शिक्षा पर उनके वंशानुक्रम का बहुत गहरा प्रभाव पड़ता है। जो शिक्षा इस विचार को ध्यान में रखकर दी जाती है, वह बहुत ही सफल एवं व्यावहारिक होती है। इस दृष्टिकोण से शिक्षा पद्धति में खेल-विधि का महत्त्वपूर्ण स्थान है।

5. स्वाभाविकता का सिद्धान्त—खेलने का स्वभाव बालक में स्वाभाविक होता है। कोई शिक्षा पद्धति तभी सफल हो सकती है, जब वह विद्यार्थी के स्वभावानुसार दी जाती है। इस दृष्टि से भी शिक्षा को खेल द्वारा देना चाहिए।

6. स्वतंत्रता का सिद्धान्त—इस सिद्धान्त के अनुसार अध्यापक को चाहिए कि वह कक्षा में खेल का सा वातावरण बनाए तथा वे बालकों को वैसे ही स्वतंत्र

छोड़ दे, जैसे वे खेल के मैदान में होते हैं, क्योंकि जब बालक स्वयं खेल निर्धारित करता है तो उसकी प्राप्ति के लिए वह अधिक प्रयास रत रहता है। ऐसे में वह बहुत हद तक सफल हो सकता है।

7. स्फूर्तिदायिकता का सिद्धान्त—जिस प्रकार जीवन के हर क्षेत्र में स्फूर्ति का अधिक महत्त्व है उसी तरह शिक्षा में भी बालक की स्फूर्ति का बहुत गहरा प्रभाव पड़ता है। चूँकि खेल स्फूर्तिदायक होता है, अतएव यह विधि बालकों को शिक्षा देने के लिए दी जाए।

खेल-विधि के गुण

(1) इस विधि से बालकों को शारीरिक लाभ होता है।
(2) इसमें नवीन परिस्थितियों से परिचय प्राप्त होता है।
(3) इसके द्वारा रचनात्मक कल्पना का विकास होता है।
(4) इसके द्वारा संवेगों के नियन्त्रण की क्षमता बढ़ती है।
(5) इसके द्वारा सामाजिक भावना का विकास होता है।
(6) यह विधि व्यक्तित्त्व के विकास में सहायक है।
(7) इस विधि से कार्य रुचिकर हो जाता है।
(8) यह विधि अभिव्यक्ति का सबसे उत्तम माध्यम है।
(9) यह बालकों के सौन्दर्य भावना के विकास में सहायक है।
(10) इसमें करके सीखने का अवसर मिलता है।
(11) इसमें मुक्त्यात्मक अनुशासन का स्थान होता है।
(12) इसके द्वारा बालकों में स्थायी ज्ञान का विकास होता है।
(13) यह मनोवैज्ञानिक पद्धति है।
(14) इसके द्वारा बालकों में संवेगात्मक स्थिरता आ जाती है।

खेल द्वारा शिक्षण पद्धति के दोष

(1) इसमें शिक्षा एवं खेल दो अलग-अलग कार्य हो जाते हैं। इससे समय का दुरुपयोग होता है।

(2) खेल द्वारा सभी विषयों को पढ़ाना असम्भव है। अतः यह विधि सभी विषयों के अध्यापन के अनुपयुक्त है।

(3) इस विधि में गम्भीरता की कमी होती है।

(4) इस विधि द्वारा धन का अपव्यय होता है।

खेल पर ज्यादा जोर देने के कारण इस विधि की बहुत अधिक आलोचना की गई है। कुछ शिक्षाशास्त्री ऐसा मत व्यक्त करते हैं कि शिक्षा में खेल की भावना का समावेश करने का अभिप्राय है—"मृदु शिक्षा-शास्त्र का आविर्भाव। उनका मानना है

कि बालक खेल को केवल खेल समझते हैं और उसमें अन्तर्निहित विषय-ज्ञान की क्रियाओं को खेल के समान ही समझ लेते हैं। उसे ज्यादा गम्भीरता से नहीं लेते हैं। ऐसा देखा गया है कि जीवन में हमेशा रोचक और आनन्द प्रदान करने वाले ही कार्य नहीं करने होते हैं। अनेकों बार नीरस और कठिन कार्य भी करने होते हैं। अतः बालकों में ऐसे कार्यों को करने की आदत डालना और उन्हें जीवन से संघर्ष करने योग्य बनाना शिक्षा का कार्य होना चाहिए।

शिक्षाशास्त्रियों के तर्क तो बहुत सुन्दर हैं, लेकिन ये हैं पूर्णतया निराधार और विवेकहीन। क्योंकि इस विधि में खेल का केवल शिक्षण की विधि के रूप में समर्थन किया गया है। इस विधि का आशय यह कदापि नहीं है कि खेल कार्य का स्थान ले ले और उसके महत्त्व को नष्ट कर दे। सही अर्थों में इस विधि का तात्पर्य यह है कि खेल का समावेश करके कार्य और ज्ञानार्जन की नीरसता को दूर किया जाए, जिससे बालक के ज्ञानोपार्जन का कार्य रोचक और आनन्दपूर्ण हो जाए। ग्रिफियूस ने इस सन्दर्भ में अपना विचार इस तरह से व्यक्त किया है—"खेल बालक के व्यवहार का विशिष्ट अंग है और शिक्षा की कोई भी पद्धति जो खेल की इस स्वाभाविक शिक्षा में शक्ति के प्रयोग में बाधा डालती है, वह बालक के मानसिक और शारीरिक स्वास्थ्य को खतरे में डालती है।"

4. किण्डरगार्टन पद्धति

किण्डरगार्टन प्रणाली के जन्मदाता **फ्रेडरिक विलियम अगस्त फ्रॉबेल** (Friederic William August Frobel) महोदय हैं। इनका जन्म जर्मनी में सन् 1782 में हुआ था। इनकी बाल्यावस्था अत्यधिक कष्ट में व्यतीत हुआ। इनकी माता का देहान्त इनकी शैशवावस्था में हो गया, उनका पादरी पिता इतना अधिक व्यस्त रहता था कि बालक फ्रोबेल की ओर उसका ध्यान कभी नहीं जाता था। घर के वातावरण से ऊब कर वह चुपचाप जंगलों में घूमते हुए प्राकृतिक वस्तुओं से प्रेम करने लगा। 11 वर्ष की अवस्था में इस अपेक्षित बालक को उसके चाचा ने गोद लेकर उसे शिक्षालय में पढ़ने का अवसर दिया, लेकिन प्रकृतिप्रेमी फ्रोबेल की पढ़ाई में अरुचि देखकर उसके चाचा ने जीविकोपार्जन के लिए एक जंगल के ठेकेदार के यहाँ भेज दिया। 18 वर्ष की आयु में उसे जेना विश्वविद्यालय में पढ़ने का मौका मिला। 2 वर्ष तक उह्नोंने जेना विश्वविद्यालय में अध्ययन किया। लेकिन गरीबी के कारण उसने विश्वविद्यालय को छोड़ना पड़ा। विश्वविद्यालय छोड़ने के पश्चात् उसने विभिन्न व्यवसायों को अपनाने का प्रयास किया, पर उसे सफलता नहीं मिली। इसी क्रम में उसने एक नक्शानवीस के यहाँ नौकरी कर ली। लेकिन वहाँ भी सफलता नहीं मिली। अन्त

में ग्रुवर नामक व्यक्ति की सलाह पाकर फ्रोबेल ने स्कूल में पढ़ाना प्रारम्भ कर दिया। 1826 ई. में उन्होंने 'एजूकेशन ऑफ मैन' नामक पुस्तक लिखी। इस पुस्तक में उसने अपने सभी शिक्षा-सम्बन्धी विचारों को लेखाबद्ध किया। लगभग 8 से 10 वर्ष तक अपने विचारों को व्यावहारिक रूप देने में असफल होने के पश्चात् 1840 में रुडोल स्टेट के समीप ब्लैकनवर्ग में उसने एक विद्यालय की स्थापना की, जिसका नाम किण्डरगार्टन अर्थात बालोद्यान रखा। यह विद्यालय कीलहाउ से 2 मील दूर स्थित था। फ्रोबेल को क्रान्तिकारी समझकर 1851 ई. में राज्य ने किंडरगार्टन स्कूल को बन्द करवा दिया, फलस्वरूप उसे इतना आघात पहुँचा कि 1852 ई. में उसकी मृत्यु हो गयी।

फ्रॉबेल ने जिस महान शिक्षण-पद्धति की स्थापना की उसका अनुसरण आज संसार के विभिन्न देशों में किया जा रहा है। उनके जीवन का महान उद्देश्य व प्रयोजन ही यही था। वे हमेशा कहते थे–"हमें अपने बच्चों के लिए जीवित रहना चाहिए।"

किण्डरगार्टन पद्धति का अर्थ

किण्डरगार्टन एक जर्मन शब्द है, जो दो शब्दों से मिलकर बना है, 'किण्डर (Kinder) तथा गार्टन (Garten)', जिनका क्रमशः अर्थ है 'बालक' तथा 'बगीचा'। इस प्रकार किण्डरगार्टन शब्द का अर्थ 'बच्चों का बगीचा' हुआ। इस दृष्टि से उनका विद्यालय (School) एक ऐसा उद्यान था जिसमें 'बालक' (Child) रूपी पौधा अध्यापक (Educator) रूपी माली की देखरेख में स्वाभाविक रूप से विकसित होने का अवसर प्राप्त करता था। इस स्कूल में बालकों को खेलने, कूदने, हँसने, घूमने-फिरने, कार्य करने आदि की पूर्ण स्वतंत्रता थी। इनमें न तो पाठ्यपुस्तकों की प्रधानता थी न समय-सारिणी का बन्धन, उसमें छोटे-छोटे बाग लगे थे जिसमें बालक स्वयं बागवानी करते थे। बालकों से हमेशा प्रेम, दया और सहानुभूति का व्यवहार किया जाता था। किण्डरगार्टन के इस स्वरूप तथा क्रियाओं से सम्बन्धित रूप को किण्डरगार्टन पद्धति कहते हैं। इस सन्दर्भ में रस्क ने अपना विचार इस तरह से व्यक्त किया है–'किण्डरगार्टन छोटे बच्चों के लिए एक स्कूल है, जिसमें बच्चों को उचित प्रकार से तह करने, चटाई बुनने, मिट्टी की मूर्तियाँ बनाने, सांकेतिक खेलों तथा क्रियात्मक गानों को उचित ढंग से तथा क्रम से सिखाया जाता है।

किण्डरगार्टन पद्धति के आधारभूत सिद्धान्त

किण्डरगार्टन पद्धति अग्रलिखित सिद्धान्तों अथवा नियमों पर आधारित है–

1. स्वक्रिया का सिद्धान्त—इसमें विकास का आधार स्वक्रिया है। मनुष्य संसार में कुछ मूल प्रवृत्तियों को लेकर आता है। परिणामस्वरूप उसे कुछ-न-कुछ

निश्चित रूप से करना पड़ता है। फ्रोबेल का विचार है कि अपनी प्रेरणाओं एवं भावनाओं को पूरा करने के लिए बालक स्वयं अपने मन से सक्रिय होकर काम करें। ''स्वक्रिया के सिद्धान्त का स्पष्टीकरण करते हुए फ्रोबेल महोदय लिखते हैं–''पेड़ का बीज अपने सम्पूर्ण पेड़ का रूप धारण किए रहता है। प्रत्येक वस्तु का भावी विकास और रूप उत्पत्ति के समय ही उनमें निहित होता है।''

2. खेल द्वारा शिक्षा का सिद्धान्त—फ्रोबेल सबसे पहले शिक्षाशास्त्री थे, जिसने कि खेल के द्वारा शिक्षा देने का विचार व्यक्त किया। चूँकि खेल बालकों की स्वाभाविक क्रिया है, इसलिए फ्रोबेल का विचार है, ''इस अवस्था के खेल मनुष्य के शुद्ध आध्यात्मिक कार्य हैं और साथ-ही-साथ खेल में मनुष्य का आन्तरिक जीवन प्रकट होता है। वह इसलिए आनन्द, स्वतंत्रता, सन्तोष, आन्तरिक एवं बाह्य आराम तथा संसार के साथ शान्ति प्रदान करता है। खेल समस्त अच्छाइयों का उद्गम स्थल है।

3. सामाजिकता का सिद्धान्त—फ्रोबेल बालक को सामाजिक प्राणी (Social Animal) बनाने का प्रयास करने के लिए सामूहिक खेलों पर विशेष जोर देता है, जिससे कि बालकों में सहयोग, सहानुभूति एवं ऐक्य की भावना जागृत हो। इस प्रकार समाज ही सर्वप्रमुख साधन है, जिससे बालकों की स्वक्रिया को विकसित होने का मौका मिलता है।

4. स्वतंत्रता का सिद्धान्त—फ्रोबेल स्वतंत्रता को बहुत महत्त्व देता है। फ्रोबेल के इस विचार को उपस्थित करते हुए **डगन महोदय** लिखते हैं, ''शिक्षा को प्रत्येक बालक के स्वतंत्र व्यक्तित्त्व के विकास के लिए अवसर प्रदान करना चाहिए, उसका मार्ग-दर्शन करना चाहिए।''

किण्डरगार्टन पद्धति के गुण

किण्डरगार्टन पद्धति के गुण अग्रलिखित हैं–

(1) इस पद्धति में व्यावसायिक क्रिया को महत्त्वपूर्ण स्थान दिया जाता है।

(2) इसमें अध्यापक का स्थान मित्र तथा पथप्रदर्शक के रूप में है।

(3) नैतिक तथा सामाजिक गुणों का विकास इस पद्धति से होता है।

(4) किण्डरगार्टन पद्धतिवाले स्कूलों में बालकों का सौन्दर्यात्मक विकास होता है।

(5) आधुनिक शिक्षा को आधार प्रदान करना।

(6) किण्डरगार्टन पद्धति के सिद्धान्त सार्वभौमिक हैं।

(7) शिशु शिक्षा के लिए अधिक उपयुक्त।

(8) आत्मक्रिया पर जोर।

(9) सरल रुचिपूर्ण और आकर्षक पद्धति।

किण्डरगार्टन पद्धति के दोष

किण्डरगार्टन पद्धति के दोष निम्नलिखित हैं–

(1) विषयों के सानुबन्ध का अभाव।

(2) उपहारों, व्यापारों तथा विशेषज्ञों की कमी।

(3) उत्तरदायित्वों की प्रतीक्षा का अभाव।

(4) वैयक्तिकता के विकास पर ध्यान नहीं।

(5) रहस्यवादी सिद्धान्त की अस्पष्टता।

(6) अपर्याप्त स्वतंत्रता से बालकों को सीमित उपहारों तथा व्यापारों से बँध जाना पड़ता है।

(7) प्रतीकवाद अमनोवैज्ञानिक है।

(8) ज्ञान की प्रक्रिया का गलत विचार।

(9) कुछ गीत और मित्र पुराने हैं।

फ्रॉबेल की किंडरगार्टन पद्धति की चाहे जितनी आलोचना की जाए लेकिन यह बात निर्विवाद सत्य है कि बालक शिक्षा के लिए यह अधिक उपयोगी शिक्षण-पद्धति है। यही कारण है कि आज संसार के लगभग सभी देशों में इस पद्धति का किसी-न-किसी रूप में अनुसरण किया जा रहा है। इस सन्दर्भ में रस्क ने अपना विचार इस तरह से व्यक्त किया है–"यह स्वीकार करना पड़ेगा कि पूर्व-विद्यालय आयु के बालकों के प्रशिक्षण के प्रति ध्यान आकर्षित करने और एक नवीन प्रकार की शिक्षा-संस्था स्थापित करने का श्रेय फ्रॉबेल को है।"

5. मान्टेसरी पद्धति

मान्टेसरी शिक्षा पद्धति की जन्मदात्री श्रीमती डॉ. मेरिया मान्टेसरी (Dr. Maria Montessari) हैं। इनका जन्म सन् 1870 ई. में इटली के एक सम्पन्न परिवार में हुआ था। 24 वर्ष की आयु में रोम विश्वविद्यालय से डॉक्टरी पास करने के पश्चात् उह्नोंने लूले, लँगड़े, बहरे एवं मन्द्बुद्धि बालकों की चिकित्सा आरम्भ की। चिकित्सा करते हुए उह्नोंने प्रयोगात्मक मनोविज्ञान का अध्ययन करने के पश्चात् यह सिद्ध किया कि उचित शिक्षा द्वारा सामान्य बालकों की तरह मन्दबुद्धि बालक भी सफलता प्राप्त कर सकता है। उनकी इस शिक्षा प्रणाली को मान्टेसरी शिक्षा प्रणाली की संज्ञा दी गई। उनके कार्यों को देखकर इटली सरकार ने उन्हें बालगृह (Children's House) की

अध्यक्षा बना दिया। इन्होंने 'मान्टेसरी पद्धति' नामक पुस्तक में मान्टेसरी शिक्षा पद्धति के सिद्धान्त प्रस्तुत किए हैं। सन् 1939 में वह मद्रास में 'इण्डियन ट्रेनिंग कोर्स इन्स्टीट्यूट' की डायरेक्टर होकर भारत में आईं, परिणामस्वरूप भारत में मान्टेसरी शिक्षा प्रणाली का बहुत प्रचार-प्रसार हुआ। यह पद्धति 3 वर्ष से लेकर 6 वर्ष के बालकों के लिए बहुत ही उपयुक्त है। मानव जाति की महान् सेविका मेरिया मान्टेसरी का 81 वर्ष की अवस्था में 6 मई, 1952 को नार्डविक (हालैण्ड) में स्वर्गवास हो गया। विश्व की इस महान शिक्षिका ने उच्चकोटि की शिक्षा के वैज्ञानिक अध्ययन के लिए बालकों की स्वतंत्रता को महत्त्व प्रदान करती थीं।

मान्टेसरी पद्धति के आधारभूत सिद्धान्त

1. आत्मा का सिद्धान्त—रूसो, पेस्टालाजी एवं फ्रोबेल की तरह मान्टेसरी ने भी शिक्षा को आन्तरिक विकास माना है। वे आत्म विकास के सिद्धान्त की समर्थक थीं। उनका कथन है, "बालक एक ऐसा शरीर है, जो बढ़ता है तथा आत्मा है, जो विकास प्राप्त करती है, विकास के इन दोनों रूपों को हमें न कुरूप बनाना चाहिए और न दबाना चाहिए, बल्कि उस काल की प्रतीक्षा करनी चाहिए, जब किसी शक्ति का क्रम के अनुसार प्रादुर्भाव हो।" आगे वह यह भी कहती है. 'अगर शिक्षण की किसी प्रणाली को प्रभावशाली बनाना है तो वह बालक में सम्पूर्ण विकास के लिए प्रभावशाली होना चाहिए।" उनका विचार है कि शिक्षा और अध्यापक का कर्त्तव्य है–बालक की जन्मजात शक्तियों को बाहर निकालना, जिससे कि वह अपना सहज और स्वाभाविक विकास कर सके।

2. पूर्ण स्वतंत्रता का सिद्धान्त—मान्टेसरी ने बालक की शिक्षा में स्वतंत्रता को बहुत अधिक महत्त्वपूर्ण स्थान दिया है। उनका कहना है कि बालक का स्वाभाविक विकास उसी दिशा में सम्भव है, जब उसे अपने विचारों, रुचियों, रुझानों आदि को व्यक्त करने की पूर्ण स्वतन्त्रता दी जाय। उन्होंने इसके दो कारण बतलाए हैं–प्रथम, अनुशासन स्वतंत्रता द्वारा आना चाहिए। द्वितीय, अगर बालक का वैज्ञानिक रूप से अध्ययन करना है तो शिक्षालय को उसे उसके स्वतंत्र तथा स्वाभाविक रूप से प्रकट होना चाहिए।" परन्तु मान्टेसरी के शब्दों में स्वतंत्रता का यह अर्थ नहीं है कि साधारण सेवाओं को करवाने के लिए दूसरों से आज्ञाएँ पालन करवाई जाएँ बल्कि उसे इस योग्य बनाना है कि उन्हें अपने लिए स्वयं कर सके। दूसरों पर निर्भर रहने की अपेक्षा मुक्ति पाना ही सच्ची स्वतंत्रता है।

3. खेल द्वारा शिक्षा का सिद्धान्त—खेल बालक के लिए जरूरी है। इसलिए अन्य शिक्षाशास्त्रियों की भाँति मान्टेसरी ने भी खेल द्वारा शिक्षा के सिद्धान्त का स्थान

अपनी प्रणालियों में दिया है। नाना प्रकार के खेलों के उपकरणों द्वारा बालक को भाषा, गणित आदि का ज्ञान कराया जाता है। कहने का तात्पर्य यह है कि खेल द्वारा ही बालक अनुभव एवं ज्ञान प्राप्त करता है।

4. वैयक्तिकता का सिद्धान्त—वैयक्तिकता का सिद्धान्त विकास के सिद्धान्त से सम्बन्धित है। मान्टेसेरी का विचार है कि अगर बालक को स्वतः विकास के लिए छोड़ दिया जाय तो उसकी शक्तियाँ अपने आप प्रकट होने लगती हैं। बालक को अन्तरतम से जानने के लिए अध्यापक को उसके विकास का रिकार्ड रखना चाहिए। कहने का तात्पर्य यह है कि बालक के विकास का स्वयं उसका व्यक्तित्त्व उत्तरदायी है।

5. स्वशिक्षा का सिद्धान्त—ऐसा प्रतीत होता है कि मान्टेसरी स्व-शिक्षा के सिद्धान्त पर रूसो द्वारा प्रभावित हुई है। बालकों में जिज्ञासा-प्रवृत्ति के कारण वे नवीन चीजों को स्वाभाविक रूप से जानने का प्रयास करते हैं। मान्टेसरी का विचार है कि बालकों के कार्यों में हस्तक्षेप नहीं करना चाहिए। वे स्वयं करेंगे और सीखेंगे, मान्टेसरी के स्वशिक्षा के सिद्धान्त का यही अर्थ है।

6. माँसपेशियों की शिक्षा का सिद्धान्त—बालक अंगों का उचित प्रयोग कर सके, इसके लिए मान्टेसरी, माँसपेशियों को साधने की शिक्षा का आयोजन किया है। बालकों को चलने, फिरने, दौड़ने, घूमने, शारीरिक व्यायाम करने का अवसर दिया जाता है, जिसमें माँसपेशियाँ मजबूत होती हैं और बालक कार्यशील हो जाते हैं।

7. व्यावहारिक शिक्षा का सिद्धान्त—मान्टेसरी बालकों को केवल 'पुस्तकीय ज्ञान' प्रदान करना नहीं चाहती थी। अध्यापकों को यह बताती है कि किस तरह उन्हें अपने मुँह, हाथ, नाक, कान तथा कपड़े साफ रखने चाहिए। इसके साथ-साथ अपना सहानुभूतिपूर्वक व्यावहारिक ज्ञान प्रदान किया जाता है।

8. **ज्ञानेन्द्रियों की शिक्षा का सिद्धान्त**—मान्टेसरी के क्रमानुसार ज्ञानेन्द्रियों की शिक्षा का आयोजन किया है, ताकि बालक अधिक-से-अधिक ज्ञान प्राप्त कर सके। स्पर्श-इन्द्रिय, चक्षुन्द्रिय, श्रवणेन्द्रिय, घ्राणेन्द्रिय एवं स्वादेन्द्रियों की शिक्षा से बौद्धिक विकास भी होता है। **श्रीमती के. भाटिया एवं वी.डी. भाटिया** का कथन है, "वह इन्द्रियों की निर्मलता पर जोर देती हैं, जो बालक को विभिन्न उत्तेजकों के अन्तर नापने के योग्य बनावें। यह उत्तेजक ही वजन, रंग, ध्वनि, स्पर्श एवं तापक्रम का बोध कराते हैं, ताकि तर्कशक्ति विकसित हो सके।"

मान्टेसरी पद्धति के गुण

मान्टेसरी पद्धति के गुण अग्रलिखित हैं—

1. यह पद्धति प्रयोगात्मक मनोविज्ञान के विभिन्न अंगों का अनुसरण करती है।

2. यह पद्धति बालक की पूर्ण स्वतंत्रता का समर्थन करती है, क्योंकि ऐसी स्वतंत्रता से ही उसका पूर्ण विकास सम्भव है।

3. वैयक्तिक विभिन्नता का महत्त्वपूर्ण स्थान है।

4. मान्टेसरी पद्धति में प्रयोगात्मक मनोविज्ञान के स्वरूप, सिद्धान्तों, निष्कर्षों और विद्यार्थियों को महत्त्वपूर्ण स्थान मिला है।

5. मान्टेसरी पद्धति में लिखने-पढ़ने और अंकों का ज्ञान प्राप्त करने के लिए सरल तथा रुचिपूर्ण विधि अपनाई जाती है, जो कदाचित् अन्य शिक्षण पद्धतियों में नहीं है।

6. इसमें बालकों की ज्ञानेन्द्रियों को प्रशिक्षित करते हुए शिक्षा दी जाती है।

7. अनुशासन की समस्या का समाधान होता है। इसमें बालक आत्मानुशासन द्वारा नियन्त्रित रहते हैं।

8. अनुशासन की समस्या का समाधान होता है, इसमें बालक आत्मानुशासन द्वारा नियन्त्रित रहते हैं।

9. मान्टेसरी पद्धति में अध्यापक का स्थान मित्र, सहायक तथा पथप्रदर्शक के रूप में होता है।

10. इस पद्धति में समस्त कार्य बालकों को स्वयं करने पड़ते हैं, अतः इसमें स्वयं शिक्षा को महत्त्व दिया जाता है।

11. व्यावहारिकता तथा सामाजिकता के गुणों के विकास के लिए इस पद्धति में पर्याप्त अवसर होते हैं।

12. यह पद्धति कल्पना पर आधारित न होकर यथार्थता पर आधारित है।

13. यह पद्धति बालक को अपना ध्यान केन्द्रित करने का अधिकार देती है, जिससे उसके मानसिक विकास की गति तीव्र होती है।

14. इस पद्धति ने मूर्खतापूर्ण बालपोथी और निरर्थक कापियों को दफन कर दिया है।

15. इस पद्धति में दण्ड और पुरस्कार के लिए कोई स्थान नहीं है, क्योंकि ये बालक को स्वभाविक कार्य करने के लिए प्रेरित करते हैं।

16. इस पद्धति ने 'बाल-गृह' के रूप में संसार को एक नवीन सामाजिक संस्था भेंट की है।

17. इस पद्धति में दण्ड और पुरस्कार के लिए कोई स्थान नहीं है।

मान्टेसरी पद्धति के दोष

मान्टेसरी पद्धति के दोष अग्रलिखित हैं—

1. यह पद्धति ज्ञानेन्द्रियों की अलग-अलग शिक्षा का आयोजन करने के

कारण अमनोवैज्ञानिक हैं। सामर्थ्य मनोविज्ञान का अनुचित आधार है, क्योंकि ज्ञानेन्द्रियों को अलग-अलग प्रशिक्षित करना अमनोवैज्ञानिक है।

2. ज्ञानेन्द्रियों की शिक्षा ही पर्याप्त नहीं है।

3. आधुनिक युग में गेस्टाल्ट मनोविज्ञान ने सिद्ध कर दिया है कि व्यक्ति किसी वस्तु का सम्पूर्ण रूप में ज्ञान प्राप्त करता है, अतः मान्टेसरी पद्धति अमनोवैज्ञानिक सिद्ध होती है।

4. कल्पनात्मक एवं क्रियात्मक खेलों का अभाव है।

5. मान्टेसरी पद्धति में शिक्षोपकरणों पर जरूरीता से अधिक जोर दिया गया है।

6. इस शिक्षा पद्धति से मन्दबुद्धिवाले बालक तो लाभ उठा लेते हैं, किन्तु प्रतिभाशाली बालकों को उससे विशेष लाभ नहीं होता।

7. व्यक्तिवाद को इस पद्धति से बढ़ावा मिलता है।

8. समय और धन की अधिक आवश्यकता होती है।

9. इस पद्धिति में साहित्यिक शिक्षा और कल्पना के प्रशिक्षण के लिए कोई स्थान नहीं है।

10. यह पद्धति सम्पूर्ण जीवन को अपने में स्थान देने को प्रयास करती है, जो हमेशा असम्भव रहेगा।

11. यह पद्धति बालक को अक्षर, शब्द और फिर वाक्य को ज्ञान प्रदान करके 'पूर्ण से अंश की ओर' शिक्षण-सूत्र की उपेक्षा करती है।

मॉन्टेसरी ने वर्तमान शिक्षा-जगत् को शिक्षण की एक नई पद्धति दी है। उसने अपनी इस शिक्षा पद्धति को अधिक उपयोगी बनाने के लिए लगभग सभी महान् अध्यापकों के शिक्षा-सिद्धान्तों को स्थान देने को प्रयास किया है। इस कारण उसकी पद्धति को फ्रॉबेल की शिक्षण-प्रणाली के समान मौलिक नहीं माना जाता है। लेकिन उसके कार्य की सभी शिक्षाविदों ने सराहना की है। इस सन्दर्भ में होम्स का विचार है—"डॉक्टर मॉन्टेसरी को कार्य अद्वितीय, अनोखा और गौरवपूर्ण है। हमारे पास शिक्षा-प्रणाली का कोई ऐसा अन्य उदाहरण नहीं है, जो कम-से-कम अपने क्रमबद्ध-पूर्णता और अपने व्यावहारिक प्रयोग में मौलिक हो और जिसका निर्माण तथा उद्घाटन एक स्त्री के मस्तिष्क और हाथ से किया गया हो।"

6. डाल्टन पद्धति

डाल्टन पद्धति का आविष्कार अमरीका की तरुण शिक्षिका श्रीमती हेलन पार्कहर्स्ट ने किया। डाल्टन नामक नगर के डाल्टन हाई स्कूल में 1919-20 में उह्नोंने अपनी

नवनिर्मित योजना को क्रियान्वित किया। इसलिए इस पद्धति को डाल्टन पद्धति (Dalton Plan) कहते हैं। इस पद्धति को 'प्रयोगशाला विद्यालय-योजना' एवं डाल्टन-प्रयोगशाला-योजना के नाम से भी जाना जाता है। मॉन्टेसरी के समान ही कक्षा-शिक्षण को बालकों के लिए अनुपयुक्त समझने के कारण श्रीमती हैलेन एक ऐसी योजना के निर्माण में तल्लीन हो गई, जो बालकों के शिक्षण के लिए हर दृष्टि से उपयोगी सिद्ध हो सके। इस पद्धति के मूल में भी बालकों की स्वतंत्रता की विचारधारा काम कर रही है। आज विश्व के सभी देश बालकों की स्वतंत्रता को महत्त्व देते हैं। आज विश्व के लगभग सभी देश इस पद्धति का फायदा उठा रहे हैं।

डाल्टन पद्धति का अर्थ

मिस हेलेन पार्कहर्स्ट द्वारा निर्मित यह योजना एक प्रकार की प्रयोगशाला-प्रणाली है, जिसमें बालकों को उनकी रुचि और इच्छा के अनुरूप एक सप्ताह अथवा एक महीने कार्य करने को दिया जाता है। कार्य करने के लिए उन्हें हर प्रकार की सुविधा और स्वतंत्रता दी जाती है। बालक अपने प्राप्त कार्य को विभिन्न विषयों से सम्बन्धित विभिन्न प्रयोगशालाओं में पूरा करने का प्रयास करते हैं। बालकों को अध्यापकों से सम्मति लेने की पूर्ण स्वतंत्रता होती है। जो बालक कोई कार्य शीघ्र कर लेता है, उसे आगे दूसरे कार्य मिल जाते हैं। इस प्रकार डाल्टन पद्धति शिक्षण की पद्धति नहीं है, वरन् विद्यालय-कार्य को इस प्रकार संगठित करने की विधि है, जिससे बालक स्वयं उद्देश्यपूर्ण स्वयं-क्रिया में संलग्न हो। दूसरे शब्दों में डाल्टन पद्धति का तात्पर्य उस शिक्षा पद्धति से है, जिसमें बालकों को उनकी रुचियों तथा इच्छाओं के अनुकूल कार्यों को सुविधायुक्त प्रयोगशालाओं में दिए गए समय में पूरा करते हुए अपने व्यक्तित्त्व का उत्तरदायित्वपूर्ण समुचित विकास करने का अवसर प्राप्त होता है।

ग्रेब्ज (Graves) महोदय ने डॉल्टन पद्धति को परिभाषित करते हुए लिखा है, डाल्टन पद्धति में एक ऐसी ठेका व्यवस्था निहित है, जिसमें कि बालक एक दिए गए समय में कार्य को पूरा करने को स्वीकार करता है और जिसमें उस कार्य को पूरा करने का साधन एवं मार्गों के चयन करने का कार्य उसी पर छोड़ दिया जाता है।'' श्रीमती पार्क हर्स्ट ने डाल्टन पद्धति को परिभाषित करते हुए लिखा है, ''डाल्टन पद्धति एक मानक व्यवस्था है, जिसमें कि वैयक्तिक कार्य के सिद्धान्त को व्यवहार में लाया जाना है। यह शिक्षालयों का सरल एवं आर्थिक पुनर्संगठन है, जहाँ अध्यापक एवं शिक्षार्थी को अधिक उपयोगी समय से कार्य करने के लिए अवसर प्राप्त होते हैं।''

डाल्टन पद्धति के उद्देश्य

डाल्टन पद्धति के उद्देश्य को स्पष्ट करते हुए श्रीमती पार्कहर्स्ट ने लिखा है, "इस योजना का उद्देश्य बालकों को साधारण कक्षा में मिलनेवाली जीवन की परिस्थितियों से बिल्कुल भिन्न परिस्थितियों में रखकर एक नए प्रकार के शैक्षणिक समाज को जन्म देना तथा विद्यालय के सामाजिक जीवन का पुनः संगठन करना था।" रेनी ने इस सन्दर्भ में अपना विचार व्यक्त करते हुए लिखा है, "डॉल्टन योजना के दो उद्देश्य हैं—(1) बालक को आत्मविकास की वही स्वतंत्रता प्रदान करना जो शिशु के रूप में विद्यालय-जीवन में उसके लिए बहुत लाभप्रद सिद्ध हुई है। (2) बालक को विद्यालय के पाठ्यक्रम के अनुसार साहित्यिक विषयों में पूर्णतया सुयोग्य बनाना है।

थोड़े में डाल्टन-पद्धति के अग्रलिखित उद्देश्य हैं—

1. छात्रों को अपनी जिम्मेदारी की अनुभूति कराना एवं उनमें साधनसम्पन्नता लाना।

2. स्वशिक्षा के सिद्धान्तों को व्यवहार में लाना।

3. सामूहिक शिक्षण अथवा कक्षा शिक्षण के दोषों को दूर करना।

4. बालकों को कार्य करने की स्वतंत्रता देना।

5. छात्रों की चिन्तन शक्ति को प्रेरणा देना और अन्दर की परिस्थितियों को अनुकूल बनाने की क्षमता लाना।

6. साहित्यिक विषयों की शिक्षा भी वैज्ञानिक ढंग से देना।

डाल्टन पद्धति के सिद्धान्त

1. बालकों की प्रधानता का सिद्धान्त—शिक्षा बालक को दी जाती है, इसलिए उसका रूप बालक की रुचि और योग्यता के अनुसार ही होना चाहिए न कि अध्यापक की रुचि और योग्यता के अनुसार। प्राचीन शिक्षा संस्थाओं में बालक के स्कूल जाने का केवल यही उद्देश्य था कि अध्यापक जो पढ़ाए उसे ग्रहण करते हुए उनकी आज्ञाओं का पालन करें। "डाल्टन पद्धति में बालक को प्रधान माना जाता है, फलस्वरूप उसका विकास प्राकृतिक संगति से होता है और प्रयास से प्राप्त की जानेवाली योग्यता वास्तविक एवं सुदृढ़ होती है।" इस सन्दर्भ में 'New York Evening Post' के संम्पादक ने अपना विचार कुछ इस तरह व्यक्त किया है—"डाल्टन योजना बालक को अपनी स्वाभाविक इच्छा के अनुसार कार्य करने वाली स्वयं की विधि से ज्ञानार्जन करने के लिए आमन्त्रित करती है।"

2. चरित्र निर्माण—यह योजना बालक के चरित्र-निर्माण पर अपना ध्यान हमेशा केन्द्रित रखती है। इस लक्ष्य की प्राप्ति के लिए वह बालक को व्यक्तिगत और सामूहिक रूप से विविध कार्यों को सम्पन्न करने के लिए प्रोत्साहन देती है। व्यक्तिगत कार्य बालकों में परिश्रम, उत्तरदायित्व, पहलकदमी, आत्मनिर्भरता, युक्तिपूर्णता आदि गुणों का समावेश करती है। सामूहिक कार्य उसमें मदद, सहानुभूति, सद्भावना, सहृदयता, स्वार्थहीनता आदि गुणों का समावेश करती है। ये सभी गुण बालक के आदर्श चरित्र की आधारशिला तैयार करते हैं।

3. अनुभव द्वारा शिक्षा—प्रचलित शिक्षा प्रणाली में बालकों की रुचि पर कोई ध्यान नहीं दिया जाता है। शिक्षालय में प्रत्येक विषय के लिए एक-एक घन्टा निश्चित रहा करता है। ज्यों ही बालक की रुचि किसी विषय में उत्पन्न होती है, त्यों ही समय पूर्ण हो जाया करता है एवं दूसरे विषय का घण्टा प्रारम्भ हो जाया करता है, परन्तु डाल्टन शिक्षा में स्वशिक्षा के सिद्धान्त की पूर्ति होती है। इस पद्धति में बिना किसी निर्देश के बालक जितनी देर चाहे अध्ययन कर सकता है। बालक अपनी रुचि एवं आवश्यकता के अनुकूल अपने कार्य को स्वतः करते हुए लाभ उठाता है, फलस्वरूप आत्मविश्वास एवं आत्मनिर्भरता की वृद्धि होती है।

4. पथ-प्रदर्शक के समकक्ष अध्यापक का स्थान—इस पद्धति में अध्यापक का काम पथ-प्रदर्शक का होता है। इसके तहत कक्षाओं के कमरों के स्थान पर नाना प्रकार के विषयों के लिए नाना प्रकार की प्रयोगशालाएँ (Laboratories) होती हैं। इन प्रयोगशालाओं में बालकों की कठिनाई के समय अध्यापक मदद देते हैं, परन्तु जहाँ तक सम्भव होता है, अध्यापक बालकों के कार्य में बहुत कम हस्तक्षेप करता है।

5. मनोवैज्ञानिक दृष्टिकोण—इस पद्धति में बालक स्वयं अपने कार्यों पर दृष्टिपात करता है, वहीं अपनी गलती स्वयं मानने का प्रयास करता है। उसके उपरान्त उसे सुधारने का प्रयास करता है। इस प्रकार इस पद्धति में मनोवैज्ञानिक दृष्टिकोण निहित रहता है।

6. व्यक्तिगत विभिन्नता पर ध्यान—इस पद्धति में बालकों के व्यक्तिगत भेद का ध्यान रखा जाता है, फलस्वरूप कुशाग्र बुद्धिवाले बालकों एवं मन्द बुद्धिवाले बालकों को भी उचित कार्य चुनने का अवसर मिलता है।

7. सामूहिक शिक्षा का स्थान—यद्यपि इस पद्धति में व्यक्तिगत भेदों पर विशेष ध्यान दिया जाता है, परन्तु सामूहिक शिक्षा को भी उचित महत्त्व मिलता है। बालक एक-दूसरे से मिलते हैं, विचार-विमर्श करते हैं, जीवन में आनेवाली समस्याओं को सुलझाने का सहयोग द्वारा प्रयास करते हैं। इस प्रकार बालकों में सामाजिकता एवं नागरिकता की भावना का विकास होता है।

8. परीक्षा का विशेष रूप—डाल्टन पद्धति में परीक्षा, प्रचलित परीक्षा की भाँति नहीं होती है। इसमें बालकों के कार्यों की माप प्रत्येक दिन होती रहती है, फलस्वरूप विद्यार्थी प्रत्येक दिन अधिक-से-अधिक कार्य करने का उत्साहपूर्वक प्रयास करते हैं।

9. पूर्ण स्वतंत्रता—डाल्टन पद्धति का महत्त्वपूर्ण सिद्धान्त बालकों को पूर्ण स्वतंत्रता प्रदान करने का है। अगर किसी तीव्र बुद्धिवाले बालक ने अपना कार्य शीघ्र ही समाप्त कर लिया है तो उसे दूसरा कार्य प्रदान कर दिया जाता है। इसके विपरीत मन्थर बुद्धि बालकों को कार्य करने के लिए अधिक समय दिया जाता है। बालक जितनी देर चाहे अध्ययन जारी रख सकते हैं।

डाल्टन पद्धति के गुण

डाल्टन पद्धति के गुण अग्रलिखित हैं–

1. इस पद्धति में समय का सदुपयोग होता है।

2. डाल्टन पद्धति में आवश्यकतानुसार विषयों का अध्ययन होता है।

3. इस पद्धति में बालक अपने स्रोतों से ज्ञान संग्रह करने का मौका प्राप्त करता है।

4. इस पद्धति से बालकों को अपने उत्तरदायित्व समझने का प्रशिक्षण प्राप्त होता है।

5. इस पद्धति में प्रत्येक विद्यार्थियों को अपनी योग्यतानुसार आगे बढ़ने का मौका मिलता है।

6. इस पद्धति में ज्ञानार्जन लगातार हुआ करता है।

7. इस पद्धति में अध्यापक एवं शिक्षार्थी का सम्बन्ध बहुत ही अच्छा हो जाता है।

8. डाल्टन पद्धति में अनिवार्य-गृहकार्य जरूरी नहीं होता।

9. इस पद्धति में स्वतंत्र वातावरण में पढ़ने का मौका मिलता है।

10. इस प्रणाली में पारस्परिक मदद देने का मौका प्राप्त होता है।

11. अनुशासन की समस्या का समाधान स्वाभाविक रूप से हो जाता है।

डाल्टन पद्धति के दोष

डाल्टन पद्धति के दोष अग्रलिखित हैं–

1. इस पद्धति में वैयक्तिक-शिक्षण पर आवश्यकता से अधिक जोर दिया जाता है, जिससे सामूहिक भावना उचित विकास नहीं हो पाता है।

2. इस पद्धति में अध्यापकों की स्वतंत्रता का अपहरण हो जाता है।

3. इस पद्धति में अध्यापकों का कम प्रभाव रहता है।
4. इस पद्धति में मौखिक कार्य का अभाव रहता है।
5. इसमें सामूहिक शिक्षा का अभाव रहता है।
7. इसमें विषयों में सानुबन्ध का अभाव होता है।
8. इसमें अनैतिक कार्य होने की प्रबल सम्भावना होती है।
9. यह पद्धति अधिक खर्चीली पद्धति है।
10. इस पद्धति में अच्छी पुस्तकों का अभाव रहता है।

7. योजना पद्धति

श्री डब्ल्यू. एच. किल्पैट्रिक (W.H. Kilpatrick) जो प्रयोजनवादी विचारधारा के समर्थक थे योजना पद्धति (Project Method) के जन्मदाता माने जाते हैं। किल्पैट्रिक अमेरिका के प्रसिद्ध शिक्षाशास्त्री थे एवं कोलम्बिया विश्वविद्यालय के अध्यापकों के विद्यालय में शिक्षाशास्त्र के प्रमुख प्रोफेसर रहे। ये प्रसिद्ध शिक्षाशास्त्री ड्यूबी के शिष्य थे। उह्नोंने ड्यूबी के प्रयोजनवाद के सिद्धान्तों के आधार पर ही अपनी योजना पद्धति का निर्माण किया।

योजना का अर्थ

योजना पद्धति के आविष्कारक किल्पैट्रिक का मत है कि हम दो प्रकार से कार्य करते हैं–(1) पहले से योजना बनाकर (2) बिना किसी योजना के। जिन कार्यों की हम पहले से योजना बना लेते हैं, वे ठीक से होते हैं। 'योजना' वाले कार्य भी दो तरह के होते हैं–(1) कार्य जिनका हमारे जीवन की किसी भी समस्या को हल करने से कोई सम्बन्ध नहीं होता तथा (2) जिनका जीवन की वास्तविक समस्या को हल करने से सम्बन्ध होता है। अतः हम कह सकते हैं कि योजना सोद्देश्य, स्वाभाविक, सार्थक एवं रुचिपूर्ण कार्य का आयोजन है। जब इस पद्धति को शिक्षालय में शिक्षा देने के काम में लाया जाता है तो उसे योजना अथवा प्रोजेक्ट पद्धति कहते हैं। प्रोजेक्ट अथवा योजना दो प्रकार के होते हैं–(1) व्यक्तिगत, (2) सामूहिक। व्यक्तिगत योजना में बालक की व्यक्तिगत विभिन्नता के आधार पर योजना बनाई जाती है और सामूहिक योजना में सब बालक समान रूप से भाग लेते हैं एवं उनमें सामाजिकता तथा नागरिकता के गुणों का विकास किया जाता है।

योजना अथवा प्रोजेक्ट की परिभाषा

श्री किल्पैट्रिक के विचार में–"योजना वह सहृदय उद्देश्यपूर्ण कार्य है, जो पूर्ण संलग्नता से सामाजिक पर्यावरण में किया जाता है।"

पार्कर के अनुसार–"योजना कार्य की एक इकाई है, जिसमें छात्रों को कार्य की योजना और सम्पन्नता के लिए उत्तरदायी बनाया जाता है।"

बेलार्ड के विचार में–"योजना वास्तविक जीवन का एक भाग है, जो कि शिक्षालय में प्रयोग किया जाता है।"

प्रोफेसर स्टीवेन्स के मतानुसार–"योजना एक समस्यामूलक कार्य है, जो कि अपनी स्वाभाविक परिस्थितियों के तहत पूर्णता को प्राप्त करता है।"

थामस और लैंग के विचार में–"प्रोजेक्ट इच्छानुकूल ऐसा कार्य है, जिसमें रचनात्मक प्रयास अथवा विचार हो तथा जिसका साकार परिणाम है।"

योजना के सिद्धान्त

1. सोद्देश्य अथवा प्रयोजन का सिद्धान्त—इस पद्धति में आगमन और निगमन पद्धति के समान बालकों के समक्ष उद्देश्य अथवा प्रयोजन निहित कार्य प्रस्तुत किया जाता है। इसमें बालकों के सामने कार्य को समस्या के रूप में प्रस्तुत किया जाता है एवं उसको पूरा करने के लिए कोई उद्देश्य होता है। उद्देश्य की प्राप्ति के लिए बालक संलग्नता और तत्परता से कार्य करता है, फलस्वरूप कार्य शीघ्र एवं सुचारु रूप से होता है। इस पद्धति से कार्य सम्पन्न करने के पश्चात् बालक आनन्द और सन्तोष प्राप्त करता है।

2. क्रियाशीलता का सिद्धान्त—योजना पद्धति में क्रियाशीलता को प्रधानता दी जाती है। क्योंकि 'करके सीखना' (Learning by Doing) सीखने की सबसे उत्तम विधि है। यह अधिक स्थायी एवं उपयोगी भी है। बालक उत्साहपूर्वक करके सीखने का प्रयास करते हैं। अध्यापकों को इस बात का ध्यान रखना चाहिए कि जो कार्य बालकों को दें, उनमें उनको बुद्धि, विचारशक्ति, तर्कशक्ति के प्रयोग एवं परिश्रम का यथासम्भव मौका मिले।

3. अनुभव का सिद्धान्त—योजना पद्धति में बालक को अर्जित करना सिखाते हैं, यह अनुभव उन्हें कार्य के द्वारा प्राप्त होता है। बालक दूसरों के साथ सहयोग करना सीखते हैं। दूसरों के साथ सामाजिक सम्बन्ध (Social Contact) होने से बालक नाना प्रकार के अमूल्य अनुभव एवं चरित्र- प्रशिक्षण प्राप्त करते हैं और उनका विकास प्रजातान्त्रिक व्यक्ति के रूप में होता है।

4. वास्तविकता का सिद्धान्त—इस पद्धति में जो कार्य बालकों से कराया जाता है। वह वास्तविक होता है एवं स्वाभाविक रूप से वह वास्तविक परिस्थितियों में भी किया जाता है। वास्तविक परिस्थिति में कार्य करने के कारण बालकों के जीवन एवं उनके कार्यों में परस्पर घनिष्ठ सम्बन्ध स्थापित हो जाता है। अध्यापकों को चाहिए कि

वे बालक के सामने काल्पनिक समस्याएँ न रखकर जीवन की वास्तविक समस्याएँ प्रस्तुत करें एवं वास्तविक परिस्थिति में कार्य करने का उन्हें सौभाग्य दें।

5. स्वतंत्रता का सिद्धान्त—इस पद्धति में बालकों को कार्य चुनने की पूर्ण स्वतंत्रता प्रदान की जाती है। इसमें अध्यापक बालकों के लिए कोई कार्य निधारित नहीं करता। परिणामस्वरूप वे उत्साहित होकर स्वयं कार्य को सक्रिय होकर करते हैं।

6. उपयोगिता का सिद्धान्त—योजना पद्धति का महत्त्वपूर्ण सिद्धान्त उपयोगिता का सिद्धान्त है। ज्ञान प्रयोगात्मक एवं लाभदायक होना चाहिए। प्रोजेक्ट पद्धति के द्वारा यह उपयोगिता सम्भव है, क्योंकि यह बनावटी न होकर स्वाभाविक परिस्थितियों के तहत कार्यान्वित की जाती है। यह बालक को पूर्ण संतुष्टिदायक एवं लाभदायक शिक्षा देती है।

7. सानुबन्धता का सिद्धान्त—योजना पद्धति के तहत विभिन्न विषयों को एक-दूसरे से सम्बन्धित करते हुए पढ़ाया जाता है। प्रायः एक ही प्रकार के प्रोजेक्ट द्वारा विभिन्न विषयों की शिक्षा सम्मिलित रूप से दी जाती है। इस प्रकार इस पद्धति में सानुबन्धता के सिद्धान्त का पूर्ण निर्वाह किया जाता है।

8. सामाजिक का सिद्धान्त—इस पद्धति में नाना प्रकार की सामाजिक क्रियाओं तथा सामुदायिक उत्तरदायित्व, सामाजिक सम्बन्ध तथा मदद की शिक्षा का पूर्ण स्थान है, फलस्वरूप बालकों को शिक्षालय में ही नागरिकता की शिक्षा भली-भाँति दी जाती है।

9. मितव्ययिता का सिद्धान्त—योजना पद्धति में मितव्ययिता पर विशेष ध्यान दिया जाता है। इस विधि में बालक की शारीरिक और मानसिक शक्तियों का अपव्यय नहीं होती है। इसमें ऐसा प्रयास किया जाता है कि बालक कम-से-कम समय में अधिक-से-अधिक ज्ञान का अर्जन कर ले। यह विधि हमेशा इस दिशा में प्रयासरत रहती है कि कार्य करने अथवा समस्या का समाधान करने में अधिक धन व्यय न हो।

योजना पद्धति के गुण

योजना पद्धति के प्रमुख गुण अग्रलिखित हैं–

1. बालक हमेशा योजना के प्रति आकर्षित, जिज्ञासु एवं उत्सुक बने रहते हैं अतः यह शिक्षा उनके मनोनुकूल है।

2. इस पद्धति में तीव्र, साधारण एवं मन्दबुद्धि बालक सभी को कार्य करने का मौका प्राप्त होता है, अतः इसमें समस्त बालकों का समान रूप से विकास होता है।

3. यह पद्धति व्यावहारिक जीवन में उपयुक्त मानी जाती है।

4. इस पद्धति में गृह, पाठशाला एवं समाज से सम्बन्ध स्थापित हो जाता है।

5. इस पद्धति में हाथ के कार्यों की अधिकता होती है।

6. इसमें समस्त विषयों के ज्ञान का अभाव होता है।

7. योजना पद्धति का सबसे प्रधान गुण यह है कि यह पद्धति मनोवैज्ञानिक दृष्टि से बहुत ही उपयुक्त है।

8. इस पद्धति से बालक का मानसिक विकास बहुत ही अच्छी तरह से होता है।

9. इस पद्धति में बालकों को आत्मविश्वास, आत्मविकास एवं आत्मनिर्भरता का मौका मिलता है।

10. इस पद्धति में बालकों को विषय ज्ञान पूर्णरूपेण स्वाभाविक परिस्थिति एवं भूमिका से कराया जाता है।

योजना पद्धति के दोष

योजना पद्धति के अग्रलिखित दोष हैं—

1. योजना पद्धति बालक को किसी विषय का क्रमबद्ध ज्ञान नहीं देती है, क्योंकि इस विधि में बालक विभिन्न विषयों के विभिन्न अंगों का अध्ययन अपनी इच्छानुसार करते हैं।

2. इसमें उचित प्रोजेक्ट को ढूँढ़ना कठिन होता है।

3. योजना पद्धति की पाठन विधि में अव्यवस्था रहती है, परिणामस्वरूप प्रायः पाठ्यक्रम पूरा नहीं हो पाता।

4. इसमें साधारण बच्चों को स्कूल के वातावरण से अनुकूलन करने में कठिनाई होती है।

5. इस पद्धति में जो समस्याएँ बालकों के सामने रखी जाती हैं, वे प्रौढ़ों की समस्याएँ होती हैं।

6. इस पद्धति में हमेशा कार्यों की अधिकता रहती है।

7. इसमें समस्त विषयों के ज्ञान का अभाव होता है।

8. इसमें अधिक धन की आवश्यकता होती है, क्योंकि इस पद्धति से कार्य को पूरा करने के लिए बहुत सी पुस्तकों एवं बहुत से यन्त्रों की आवश्यकता है।

9. उचित परीक्षा ले सकना असम्भव होता है, क्योंकि योजना पद्धति में निश्चित पाठ्यक्रम का अभाव-सा है।

10. प्रोजेक्ट पद्धति को कार्यरूप देने के लिए उपयुक्त पुस्तकों का अभाव है।

8. ह्यूरिस्टिक पद्धति

ह्यूरिस्टिक पद्धति के जन्मदाता **प्रोफेसर आर्मस्ट्रांग महोदय** है। इन्होंने आगमन विधि को आधार मानते हुए इस पद्धति को जन्म दिया और विज्ञान के अध्यापन में इसका प्रयोग किया। ह्यूरिस्टिक शब्द की व्युत्पत्ति ह्यूरिस्को नामक शब्द से हुई, जिसका अर्थ है, 'मैं स्वयं खोज करता हूँ। अतः ह्यूरिस्टिक पद्धति में **हरबर्ट स्पेन्सर** के इस सूत्र अथवा कथन का श्रेष्ठतम प्रयोग किया गया है कि बालकों को जितना कम-से-कम सम्भव हो उतना बताया जाए और उनको जितना अधिक सम्भव हो खोजने को प्रोत्साहित किया जाए। 'ह्यूरिस्टिक पद्धति में बालकों के समक्ष ऐसी परिस्थितियों को उत्पन्न किया जाता है, जिनसे वे स्वयं अन्वेषण अर्थात् नई ज्ञान को अर्जित करने के लिए प्रयास करें। **डॉ. जीवनायक्रम्** ने इस तथ्य पर प्रकाश निक्षेप करते हुए लिखा है, " 'ह्यूरिस्टिक पद्धति' में बालक को मौलिक अन्वेषणकर्त्ता के स्थान पर छोड़ दिया जाता है। उसे स्वयं वस्तुओं अथवा तथ्यों का अन्वेषण करना होता है और वह इस कार्य में बहुत कम निर्देशन प्राप्त करता है।" थोड़े में ह्यूरिस्टिक पद्धति का आशय शिक्षण की उस विधि से है, जिसमें बालकों को खोज करनेवाले की स्थिति में रखकर बिना किसी विशेष निर्देशन के उन्हें स्वयं खोज कर नए ज्ञान को अर्जित करने का मौका दिया जाता है।

ह्यूरिस्टिक पद्धति के उद्देश्य

ह्यूरिस्टिक पद्धति के मूल उद्देश्य अग्रलिखित हैं–

1. बालकों में वैज्ञानिक प्रवृत्तियों का विकास करना।
2. बालकों को अन्वेषक तथा अनुसंधानकर्त्ता मानना।
3. उन्हें स्वयं ज्ञान तथा तथ्यों की खोज करने के लिए उपयुक्त वातावरण प्रदान करना।
4. उनमें परिश्रम के प्रति प्रेम उत्पन्न करना।
5. बालकों में उत्तरदायित्व, आत्मविश्वास तथा आत्मनिर्भरता की भावना का विकास करना।
6. बालक को तर्क और व्यक्तिगत अनुभव के आधार पर सत्य की खोज में संलग्न करना।
7. बालक को मौखिक अनुसन्धानकर्त्ता बनाकर उसी प्रकार ज्ञान प्राप्त करने के लिए प्रेरित करना, जिस प्रकार वैज्ञानिक प्राप्त करता है।

ह्यूरिस्टिक पद्धति के आधारभूत सिद्धान्त

1. **प्रेरणा का सिद्धान्त**–ह्यूरिस्टिक पद्धति में बालकों को शिक्षालय में इस

प्रकार का वातावरण प्रदान किया जाता है, जो उन्हें ज्ञानार्जन करने के लिए प्रेरणा प्रदान करें दूसरे शब्दों में ह्यूरिस्टिक पद्धति बालकों को स्वयं ज्ञानार्जन करने की प्रेरणा प्रदान करने पर विशेष जोर देता है।

2. रुचि का सिद्धान्त –इस पद्धति में अध्यापक बालकों के समक्ष उनकी प्रवृत्तियों, आवश्यकताओं, आयु, बुद्धि तथा अभिवृत्तियों के अनुकूल कुछ ऐसी समस्या प्रस्तुत कर देता है जिसका समाधान करने में वे रुचि, आनन्द तथा उत्साह का अनुभव करते हैं। वे जब अपने को एक अन्वेषणकर्त्ता के रूप में पाते हैं तो उनको नवीन सिद्धान्तों, नियमों तथा तथ्यों की खोज करने में स्वाभाविक रुचि बढ़ जाती है।

3. स्वतंत्रता का सिद्धान्त–ह्यूरिस्टिक पद्धति में बालकों के ऊपर कोई बाह्य दबाव नहीं होता, उन्हें स्वयं विचार, तर्क, निर्णय, वाद-विवाद, पढ़ने-लिखने, प्रश्न करने तथा गतिविधि करने की स्वतंत्रता रहती है। अध्यापक एक मित्र, सहयोगी तथा मार्गदर्शक के रूप में कार्य करता है। इस प्रकार ह्यूरिस्टिक पद्धति में बालक अपने आपको एक स्वतंत्र अन्वेषणकर्त्ता के रूप में पाता है।

4. स्वशिक्षा अथवा स्व-अनुभव का सिद्धान्त–ह्यूरिस्टिक पद्धति इस सिद्धान्त पर आधारित है कि जो शिक्षा बालक स्वयं निरीक्षण, परीक्षण, प्रयास तथा अनुभव द्वारा प्राप्त करते हैं, वह उनका वास्तविक तथा स्थायी ज्ञान होता है। इससे बालकों के उत्तरदायित्व, आत्मविश्वास, आत्मनिर्भरता तथा आत्मक्रिया की वृद्धि होती है।

5. क्रियाशीलता अथवा करके सीखने का सिद्धान्त –इस पद्धति में बालक की नवीन नियमों एवं सिद्धान्त को ढूँढ़ने में क्रियाशील रहने का अवसर प्राप्त होता है। इस प्रकार वे इस विधि में क्रिया द्वारा शिक्षा प्राप्त करने में बहुत ही रुचि लेते हैं। इससे उनका मानसिक तथा शारीरिक दोनों प्रकार का विकास होता है। बालकों में परिश्रम के प्रति श्रद्धा बढ़ती है। हाथ और मस्तिष्क से सीखा हुआ ज्ञान अधिक स्थायी होता है।

ह्यूरिस्टिक पद्धति के गुण

ह्यूरिस्टिक पद्धति के गुण अग्रलिखित हैं–

1. ह्यूरिस्टिक पद्धति में बालकों की स्मृति पर अपेक्षकृत कम जोर दिया जाता है। परिणामस्वरूप उन्हें रह-रहकर याद करने के लिए बाध्य नहीं होना पड़ता है।

2. इस पद्धति में गृह-कार्य देने की कोई समस्या नहीं रहती है।

3. इस पद्धति में बालक को विचार द्वारा शिक्षा प्राप्त करने का मौका प्राप्त होता है।

4. ह्यूरिस्टिक पद्धति में अनेक शिक्षण-सिद्धान्तों का प्रयोग होता है।

5. इस पद्धति में बालकों को अपने मानसिक विकास का उचित मौका प्राप्त होता है।

6. इस पद्धति से बालकों में अन्वेषण शक्ति का विकास होता है।

7. इस पद्धति द्वारा अध्यापन से बालकों में परिश्रम की आदत पड़ जाती है।

8. यह एक मनोवैज्ञानिक पद्धति है।

9. ह्यूरिस्टिक पद्धति के द्वारा अध्यापन करने से बालकों में वैज्ञानिक दृष्टिकोण का विकास होता है।

10. इस पद्धति द्वारा बालकों को स्वाध्याय का मौका मिलता है।

11. इस पद्धति द्वारा अध्यापक तथा विद्यार्थियों में परस्पर घनिष्ठ सम्बन्ध स्थापित होता है।

12. इस पद्धति के द्वारा आत्मनिर्भरता, आत्मविश्वास तथा उत्तरदायित्व की भावना का विकास होता है।

13. इस पद्धति में बालक के सामने समस्याएँ ऐसे क्रमबद्ध रूप में प्रस्तुत की जाती है कि वह स्वतः एक समस्या से दूसरी पर पहुँच जाता है।

14. इस पद्धति से जिस बालक को शिक्षा दी जाती है, उसमें निरीक्षण और चिन्तन के गुणों का विकास होता है।

15. इस पद्धति में अनेक शिक्षण-सूत्रों और शिक्षण-सिद्धान्तों का प्रयोग किया जाता है।

ह्यूरिस्टिक पद्धति के दोष

ह्यूरिस्टिक पद्धति के दोष अग्रलिखित हैं—

1. ह्यूरिस्टिक पद्धति प्राथमिक कक्षाओं के लिए अनुपयुक्त है।

2. बालकों को मूल अन्वेषण के स्थान पर रखना कठिन है। अतः अन्वेषण के लिए यह पद्धति अनुपयुक्त है।

3. इस पद्धति में बालकों को स्वयं निष्कर्ष निकालना होता है। चूँकि बालकों का मस्तिष्क अविकसित होता है, अतः गलत निष्कर्ष निकालने की सम्भावना अधिक रहती है।

4. ह्यूरिस्टिक के अनुसार अध्यापन करने के लिए पर्याप्त सहायक सामग्री तथा यन्त्रों की आवश्यकता है, जिनको जुटाने के लिए पर्याप्त धन भी चाहिए। इस तरह यह पद्धति ज्यादा मँहगा है।

5. इस पद्धति में अधिक समय व्यय होता है।

6. इस विधि में अध्यापक पर अधिक उत्तरदायित्व होता है। अतः यह विधि उन्हें शीघ्र ही थका देती है।

7. ह्यूरिस्टिक पद्धति का सामान्य कक्षाओं में प्रयोग नहीं किया जा सकता है।

8. इस पद्धति में बालक स्वयं अन्वेषण करते हैं। जिससे अन्वेषण का कार्य एक धीमी और लम्बी प्रक्रिया का रूप ले लेती है।

9. इस पद्धति को देश के सामान्य विद्यालयों में कार्यान्वित नहीं किया जा सकता है, क्योंकि वे पाठ्यक्रम और परीक्षाओं के बन्धनों में जकड़े रहते हैं।

10. इस पद्धति को अधिक छात्रों वाली कक्षाओं में प्रयोग नहीं किया जा सकता है क्योंकि इसमें छात्र और अध्यापक में व्यक्तिगत सम्पर्क होना जरूरी है।

9. बुनियादी शिक्षा

बुनियादी शिक्षा पद्धति के जन्मदाता महात्मा गांधी थे। देश को स्वतन्त्रता दिलवाने एवं एक नई सामाजिक और आर्थिक ढाँचा बनाने के प्रयास में महात्मा गाँधी ने शिक्षा के महत्त्व को सही तरह से समझ लिया था। तत्कालीन भारतीय शिक्षा में व्याप्त दोषों को देखकर वे इस निष्कर्ष पर पहुँचे थे कि इससे देश और उसके निवासियों का कल्याण होना असम्भव था। अतः उह्नोंने 1933 के 'अखिल भारतीय शिक्षा-सम्मेलन' में अपने बुनियादी शिक्षा-सम्बन्धी विचार व्यक्त किये। इसके लिए डॉ. जाकिर हुसैन की अध्यक्षता में एक समिति नियुक्त की गई। इस समिति ने 1938 में गाँधी जी के विचारों को क्रमबद्ध करके ''बुनियादी शिक्षा' का सुव्यवस्थित रूप प्रदान किया।

बुनियादी शिक्षा का अर्थ

'बुनियादी' शब्द हिन्दी के आधारभूत शब्द का फारसी रूपान्तर है। इसे अग्रलिखित कारणों से आधारभूत माना गया है–

1. बुनियादी शिक्षा का स्वरूप भारत की राष्ट्रीय सभ्यता, संस्कृति और शिक्षा-संगठन को आधार मान कर तैयार की गई है।

2. यह शिक्षा प्रत्येक भारतीय चाहे वे स्त्री हों अथवा पुरुष, धनी हों अथवा निर्धन, हिन्दू हों अथवा मुसलमान, हरिजन हों अथवा ब्राह्मण सब की आधारभूत सम्पत्ति है।

3. इसे प्रत्येक भारतीय बालक की अनिवार्य आधारभूत शिक्षा के रूप में स्वीकार की गई है।

4. यह शिक्षा बालक की आधारभूत जरूरीताओं और अभिरुचियों में गहरा सम्बन्ध स्थापित करती है।

5. यह शिक्षा सामुदायिक जीवन के बुनियादी व्यवसायों से सम्बन्ध रखती है।

6. यह शिक्षा किसी आधारभूत शिल्प के द्वारा प्रदान की जाती है जिससे व्यक्ति इसका प्रयोग अपने जीवन-यापन के लिए कर सकते हैं।

7. यह शिक्षा सभी भारतीयों को ऐसा आधारभूत ज्ञान देती है, जो उनको अपने वातावरण को बुद्धिमतापूर्वक समझने और प्रयोग करने में सहायक होती है।

बुनियादी शिक्षा के उद्देश्य

बुनियादी शिक्षा के मुख्य उद्देश्य अग्रलिखित हैं–

1. बुनियादी शिक्षा का मुख्य उद्देश्य है अपनी आवश्यकताओं की पूर्त्ति के लिए किसी उद्योग में लगाना।

2. इस शिक्षा का मुख्य उद्देश्य है नैतिक विकास। आधुनिक भारतीय समाज का उत्तरोत्तर नैतिक पतन को ध्यान में रखते हुए यह परम आवश्यक है।

3. भारतीय संस्कृति को जीवित रखने के लिए शिक्षा में भारतीय शिल्पों को प्रमुख स्थान देना।

4. नागरिकता के गुणों का विकास करना।

5. शारीरिक, मानसिक और आत्मिक विकास की ओर ध्यान देना।

6. विकृत समाज के स्थान पर सर्वोदय समाज की स्थापना करना।

बुनियादी शिक्षा के सिद्धान्त

1. जनसाधारण की शिक्षा का सिद्धान्त–भारत की अधिकाँश जनता में अब भी अज्ञानता व्याप्त है। इसलिए बुनियादी शिक्षा का सर्वप्रथम सिद्धान्त सर्वसाधारण को शिक्षित करना रखा गया है। इस सन्दर्भ में गाँधी जी ने अपना विचार व्यक्त किया है–"जनसाधारण की अशिक्षा भारत का पाप और कलंक है और उसका विनाश किया जाना जरूरी है।"

2. अनिवार्य और निःशुल्क शिक्षा का सिद्धान्त–पराधीन भारत अपने बच्चों को शिक्षित करने में असफल रहा था। क्योंकि उनके पास पर्याप्त साधन नहीं थे। अतः बुनियादी शिक्षा में अनिवार्य और निःशुल्क शिक्षा का समावेश किया गया।

3. स्वावलम्बी शिक्षा का सिद्धान्त–बुनियादी शिक्षा में बालक किसी हस्तशिल्प को सीखकर उसे अपने जीवन निर्वाह का साधन बना सकते हैं। इसमें विद्यालय के बालकों द्वारा बनाई गई वस्तुओं को बेचकर अध्यापकों को वेतन भी दिया जा सकता है। इस प्रकार इसमें स्वावलम्बी शिक्षा का सिद्धान्त प्रस्तुत किया गया है।

4. सामाजिक शिक्षा का सिद्धान्त–बुनियादी शिक्षा में एक ऐसे नवीन समाज की स्थापना का संकल्प लिया गया है जो शोषण-विहीन हो, जिसका आधार

न्याय हो, जिसका मूल मन्त्र अहिंसा तथा सत्य हो। अतः बेसिक विद्यालय में बालक को ऐसे समाज में रहने का प्रशिक्षण दिया जाता है। इस सन्दर्भ में रायबर्न का मत है—"विद्यालय एक वास्तविक सामाजिक इकाई हो जाता है और बालकों को साथ-साथ रहने की कला में वास्तविक प्रशिक्षण मिलता है।"

5. शिक्षा का माध्यम 'मातृभाषा' का सिद्धान्त—किसी भी देश की संस्कृति का विनाश करके उसके साहित्य का विनाश किया जा सकता है। इस तथ्य को ध्यान में रखकर अंग्रेजों ने हमारे देश में शिक्षा का माध्यम 'अंग्रेजी' रखा। अपनी संस्कृति को अक्षुण रखने के लिए बुनियादी शिक्षा में 'मातृभाषा' को शिक्षा का माध्यम बनाया गया है।

6. हस्त-शिल्प प्रशिक्षण सिद्धान्त—बुनियादी शिक्षा में हस्त-शिल्प को प्रमुख स्थान दिया गया है और इसमें सब विषयों की शिक्षा भी इसी के माध्यम से दी जाती है।

7. शारीरिक श्रम का सिद्धान्त— शारीरिक श्रम से बालकों की शिक्षा का व्यय निकल जाता है। इससे उन्हें एक व्यवसाय की शिक्षा प्राप्त हो जाती है। इससे बालकों में आत्मविश्वास भी उत्पन्न होता है और वे शारीरिक श्रम से घृणा नहीं करते हैं। इन्हीं तथ्यों को ध्यान में रखकर बुनियादी शिक्षा में शारीरिक श्रम को महत्त्वपूर्ण स्थान दिया गया है।

बुनियादी शिक्षा के गुण

बुनियादी शिक्षा के गुण अग्रलिखित हैं—

1. यह शिक्षा क्रिया-प्रधान है।
2. यह शिक्षा बाल-केन्द्रित है।
3. यह शिक्षा स्कूल, घर और समाज के जीवन में सामांजस्य स्थापित करती है।
4. यह शिक्षा बालक की आध्यात्मिक आवश्यकताओं को संतुष्ट करती है।
5. इस शिक्षा का आधार मनोवैज्ञानिक, सामजिक और आर्थिक है।
6. इसमें हस्त-श्रम को महत्त्व दिया गया है।
7. इसमें बालक और अध्यापक को पर्याप्त स्वतंत्रता दी गई है।

बुनियादी शिक्षा के दोष

बुनियादी शिक्षा के दोष अग्रलिखित हैं—

1. यह शिक्षा नगरों की तुलना में गाँवों के लिए ज्यादा उपयुक्त है।

2. यह शिक्षा 'उत्पादकता-सिद्धान्त' पर अधिक जोर देती है। इससे यह कुटीर उद्योगों का रूप ले लेती है।

3. यह किसी आधारभूत शिल्प द्वारा बालक को सब विषयों का ज्ञान देने का प्रयास करती है, जो सर्वथा असम्भव है।

4. यह शिक्षा न तो बालक का सर्वोन्मुखी विकास कर पाती है और न उसे सामान्य शिक्षा देने में सफल होती है।

5. यह शिक्षा काल्पनिक व वास्तविक व्यवहार से परे है।

6. इसमें सुस्थिर शिक्षा-दर्शन की अपेक्षा भावुकता अधिक है।

7. इसमें भारतीय संस्कृति को सुरक्षित रखने की ओर पूर्ण ध्यान दिया गया है लेकिन धर्म की ओर कोई ध्यान नहीं दिया गया है।

8. इसमें बालक को बौद्धिक एवं व्यावसायिक प्रशिक्षण के उचित सन्तुलन का अभाव है।

10

सूक्ष्म शिक्षण

सूक्ष्म शिक्षण का अर्थ एवं परिभाषा

सूक्ष्म शिक्षण का जन्म स्टेनफोर्ड विश्वविद्यालय में सन् 1968 में किया गया। इसके विषय में कुछ शिक्षाविदों के विचार अग्रलिखित हैं—

डी. ऐलन—"सूक्ष्म-शिक्षण सरल शिक्षण प्रक्रिया है जो छोटे आकार की कक्षा और थोड़े समय के लिए सम्पन्न होती है।"

ऐलन एवं ईव—सूक्ष्म-शिक्षण की ऐसी नियंत्रित अभ्यास प्रणाली के रूप में परिभाषा दी जा सकती है जिसके द्वारा विशिष्ट शिक्षण व्यवहारों पर ध्यान देकर नियंत्रित परिस्थितियों में शिक्षण अभ्यास किया जा सकता है।

आर. एन. बुश—सूक्ष्म शिक्षण अध्यापक शिक्षा की एक तकनीक है जो अध्यापकों को स्पष्ट रूप से परिभाषित शिक्षण कौशलों का वास्तविक विद्यार्थियों को एक छोटे से समूह में 5 से 10 मिनट शिक्षा प्रदान करने के लिए, सावधानीपूर्वक तैयार किए पाठ में प्रयोग करने के लिए अपनाई जाती है और जो प्रायः परिणामों को वीडियो टेप के माध्यम से देखने का अवसर भी देती है।

बी. के. पासी और एम. एस. ललिता—सूक्ष्म शिक्षण वह प्रशिक्षण प्रविधि है जिनके द्वारा छात्र-अध्यापक एक संप्रत्यय का शिक्षण विशिष्ट शिक्षण कौशल के प्रयोग द्वारा थोड़े से छात्रों से लिए और थोड़े समय में करे।

एल. सी. सिंह—"सूक्ष्म-शिक्षण का एक सरल लघु रूप है जिसमें अध्यापक 5 छात्रों के समूह को 5-20 मिनट तक के समय में पाठ्य-वस्तु की एक छोटी-सी इकाई का शिक्षण प्रदान कर देता है।"

सूक्ष्म शिक्षण के सिद्धान्त

ऐलन और रियान (Allen & Ryan) ने इसके अग्रलिखित सिद्धान्त दिए हैं—

1. सूक्ष्म शिक्षण के द्वारा वास्तविक शिक्षण किया जा सकता है।

2. इसमें एक समय में एक ही कौशल (Skill) के प्रशिक्षण पर जोर दिया जाता है।

3. इसमें पृष्ठपोषण (Feedback) के प्रभाव से अध्यापन अच्छा होता है।

4. सामान्य कक्षा-शिक्षण की कठिनाइयों व जटिलताओं को इसके द्वारा आसानी से दूर किया जा सकता है।

5. इसमें अभ्यास की प्रक्रिया पर नियन्त्रण (Control) रखा जा सकता है।

सूक्ष्म शिक्षण की प्रकृति तथा विशेषताएँ

1. यह एक प्रशिक्षण तकनीक (Training Technique) है। इसे किसी भी अवस्था में शिक्षण तकनीक (Teaching Technique) नहीं समझना चाहिए।

2. इसे अध्यापकों को शिक्षण कौशलों का अभ्यास कराने के लिए अपनाया गया है।

3. ये शिक्षण का बहुत लघु तथा सरल रूप है जिसमें शिक्षण की जटिल समस्याओं को कम करने का प्रयास किया जाता है।

4. यह एक वैयक्तिक प्रशिक्षण तकनीक है। इसमें एक ही समय में एक ही व्यक्ति को किसी एक कौशल का अभ्यास करने का पूरा अवसर मिल जाता है।

5. शिक्षण कार्य में बहुत से विशेष शिक्षण कौशल (Specific teaching Skills) होते हैं। यही एक ऐसी तकनीक है जो इन कौशलों में अच्छी तरह शिक्षण कार्य को सफल बना देती है।

6. सूक्ष्म शिक्षण की समाप्ति पर अध्यापक को उसके शिक्षण के विषय में तुरन्त सूचना मिल जाती है कि उसका शिक्षण कैसा रहा। इस जानकारी के पश्चात् तुरन्त पृष्ठपोषण (Feedback) देने में मदद मिल जाती है।

7. इस विधि में शिक्षण और शिक्षण की परिस्थितियों पर अधिक नियन्त्रण रखा जा सकता है।

8. पृष्ठपोषण (Feedback) के आधार पर विद्यार्थियों को अपना पाठ पुनः नियोजित (Replanned) करने का तथा उसमें सुधार करने का अवसर मिल जाता है।

9. इसमें पाठ का निरीक्षण निरीक्षक द्वारा सम्भव है।

10. इस विधि में व्यवहारों को स्पष्ट रूप से परिभाषित किया जाता है। इसलिए वांछित परिवर्तनों को शीघ्र ही प्राप्त किया जा सकता है।

11. अध्यापकों के लिए यह समय की दृष्टि से लाभकारी सिद्ध होती है।

सूक्ष्म शिक्षण के उपयोग

1. इस विधि द्वारा पढ़ाने से सिद्धान्त व व्यवहार व एकीकरण सम्भव हो सकता है।

2. इसमें अध्यापक टेपरिकार्डर अथवा वीडियो टेप की मदद से अपना मूल्याँकन स्वयं कर सकता है।

3. इसमें छात्र अध्यापकों का निरीक्षण अधिक वस्तुनिष्ठ हो सकता है।

4. अध्यापक की शिक्षण कला में और अधिक सुधार लाने के लिए यह विधि बहुत सहायक होती है।

5. यह विधि अनुसन्धान का अच्छा साधन है। इस विधि से शिक्षण-अधिगम प्रक्रिया पर कई तरह के अनुसन्धान (Research) हो सकते हैं।

6. इस विधि में टेपरिकार्डर द्वारा अथवा वीडियो टेप पर आदर्श पाठ रिकॉर्ड किए जा सकते हैं।

7. यह शिक्षण प्रक्रिया का लघु व सरली रूप है। इसलिए शिक्षण कला का अभ्यास करने के लिए यह उपयोगी है।

8. इसमें एक समय पर केवल एक ही शिक्षण कौशल का अभ्यास कराया जाता है जिससे उसमें अच्छी तरह दक्षता प्राप्त की जा सकती है।

9. इस विधि से कक्षा में अनुशासन रखना आसान है। 5 से लेकर 10 छात्रों की छोटी-सी कक्षा को शिक्षा प्रदान करना एक छात्राध्यापक के लिए बहुत आसान होता है।

निष्कर्ष रूप से यह कह सकते हैं कि सूक्ष्म शिक्षण विधि शिक्षण कला में दक्षता प्राप्त करने की एक सुव्यवस्थित, प्रभावशाली और नियंत्रित तकनीक है।

विभिन्न सोपान

यह विधि भारतीय परिस्थितियों में एक नई विधि मानी जाती है। दूसरे देशों में सूक्ष्म शिक्षण की पूरी प्रक्रिया को वीडियो टेप करके अध्यापक स्वयं अपने शिक्षण उससे देख लेते हैं। वे अपना आत्म-विश्लेषण (Self-analysis) करके पृष्ठपोषण (Feedback) ले लेते हैं। भारत में ऐसी सुविधाएँ प्राप्त नहीं हैं।

इसके पृष्ठपोषण के लिए भारत में अध्यापक का ही प्रयोग कर लेते हैं। ये पृष्ठ-पोषण तीन प्रकार से किया जा सकता है।

1. **पर्यवेक्षक पृष्ठपोषण**—सूक्ष्म शिक्षण के पृष्ठपोषण के लिए इसमें अध्यापकों का ही प्रयोग किया जाता है।

2. **सहपाठी पृष्ठपोषण**—इसमें छात्र-अध्यापक के सहपाठी ही पृष्ठपोषण दे देते हैं।

3. स्व-पृष्ठपोषण--जब सम्पूर्ण सूक्ष्म पाठ को टेप कर लिया जाता है और पाठ पूरा होने के पश्चात् विद्यार्थी स्वयं टेप सुनकर पृष्ठपोषण प्राप्त कर लेता है तो इसे 'स्व-पृष्ठपोषण' कहते हैं।

सूक्ष्म-शिक्षण के सोपान

1. आदर्श पाठ प्रदर्शन प्रस्तुतीकरण—चुने हुए शिक्षण कौशल की पूरी जानकारी के पश्चात् आदर्श सूक्ष्म पाठ (Model Micro Lesson) प्रशिक्षणार्थियों के सामने प्रस्तुत किया जाता है। इस आदर्श पाठ को विभिन्न विधियों द्वारा प्रस्तुत किया जा सकता है। जैसे–

(i) आदर्श पाठ की लिखित योजना छात्राध्यापकों को दी जा सकती है।

(ii) वीडियो टेप पर रिकार्ड करके फिल्म रूप में दिखाना।

(iii) टेप रिकार्डर पर टेप करके प्रशिक्षणार्थियों को सुनाया जा सकता है।

(iv) प्रशिक्षक द्वारा पाठ को पढ़ाकर दिखाया जा सकता है।

2. आदर्श पाठ निरीक्षण एवं समालोचना—आदर्श पाठ जिस रूप में भी छात्रों द्वारा देखा, सुना अथवा पढ़ा जाता है, उसका वे विश्लेषण करते हैं। समालोचना के लिए प्रत्येक कौशल के अलग-अलग निरीक्षण प्रपत्र (Observation Schedule) उन्हें दे दिए जाते हैं। इन निरीक्षण प्रपत्रों की प्रयोग विधि उन्हें समझा दी जाती है। इससे आदर्श पाठ प्रस्तुत करने वाले व्यक्ति को भी जरूरी पृष्ठपुष्टि (Feedback) मिल सकती है।

3. सूक्ष्म पाठ योजना तैयार करना—इस सोपान में उचित उपविषय का चुनाव करके छात्राध्यापक एक आदर्श पाठ योजना तैयार करते हैं। इसके लिए वे अपने प्राध्यापकों से परामर्श भी ले सकते हैं और शिक्षण प्रशिक्षण पर उपलब्ध सामग्री और पुस्तकों का अध्ययन भी कर सकते हैं।

4. उचित परिस्थितियों का आयोजन—इसमें शिक्षण कौशल का अभ्यास करने के लिए जरूरी सुविधाएँ जुटाने तथा उचित परिस्थितियों के निर्माण करने का प्रबन्ध किया जाता है। NCERT ने निम्न प्रारूप सुझाया है–

(i) छात्रों की संख्या–5 से 10 तक

(ii) छात्र-सहपाठी छात्राध्यापक

(iii) पर्यवेक्षणकर्ता–शिक्षण प्रशिक्षण और सहपाठी छात्राध्यापक

(iv) सूक्ष्म पाठ की अवधि–6 मिनट

(v) सूक्ष्म शिक्षण चक्र (Micro Teaching Cycle) की अवधि–36 मिनट इस अवधि का विभाजन निम्न प्रकार से है–

शिक्षण सत्र (Teaching Session) : 6 मिनट
पृष्ठपोषण सत्र (Feed-back Session) : 6 मिनट
पुनः योजना सत्र (Re-plan Session) : 12 मिनट
पुनः अध्यापन सत्र (Re-teach Session) : 6 मिनट
पुनः पृष्ठपोषण सत्र (Re-feedback Session) : 6 मिनट
कुल समय : 36 मिनट

5. शिक्षण-सत्र—छात्राध्यापक 5 से 10 छात्रों को अपने तैयार किए हुए सूक्ष्म पाठ को 6 मिनट तक पढ़ाता है। इस सूक्ष्म पाठ का निरीक्षण सहपाठी छात्राध्यापक, अध्यापक अथवा प्रशिक्षकों द्वारा निरीक्षण प्रपत्र (Observation Schedule) के माध्यम से किया जाता है। इस कार्य के लिए वीडियो टेप अथवा टेप रिकार्डर की भी मदद ली जा सकती है।

6. पृष्ठपोषण प्रदान करना—सूक्ष्म शिक्षण के द्वारा अध्यापक को अपने पढ़ाए हुए पाठ के विषय में तत्काल पृष्ठपोषण (Feedback) प्राप्त हो जाती है। पृष्ठपोषण के लिए 6 मिनट का समय दिया जाता है। अगर सम्भव हो सके तो वीडियो टेप, औडियो टेप और क्लोज सर्किट टेलीविजन आदि की भी मदद इस कार्य के लिए ली जा सकती है।

7. पुनः पाठ योजना बनाना—पृष्ठ-पोषण (Feedback) में पाई गई कमियों को दूर करने के लिए सूक्ष्म पाठ को फिर से नियोजित (Replan) किया जाता है। छात्राध्यापक स्वयं ही शिक्षण पाठ की दोबारा योजना बनाता है। इस कार्य के लिए 12 मिनट का समय दिया जाता है। इस सत्र को पुनर्योजना सत्र (Replan Session) भी कहा जाता है।

8. पुनः अध्यापन—दोबारा नियोजित (Replanned) सूक्ष्म पाठ को 6 मिनट के लिए फिर उसी समूह को पढ़ाया जाता है। इसका निरीक्षण भी किया जाता है। इस सत्र को पुनः शिक्षण सत्र (Re-teach session) का नाम भी दिया जाता है।

9. पुनः पृष्ठपोषण—पुनः पढ़ाए गए पाउ के समाप्त होने पर छात्राध्यापक को फिर से पृष्ठपोषण दिया जाता है। सहयोगी छात्राध्यापक एक बार फिर पर्यवेक्षण करते हैं। यह सत्र 6 मिनट का होता है। इसे पुनः पृष्ठपोषण सत्र (Re-feedback session) के नाम से भी पुकारते हैं।

10. सूक्ष्म शिक्षण चक्र की पुनरावृत्ति—इस सूक्ष्म शिक्षण चक्र में योजना से लेकर पढ़ाने, पृष्ठपोषण प्रदान करने, पुनः योजना बनाने, पुनः पाठ पढ़ाने और पुनः पृष्ठपोषण प्रदान करने आदि से सम्बन्धित भिन्न-भिन्न कार्य सम्मिलित हैं।

इस प्रकार सूक्ष्म शिक्षण चक्र (Micro Teaching cycle) तक चलता रहता है जब तक छात्र अध्यापक को ये पूर्ण विश्वास न हो जाए कि उसने शिक्षण कौशल (Teaching Skill) में कुशलता प्राप्त कर ली है।

11. सैद्धान्तिक ज्ञान देना—छात्राध्यापकों को सूक्ष्म-शिक्षण सम्बधी जरूरी सैद्धान्तिक जानकारी देने के लिए निम्न बातों की चर्चा की जानी चाहिए–

(i) सूक्ष्म-शिक्षण का अर्थ एवं प्रत्यय;

(ii) इसका महत्त्व तथा उपयोग।

(iii) इसकी कार्य पद्धति।

(iv) इस तकनीक को अपनाने के लिए जरूरी परिस्थितियाँ और साधन।

12. शिक्षण कौशलों की चर्चा—इस सोपान में छात्र-अध्यापकों को भिन्न-भिन्न शिक्षण कौशलों से परिचित कराया जाना चाहिए जैसे–(i) शिक्षण कार्य में शिक्षण कौशलों का उपयोग तथा महत्त्व, (ii) शिक्षण कौशल घटकों (Component Teaching Skills) के रूप में विश्लेषण (iii) अध्यापक व्यवहार सम्बन्धी घटकों (Component teaching behaviours) की चर्चा।

13. विशिष्ट शिक्षण कौशल का चयन—इस विधि में किसी एक समय में एक कौशल का ही अभ्यास कराया जाता है। अतः छात्राध्यापकों को अभ्यास कराने के लिए किसी एक कौशल का चुनाव कर लिया जाता है और उसके विषय में व्यापक जानकारी दी जाती है।

11

शैक्षिक तकनीकी

वर्तमान समय में विज्ञान ने अपना प्रभाव व्यापक रूप से जमाया है। इस वैज्ञानिक युग में भिन्न-भिन्न प्रकार की तकनीकों के विषय में पढ़ते अथवा सुनते हैं। ये तकनीकी विज्ञान की ही देन है। शिक्षा का उद्देश्य व स्वरूप भी इस युग में प्रभावित हुआ है। विज्ञान ने उसे भी प्रभावित किया है। शिक्षा क्षेत्र में हुए इस व्यापक परिवर्तन के कारण शिक्षा की तकनीकी का विकास हुआ है। शैक्षिक तकनीकी एक विषद और व्यापक संप्रत्यय है। इसे 'शिक्षा की तकनीकी' (Technology of Education) भी कहते हैं। यह शिक्षा को आदर्श व व्यापक रूप प्रदान करने की एक कला है।

शैक्षिक तकनीकी का अर्थ

ग्रीक भाषा के 'टैक्नीकोज' (Technikos) शब्द से 'तकनीकी' (Technology) शब्द लिया गया है जिसका अर्थ है 'एक कला' (An Art)। तकनीकी शब्द का सम्बन्ध कौशल (Skill) तथा दक्षता (Expertise) से है। वैसे सामान्य भाषा में 'तकनीकी' (Technology) शब्द का अर्थ 'शिल्प' अथवा 'कला विज्ञान' से है।

शिक्षा की प्रक्रिया के मशीनीकरण (Mechanisation) से शैक्षिक तकनीकी के संप्रत्यय (Concept of Educational Technology) का विकास हुआ है। आजकल अध्यापन प्रक्रिया में अध्यापन मशीनें, रेडियो, टैलीविजन, टेप रिकॉर्डर, कम्प्यूटर और भाषा प्रयोगशालाओं का अधिक प्रयोग किया जा रहा है। विद्यार्थी इन सब चीजों के प्रयोग से दूर-दराज बैठे शिक्षा के क्षेत्र में लाभ उठा रहे हैं।

एस. एस. कुलकर्णी (S.S. Kulkarni)—"शैक्षिक तकनीकी को शिक्षा प्रक्रिया में प्रयोग किए जाने वाले वैज्ञानिक और तकनीकी सिद्धान्तों एवं नवीनतम खोजों के रूप में परिभाषित किया जा सकता है।"

जे. आर. गेसेज (J.R. Gases) के अनुसार—"शैक्षिक तकनीकी को कुछ ऐसे चिरस्थायी और जटिल प्रयासों के रूप में देखा जा सकता है जिसके द्वारा छात्रों, अध्यापकों और तकनीकी साधनों को प्रभावशाली ढंग से एक साथ इकट्ठा किया जा सके।"

डी. अनविन (D. Unwin)—"शैक्षिक तकनीकी का सम्बन्ध शिक्षा और प्रशिक्षण की जरूरीताओं को पूरा करने के लिए अपनाई जाने वाली आधुनिक तकनीकों एवं कौशलों से है। इसके तहत अधिगम प्रक्रिया को सहज एवं सरल बनाने के लिए विधियों और साधनों के उचित उपयोग एवं अधिगम परिस्थितियों के नियन्त्रण की बात शामिल होती है।"

जी. ओ. एम. लीथ (G.O.M. Leith)—"शैक्षिक तकनीकी से तात्पर्य शिक्षण अधिगम प्रक्रिया और अधिगम की परिस्थितियों से सम्बन्धित वैज्ञानिक ज्ञान के उस सुव्यवस्थित प्रयोग से है जिसके द्वारा शिक्षण एवं प्रशिक्षण की कार्यक्षमता को बढ़ाया जा सकता है।"

शिव के. मित्रा (Shiv K. Mitra)—"शैक्षिक तकनीकी को ऐसी तकनीक और विधियों के विज्ञान के रूप में माना जा सकता है जिसके द्वारा शिक्षण उद्देश्यों की प्राप्ति की जा सके।"

शैक्षिक तकनीकी की विशेषताएँ

1. यह छात्रों और अध्यापकों के व्यवहार में अपेक्षित परिवर्तन लाने में सहायक होता है।

2. इसमें मापक यन्त्रों की व्यवस्था, जो सीखने के परिणामों की जाँच करते हैं, पर जोर दिया गया है।

3. इसमें शैक्षिक उद्देश्यों को प्राप्त करने के लिए सीखने की परिस्थितियों की व्यवस्था करना सम्मिलित है।

4. यह तकनीकी वातावरण पर नियन्त्रण करके सीखने को बढ़ावा देती है।

5. इस तकनीकी के तहत प्रभावशाली अधिगम के लिए विधियों और तकनीकों के विकास पर जोर दिया जाता है।

6. शैक्षिक तकनीकी वैज्ञानिक ज्ञान (Scientific knowledge) के प्रयोग पर निर्भर करती है।

7. शिक्षण को वैज्ञानिक (Scientific), वस्तुनिष्ठ (Objective), स्पष्ट, सरल, रुचिकर बनाने के लिए शैक्षिक तकनीकी महत्त्वपूर्ण भूमिका निभा सकती है।

8. इसमें विज्ञान, मनोविज्ञान, तकनीकी (Technology), प्रणाली (System), कला (Art) दृश्य-श्रव्य सामग्री (Audio-Visual Aids) तथा मशीनों का प्रयोग भी सम्मिलित है।

9. शैक्षिक तकनीकी निरन्तर (Continuous) और विकासशील विधि है।

10. अभिक्रमित अध्ययन (Programmed learning), अन्तःक्रिया विश्लेषण (Interaction Analysis), सूक्ष्म-शिक्षण (Micro-Teaching), दृश्य-श्रव्य सामग्री आदि की नई खोजों तथा उनके विकास में इसका मुख्य हाथ है।

11. शैक्षिक तकनीकी शिक्षा का एक नया क्षेत्र है जिसका सम्बन्ध– (क) लागत (Input), (ख) प्रक्रिया (Process), (ग) उत्पादन (Output) से है।

शैक्षिक तकनीकी एवं अनुदेशनात्मक तकनीकी

शिक्षा की तकनीकी एवं अनुदेशनात्मक तकनीकी को ज्यादातर लोग एक-दूसरे का पर्यायवाची समझ लेते हैं लेकिन इन दोनों तकनीकों को एक-दूसरे का पर्यायवाची नहीं समझा जाना चाहिए। शैक्षिक तकनीकी एक सागर के समान हैं तो अनुदेशनात्मक तकनीकी उस सागर के जल की बूँद। कहने तात्पर्य यह कि शैक्षिक तकनीकी एक विशद और व्यापक संप्रत्यय है और अनुदेशनात्मक तकनीकी उसका एक भाग है। शिक्षा की प्रक्रिया व्यापक है और अनुदेशन शिक्षा प्रक्रिया की विभिन्न शैलियों में एक का प्रतिनिधित्व करती है। इस प्रकार अनुदेशनात्मक तकनीकी को शैक्षिक तकनीकी प्रणाली (System of Educational Technology) की एक उप-प्रणाली (Sub-system) ही समझना चाहिए।

अनुदेशनात्मक तकनीकी का उद्देश्य विद्यार्थी को इस प्रकार के उचित अनुभव और उद्दीपन (Stimuli) प्रदान करना है जिनके माध्यम से अनुकूल अनुक्रियाओं (Responses) का सृजन कर अधिगम को अधिक-से-अधिक प्रभावशाली बनाया जा सके। दूसरे शब्दों में अनुदेशनात्मक तकनीकी का कार्य ऐसी उचित विधियों, तकनीकी माध्यमों और साधनों का निर्धारण करना है जिनके द्वारा किसी एक अधिगम परिस्थिति (Learning Situation) में पूर्व निश्चित अनुदेशनात्मक उद्देश्यों को अच्छे-से-अच्छे ढंग से प्राप्त किया जा सके। इसकी तुलना में शैक्षिक तकनीकी का उद्देश्य और कार्यक्षेत्र अधिक व्यापक होता है। उसका कार्य समस्त उपलब्ध मानवीय और भौतिक स्रोतों को वैज्ञानिक ढंग से इस प्रकार नियोजित और नियन्त्रित करना है जिसके द्वारा शिक्षा की भिन्न-भिन्न समस्याओं का उचित समाधान हो सके। पूर्ण शिक्षण अधिगम प्रक्रिया को अधिक-से-अधिक सफल तथा फलदायक बनाया जा सके।

शैक्षिक तकनीकी और अनुदेशनात्मक प्रारूप

शैक्षिक तकनीकी के अर्थ के अनुसार शिक्षण एक कला नहीं बल्कि एक विज्ञान है। अध्यापकों को प्रशिक्षण देकर प्रभावशाली बनाया जा सकता है। ग्लेसर (Glassr 1966) के अनुसार शैक्षिक तकनीकी की यह विशेषता है कि अनुदेशन के प्रारूप की मदद से व्यावसायिक क्षमताओं का विकास किया जा सकता है। सीखने के सिद्धान्तों के अतिरिक्त शिक्षण की परिस्थितियों, उपकरण तथा उपागमों (Approaches) के सम्पूर्ण रूप को अनुदेशन-प्रारूप (Instructional Design) कहा जाता है। इसलिए अनुदेशन के प्रारूप से अभिप्राय आधुनिक कौशल तथा प्रविधियों की शिक्षा तथा प्रशिक्षण की आवश्यकता के लिए प्रयोग करना है। इन प्रारूपों में सभी विधि साधन, वातावरण आदि शामिल होते हैं। अनुदेशन प्रारूपों के तहत जिन उपागमों का विकास किया जा चुका है उनमें प्रशिक्षण मनोविज्ञान (Training Psychology), सम्प्रेषण मनोविज्ञान (Cybernetic Psychology), प्रणाली विश्लेषण (System Analysis) आदि शामिल हैं। अनुदेशन प्रारूप एक व्यक्ति की अपेक्षा पूरे समूह की व्यावसायिक क्षमताओं के विकास के लिए अधिक प्रभावशाली है। इस प्रकार शिक्षण को विज्ञान मानकर शैक्षिक-तकनीकी ने अपना एक विस्तृत रूप प्रदर्शित किया है जबकि अनुदेशन-प्रारूप शैक्षिक तकनीकी के विभिन्न उपागम हैं।

शैक्षिक तकनीकी अध्यापक के लिए सहायक

अध्यापक के लिए शैक्षिक तकनीकी अग्रलिखित ढंग से उपयोगी हो सकती है–

1. कक्षा शिक्षण और प्रशिक्षण से सम्बन्धित समस्याओं को हल करने का ये रास्ता खोलती है।

2. शिक्षण और अधिगम की प्रक्रिया को उद्देश्यपूर्ण बनाने में यह सहायक है।

3. शैक्षिक तकनीकी शिक्षा की संरचना और उसकी प्रकृति को जानने तथा समझने में सहायक होती है।

4. यह शिक्षण की कार्यकुशलता में वृद्धि लाने में सहायक बनती है।

5. यह बढ़ती हुई जनसंख्या को देखते हुए अधिक-से-अधिक छात्रों को शिक्षा देने में सहायक हो सकती है। जैसे–पत्राचार द्वारा अध्ययन (Learning Through Correspondence) व अभिक्रमिक अध्ययन (Programmed Learning) आदि।

6. अध्यापक अपने बुद्धिपूर्ण कार्य दिखाने में इसकी मदद ले सकता है।

7. अध्यापक की शिक्षण प्रक्रिया इसकी मदद से सरल हो सकती है।

8. इससे शिक्षण गुणात्मक उन्नति सम्भव हो सकती है।

9. शिक्षण की प्रबन्धक, सलाहकार तथा निर्देशक के रूप में यह मुख्य भूमिका निभाने में काम आती है।

10. इसके हार्डवेयर उपागम (Hardware Approach) द्वारा विद्वानों के विचारों को संचित करके उन्हें किसी भी समय सुन तथा देखकर लाभ उठाया जा सकता है।

11. वैज्ञानिक आधार पर शिक्षण प्रदान करने के लिए शैक्षिक तकनीकी बहुत सहायक होती है।

12. शैक्षिक तकनीकी के तहत ऐसी नई विधियाँ हैं जो व्यक्तिगत विभिन्नताओं (Individual Differences) की समस्याओं को हल करने में सहायक होती हैं।

13. इससे विद्यार्थी में अपेक्षित व्यवहार परिवर्तन लाने में मदद मिलती है।

14. शिक्षा के क्षेत्र में नए अनुसन्धान कार्य करने में इससे मदद मिलती है।

15. अध्यापक को इससे विशिष्टीकरण में मदद मिलती है।

16. समय की बचत भी की जा सकती है।

17. शैक्षिक तकनीकी के कारण टेलीविजन, रेडियो तथा टेपरिकॉर्डर आदि का प्रयोग शिक्षा के क्षेत्र में किया जा सकता है और विद्यार्थी दूर दराज बैठे लाभ उठा सकते हैं।

शैक्षिक तकनीकी के प्रत्यय

शैक्षिक तकनीकी विषय में शामिल की जाने वाली सामग्री का निर्धारण और शैक्षिक तकनीकी के कार्यक्षेत्र की सीमाओं को निर्धारित करना, मूल रूप से शिक्षा तकनीकी के क्षेत्र में आता है। मूल बात यह है कि यह अच्छी तरह से जानना चाहिए कि शैक्षिक तकनीकी शिक्षा जगत से कैसे जुड़ी है और उसका शिक्षा के कार्यों अथवा उद्देश्यों की पूर्ति के लिए कहाँ और किस रूप में प्रयोग हो सकता है। अथवा ये कहिए कि शैक्षिक तकनीकी शिक्षा के किन-किन रूप में क्या-क्या कार्य कर सकती है—शैक्षिक तकनीकी का क्षेत्र (Scope) कहलाता है। इस विषय में अग्रलिखित बातें ध्यातव्य हैं—

1. मशीनों और जन-सम्पर्क माध्यमों का उचित प्रयोग—इस तकनीकी का कार्य क्षेत्र मशीनों तथा अन्य जन-सम्पर्क माध्यमों तक विस्तृत है। शिक्षा जगत में बहुत-से तकनीकी यंत्रों, उपकरणों, मशीनों, संचार साधनों एवं जन सम्पर्क माध्यमों का प्रचलन तेजी से बढ़ गया है। शैक्षिक तकनीकी इन सभी साधनों से परिचित कराने एवं उनके उपयोग में पर्याप्त कुशलता लाने का कार्य करती है।

2. दृश्य-श्रव्य सामग्री का चयन, उत्पादन और उपयोग—दृश्य-श्रव्य सहायक सामग्री द्वारा ठीक प्रकार से सीखने एवं सिखाने में भरपूर मदद मिलती है। इस तकनीकी के आधार पर ही विभिन्न प्रकार दृश्य-श्रव्य सामग्रियों का चयन, उत्पादन और उपयोग किया जा सकता है। इस तकनीकी द्वारा यह पता चल सकता है कि किस विषय वस्तु के लिए किस तरह की सहायक़ सामग्री होनी चाहिए और उसे किस तरह तैयार करके कैसे उपयोग में लाया जा सकता है। शिक्षण तकनीकी इस दृष्टि से उचित दृश्व-श्रव्य सहायक सामग्रियों की संरचना, विकास, चयन और उनकी कार्यप्रणाली पर पूरा ध्यान देकर योगदान देती है।

3. शैक्षिक तकनीकी और अध्यापक प्रशिक्षण—शिक्षण-अधिगम प्रक्रिया में अध्यापक को बहुत ही महत्त्वपूर्ण भूमिका निभानी होती है। इस दृष्टि से शैक्षिक तकनीकी एक अध्यापक को अपने विभिन्न उत्तरदायित्वों को निभाने के लिए उचित प्रशिक्षण प्रदान करने का कार्य करती है। अपने इस कार्य के लिए वह कुछ निम्न प्रकार की विषय सामग्री पर जोर देती है। शिक्षण अभ्यास के प्रतिमान (Models of Practice Teaching), सूक्ष्म शिक्षण, टीम शिक्षण, अनुरूपित शिक्षण, शैक्षिक क्रीड़न (Academic gaming), अनुदेशन प्रणाली (Personalised System of Instruction), बहु माध्यम उपागम (Multi-Media Approach) आदि।

4. शिक्षण अधिगम युक्तियों एवं ब्यूह रचनाओं का चयन व विकास—शैक्षिक तकनीकी द्वारा शिक्षण-अधिगम प्रक्रिया के लिए प्रयोग की जाने वाली ब्यूह रचनाओं और युक्तियों का चयन और विकास बड़ी सुगमता से सम्भव है। इनके चयन के लिए ये तकनीकी शिक्षण प्रतिमानों (Teaching Model) का ज्ञान, भिन्न-भिन्न प्रविधियों (Techniques) का ज्ञान, और उसके चयन में सहायक हो सकती है।

5. शिक्षा की उपप्रणालियों का प्रभावपूर्ण उपयोग—शिक्षा के क्षेत्र में भिन्न-भिन्न उप-प्रणालियों (Sub-systems) के प्रयोग में शैक्षिक तकनीकी सहायक हो सकती है। शिक्षा की ये उप-प्रणालियों कक्षा में अथवा कक्षा से बाहर, स्कूल वातावरण में ही होती हैं। उप-प्रणालियों के तत्त्वों तथा उनकी कार्यपद्धति के अध्ययन में यह तकनीकी मुख्य भूमिका निभाती है।

6. पृष्ठपोषण में सहायक—शैक्षिक तकनीकी मूल्याँकन तकनीकी के उचित विकास एवं उपयोग द्वारा शिक्षण प्रक्रिया पर ठीक नियन्त्रण स्थापित करती है। पृष्ठपोषण (Feed back) का मुख्य लक्ष्य मूल्याँकन ही होता है। यह मूल्याँकन शैक्षिक उद्देश्यों की पृष्ठभूमि में होता है। पृष्ठपोषण द्वारा अध्यापकों तथा विद्यार्थियों को उनके अधिगम और शिक्षा विधियों की सफलता के विषय में जाँच की जाती है और उनमें कमियों आदि पर पुनः विचार किया जाता है। इस तकनीकी से मूल्याँकन अथवा पृष्ठपोषण की विधियों का चयन, विकास तथा उनकी उपयोगिता सम्भव की जा सकती है।

7. अध्यापन-अधिगम प्रक्रियाओं का विश्लेषण—शैक्षिक तकनीकी शिक्षण और अधिगम प्रक्रियाओं में सुधार लाने का प्रयास करती है। दूसरे शब्दों में अध्यापन-अधिगम का विश्लेषण किया जाना है। शिक्षण का अर्थ, शिक्षण कार्य का विश्लेषण, शिक्षण अवस्थाएँ, शिक्षण सिद्धान्त तथा शिक्षण सूत्रों का विश्लेषण किया जाता है।

अधिगम का अर्थ, शिक्षण और अधिगम का सम्बन्ध, शिक्षण और अधिगम के सिद्धान्तों का परिणामों की दृष्टि से विश्लेषण करना आदि।

8. शैक्षिक लक्ष्यों एवं उद्देश्यों का निर्धारण—शैक्षिक तकनीकी द्वारा शिक्षा के उद्देश्यों के लक्ष्यों को निर्धारित किया जा सकता है और इन उद्देश्यों को व्यावहारिक शब्दावली (Behavioural Terms) में शैक्षिक तकनीकी द्वारा लिखा जा सकता है। इन उद्देश्यों को निर्धारित करके व्यक्तियों अथवा छात्रों की आकांक्षाओं और शैक्षिक आवश्यकताओं को पूरा किया जा सकता है।

9. सामान्य व्यवस्था, परीक्षण और अनुदेशन में प्रयोग—इस तकनीकी का प्रयोग सामान्य व्यवस्था, परीक्षण तथा अनुदेशन के कार्य-क्षेत्रों में किया जा सकता है।

10. पाठ्यक्रम निर्माण—शैक्षिक तकनीकी एक अच्छे पाठ्यक्रम का निर्माण करने में अपना सहयोग देने का प्रयास करती है। उचित अधिगम अनुभवों एवं पाठ्य-वस्तु का चयन, पाठ्य-वस्तु का अनुदेशन के लिए सफलतापूर्वक आयोजन, निर्धारित उद्देश्यों, शिक्षण विधियों तथा साधनों और मूल्याँकन तकनीकों के संदर्भ में पाठ्यक्रम की उपयुक्तता को जाँचने में यह सहयोग देती है।

इस प्रकार शैक्षिक तकनीकी का सम्बन्ध, शिक्षण-अधिगम प्रक्रिया के हर पहलू से होता है। शिक्षा प्रणाली के हर तत्त्व अथवा घटक के मार्गदर्शन, नियन्त्रण एवं कुशल कार्य सम्पादन में शिक्षण तकनीकी को काम में लाया जाता है। यह अध्ययन, अध्यापन, प्रशासन, पाठ्यक्रम निर्माण, परीक्षा, शिक्षा योजना आदि

शिक्षण-अधिगम प्रक्रिया से जुड़े कार्यों में मदद प्रदान करती है। यह शिक्षार्थी, अध्यापक, प्रशासक सभी को अपने-अपने कार्य में दक्षता प्राप्त करने में सहायक है।

शैक्षिक तकनीकी के विभिन्न प्रकार

आई के. डेविस (I.K. Davis) ने अपनी पुस्तक "सीखने की व्यवस्था" (Management of Learning) में शैक्षिक तकनीकी के तीन रूपों की चर्चा की है जो अग्रलिखित है–

1. शैक्षिक तकनीकी प्रथम अथवा हार्डवेयर उपागम

2. शैक्षिक तकनीकी द्वितीय अथवा सोफ्टवेयर उपागम

3. शैक्षिक तकनीकी तृतीय अथवा प्रणाली उपागम

1. शैक्षिक तकनीकी प्रथम अथवा हार्डवेयर उपागम—ए. ए. लमसडैन (A.A. Lumsdine) ने इसका वर्णन सर्वप्रथम सन् 1964 में किया था। इस हार्डवेयर उपागम को दृश्य-श्रव्य सामग्री (Audio-Visual Aids) भी कहा जाता है। इस प्रणाली का आधार भौतिक विज्ञान अथवा इंजीनियरिंग के सिद्धान्तों का शिक्षा के क्षेत्र में प्रयोग करना है। इस उपागम की अवधारणा (Assumption) है कि मशीनों की तकनीकी, शिक्षण की तकनीकी (Technology of Teaching) के साथ निकट से सम्बन्धित है। मशीन अनुदेशन (Instruction) का कार्य करती है। इसका सम्बन्ध केवल अनुदेशन के ज्ञानात्मक (Congnitive) पक्ष में होता है।

एक अध्यापक जब एक विद्यालय के विशाल हॉल अथवा प्रांगण में अपनी आवाज सभी विद्यार्थियों तक पहुँचाने के लिए माइक्रोफोन का प्रयोग करता है तब उस समय वह इसी प्रकार की शैक्षिक तकनीकी का उपयोग कर रहा होता है। इसी तरह दृश्य-श्रव्य सहायक सामग्री जैसे–चार्ट, चित्र, मॉडल, फिल्म स्ट्रिप, कैसेट आदि और मशीनी उपकरण जैसे–रेडियो, टेलीविजन, टेप रिकॉर्डर, प्रोजेक्टर, रिकॉर्ड प्लेयर, वीडियो, शिक्षण मशीन और कम्प्यूटर आदि का उपयोग इसी प्रकार की तकनीकी में आता है। इस तकनीकी ने शिक्षा जगत में क्रान्तिकारी परिवर्तन लाने की भूमिका निभाई है। व्यापक स्तर पर जन सम्पर्क करने और शिक्षा सुविधाएँ एवं लाभों को दूर-दूर तक फैले हुए उपेक्षित और पिछड़े हुए क्षेत्रों एवं जनसमुदाय तक पहुँचाने में विकसित संचार एवं संप्रेषण माध्यमों को बहुत योगदान रहा है। शिक्षा के क्षेत्र में प्रत्युक्त हार्डवेयर उपागमों ने शिक्षा देने के तरीकों को अधिक-से-अधिक प्रभावशाली बनाने और शिक्षा कार्य में होने वाले व्यय को घटाने का सराहनीय प्रयास किया है।

2. शिक्षा प्रक्रिया में मदद के लिए उचित साधनों एवं उपकरणों का उत्पादन, निर्माण एवं विकास करना।

3. शैक्षिक वातावरण में उपस्थित प्रतिकूल परिस्थितियों की सम्भावना का पता लगाना और उन्हें दूर करने के तरीके सोचना।

4. जन साधारण, विशेषतया दलित और उपेक्षित वर्ग के लिए शिक्षा की सुविधाएँ प्रदान करने में मदद पहुँचाना।

5. नियोजन, क्रियान्वयन और मूल्याँकन सम्बन्धी सभी शिक्षा क्रियाओं पर ध्यान देते हुए शिक्षा की सम्पूर्ण प्रणाली को व्यवस्थित करना।

6. समुदाय विशेष की आकांक्षाओं और शैक्षिक आवश्यकताओं का पता लगाना।

7. शिक्षा उद्देश्यों, सामान्य शिक्षण विधियों और शिक्षा के सामान्यस्वरूप का निर्धारण करना।

8. विज्ञान, कला और मानवीय मूल्यों को आत्मसात् करने वाले उचित पाठ्यक्रम का निर्माण करना।

9. निर्धारित शिक्षा उद्देश्यों की प्राप्ति के लिए मानवीय और भौतिक साधनों एवं युक्तियों का पता लगाना।

शैक्षिक तकनीकी के विशिष्ट उद्देश्य

शैक्षिक तकनीकी के विशिष्ट उद्देश्य अग्रलिखित हैं–

1. कक्षा में शिक्षा के विशिष्ट उद्देश्यों को पाने के लिए शिक्षण व्यूह रचनाओं (Strategies) का उचित चयन करना।

2. शैक्षिक उपलब्धियों और व्यवहार परिवर्तन के सन्दर्भ में शिक्षण के परिणामों का मूल्याँकन करना।

3. व्यक्तिगत विभिन्नताओं का निर्धारण करना, जिसमें छात्रों की योग्यताओं, विशेषताओं और शैक्षिक उपलब्धियों का पता लगाया जाना चाहिए।

4. शिक्षण अधिगम प्रक्रिया में विद्यार्थियों और अध्यापकों को उचित प्रति-पुष्टि (Feed back) प्रदान करना।

5. उपलब्ध शिक्षण-अधिगम सामग्री की जानकारी करना।

6. अनुदेशनात्मक सामग्री का विश्लेषण करना और उसे क्रमबद्ध रूप से व्यवस्थित करना।

7. शैक्षिक उद्देश्यों को लिखकर उन्हें व्यावहारिक शब्दावली में लिखना।

12

प्रणाली विश्लेषण

दूसरे विश्व युद्ध के मध्य प्रणाली विश्लेषण (Systems Approach) का जन्म हुआ था। यह अनुदेशनात्मक अथवा शैक्षणिक प्रारूपों (Instructional Designs) में से एक प्रारूप है। प्रणाली विश्लेषण का अधिकतर उपयोग उद्योगों में होता है। लेकिन कई शिक्षा शास्त्रियों का मत है कि इस उपागम से शिक्षा की कठिन-से-कठिन समस्याओं का हल किया जा सकता है।

प्रणाली का अर्थ

फलैजल (Flagle) के अनुसार—"प्रणाली अन्तक्रिया करते हुए तत्त्वों का एकीकृत इकट्ठे हैं, जिसका पूर्व निर्धारित कार्य को सहकारी तौर पर करने के लिए प्रारूप तैयार किया गया हो।"

एकौफ (Ackoff) के अनुसार—"प्रणाली आपस में सम्बन्धित तत्त्वों का एक समूह अथवा सैट है।"

रौब (Robb) के अनुसार—"प्रणाली तत्त्वों की सुव्यवस्था है जो कि एक विशेष दिशा में कार्य करती है।"

उपरोक्त परिभाषाओं के विश्लेषण से यह बात निश्चित हो जाती है कि प्रत्येक प्रणाली (System) में कई तत्त्व अथवा भाग होते हैं और इन तत्त्वों अथवा भागों की जाँच अथवा पड़ताल के लिए हमें प्रणाली विश्लेषण (System Analysis) की आवश्यकता पड़ती है।

अतः प्रणाली विश्लेषण किसी एक प्रणाली के परीक्षण की प्रक्रिया है।

शिक्षा के क्षेत्र में डेविड ई. बारबी (David E. Barbee) ने प्रणाली संप्रत्यय (Concept of System) का विकास किया था। जीवन के हर क्षेत्र में प्रणाली (System) की उपस्थिति देखते हैं। जैसे घर में गृहिणी, रोशनी की व्यवस्था, खाना गर्म करने की व्यवस्था, खाना बनाने का सामान आदि। इन सभी तत्त्वों में अन्तःक्रिया (Interaction) खाना तैयार होता है। इस प्रणाली में खाना बनाना ही मुख्य उद्देश्य था। अतः हर प्रणाली के मुख्य तीन पक्ष होते हैं–

(a) लक्ष्य—प्रणाली उपागम का सबसे पहला पक्ष लक्ष्य (Purpose) है। इसमें प्रणाली के लक्ष्य निर्धारित किए जाते हैं ताकि शेष प्रक्रियाओं के विषय में निर्णय लिया जा सके।

(b) विषयवस्तु—प्रत्येक प्रणाली कुछ तत्त्वों की बनी होती है जो कि उस प्रणाली की विषय वस्तु बनती है।

(c) प्रक्रिया—लक्ष्य की पूर्ति के लिए तत्त्वों को जिस ढंग से व्यवस्थित किया जाता है, उसे प्रणाली की प्रक्रिया कहा जाता है।

केशो तथा माइसिन (1959) ने प्रणाली विश्लेषण की परिभाषा इस प्रकार दी है–"कि प्रणाली विश्लेषण उन प्रविधियों में से एक है जिसका उद्देश्य शिक्षा की समस्याओं को वैज्ञानिक ढंग से हल करने के लिए अधिक प्रभावशाली और बुद्धिमत्तापूर्ण सस्ते तरीकों को ढूँढ़ना हो।"

प्रणाली (System) के तीनों पक्ष–लक्ष्य, विषयवस्तु व प्रक्रिया एक-दूसरे पर निर्भर करते हैं। उद्देश्यपूर्ण प्रणाली को दिशा प्रदान करते हैं। प्रणाली उपागम मुख्यतः समस्या समाधान, योजना और विकास आदि की सफल विधियों का संश्लेषण (Synthesis) है।

शिक्षा में प्रणाली विश्लेषण—शिक्षा के क्षेत्र में प्रणाली विश्लेषण का सम्बन्ध अनुदेशन (Instruction) के सभी तत्त्वों से है। शिक्षा में प्रणाली का केन्द्र बिन्दु सबसे पहले विद्यार्थी और आपेक्षित क्रियाओं पर होता है। इसके पश्चात् शैक्षणिक प्रारूपों (Instructional Designs) की ओर ध्यान आकर्षित होता है। प्रणाली उपागम में ही सीखने के उद्देश्यों (Learning Objectives) को प्राप्त करने के लिए प्रयुक्त की जाने वाली दृश्य श्रव्य सामग्री (A.V. Aids) का माध्यम सीखने के सभी नियोजित और संगठित स्रोत (Learning Resources) आदि शामिल हैं।

शिक्षण में अध्यापक पाठ्य-वस्तु को विद्यार्थियों के सम्मुख प्रस्तुत करता है। अध्यापक विद्यार्थी के उत्तर जानकर आगामी क्रियाओं को निश्चित करता है। यह प्रणाली उपागम शैक्षिक सामग्री तैयार करने, वातावरण को नियन्त्रित करने तथा प्रबन्ध करने में बहुत सहायक है। इसमें विश्लेषण (Analysis) और वस्तुनिष्ठता (Objectivity) का प्रयोग सीखने में बहुत उपयोगी होता है। इस प्रणाली का प्रयोग व्यक्तिगत रूप से शिक्षण की व्याख्या करने तथा भाषा प्रयोगशाला में किया गया है। इस प्रणाली से उद्योग (Industry) तथा प्रबन्ध (Management) को अधिक लाभ पहुँचा है। आजकल के समय में शिक्षा को भी एक प्रबन्ध क्रिया (Management Activity) के रूप में माना जाता है। अतः शिक्षा के क्षेत्र में प्रणाली उपागम का महत्त्व बहुत अधिक बढ़ जाता है।

प्रणाली विश्लेषण के सोपान—शिक्षा के क्षेत्र में प्रणाली विश्लेषण के विभिन्न सोपानों (Steps) का वर्णन अग्रलिखित प्रकार से किया जा सकता है–

1. लक्ष्यों का निर्धारण—इस उपागम का सबसे पहला पद है–उद्देश्यों को परिभाषित करना। अर्थात् यह तय करना कि विद्यार्थियों को क्या पढ़ाया जाता है और इस विद्यार्थी को किस तरह के और कितनी प्रकार के अधिगम अनुभव (Learning Experiences) प्रदान करने हैं। इन उद्देश्यों को क्रियाशील रूप में और मापने योग्य रूप में परिभाषित करना चाहिए। इनको व्यावहारिक शब्दावली (Behavioural Terms) में अवश्य लिखा जाना चाहिए।

इन उद्देश्यों को व्यावहारिक शब्दावली में लिखने के लिए कार्य क्रियाओं (Action Verbs) का प्रयोग किया जाता है। विद्यार्थी कौन-कौन सी अन्तर्कियाएँ करेगा, यह पहले से ही निर्धारित करना पड़ेगा।

2. सीखने की विशेषताओं को परिभाषित करना—उद्देश्यों पर आधारित एक परीक्षण तैयार करना अगला कदम होना चाहिए। इससे छात्रों की विशेषताओं और उसकी आवश्यकताओं के विषय में पता चल सकता है। इस परीक्षण को मापदण्ड परीक्षण (Criterion Test) कहते हैं। थोड़े में इस पद में पूर्व व्यवहारों का निर्धारण किया जाता है।

3. उपयुक्त सामग्री, वातावरण और उपकरणों का चयन—इसमें उपयुक्त सामग्री, सुविधाएँ स्रोत, वातावरण और उपकरणों का चयन करना होगा जिससे विद्यार्थियों को जरूरी अनुभव प्रदान किए जा सकें। ये सभी शिक्षण से पहले ही निर्धारित किए जाने चाहिए।

4. व्यक्तियों की भूमिकाओं का निर्धारण—शिक्षा की प्रणाली में अध्यापकों को उनकी भूमिकाओं का पूर्व निर्धारण भी बहुत महत्त्वपूर्ण है। अतः शिक्षण से पहले ही ये भूमिकाएँ परिभाषित कर देनी चाहिए।

5. कार्यक्रम को लागू करना—चुनी हुई ब्यूह रचनाओं (Strategies), विधियों (Methods) और प्रस्तावित क्रियाओं का एकीकरण (Integration) करके एक प्रणाली प्रतिमान (System Model) तैयार किया जाता है। निर्धारित क्रियाओं का थोड़े से विद्यार्थियों पर विशेष परिस्थितियों में परीक्षण किया जाता है।

6. उपलब्धियों का मूल्याँकन—प्रणाली का निर्माण और उसे लागू करने के पश्चात् उद्देश्यों की प्राप्ति का मूल्याँकन करना भी जरूरी होता है। अतः प्रणाली की उपलब्धियों का उद्देश्यों के सन्दर्भ में मूल्याँकन किया जाना चाहिए ताकि प्रणाली की सफलता का पता चल सके।

7. परिणामों का विश्लेषण और प्रणाली में संशोधन—पृष्ठपोषण (Feed back) के आधार पर मूल्याँकन के परिणामों को देखकर प्रणाली में संशोधन किया जाता है ताकि उस प्रणाली को प्रभावशाली बनाया जा सके।

8. उपयुक्त विधियों का चयन—अगला सोपान उपयुक्त ब्यूह रचना और युक्तियों (Strategies and Tactics) के चयन का है। विद्यार्थी के व्यक्तित्त्व और विषय वस्तु को देखकर नीतियों, विधियों और युक्तियों का चयन होना चाहिए ताकि विषय वस्तु का प्रभावशाली ढंग से अधिगम हो सके।

9. उपयुक्त अधिगम-अनुभावों का चयन—इस सोपान पर विद्यार्थियों को दिए जाने वाले अधिगम अनुभव (Learning Experience) है। इनका चुनाव भी पहले से करना होता है। इरामें वस्त्र के प्रस्तुतिकरण के लिए सम्प्रेषण माध्यम (Communication Media) का चुनाव करना पड़ता है।

शिक्षा में प्रणाली विश्लेषण के प्रयोग में कठिनाइयाँ

1. शैक्षणिक प्रणाली के सभी दोषों की रोकथाम प्रणाली उपागम नहीं कर सकता।

2. प्रणाली उपागम को प्रयोग करने के लिए कड़े परिश्रम की आवश्यकता रहती है।

3. पुराने तरीकों को एकदम समाप्त करना कठिन लगता है।

4. इस प्रणाली का प्रयोग करने के लिए बहुत समय की आवश्यकता होती है।

प्रणाली विश्लेषण का शिक्षा में लाभ

1. इस उपागम में स्कूल के व्यक्तियों का अधिक-से-अधिक प्रयोग किया जा सकता है।

2. मूल्याँकन के लिए भी यह अच्छी प्रणाली है। इसमें उद्देश्य पहले ही निर्धारित होते हैं और इनके सन्दर्भ में मूल्याँकन करना सरल हो जाता है।

3. इस प्रणाली का गुणात्मक नियन्त्रण (Quality Control) में विशेष महत्त्व है।

4. प्रणाली उपागम कठोर नहीं होती ओर इसमें इच्छानुसार परिवर्तन किए जा सकते हैं।

5. स्कूली कार्यक्रमों की प्रभावशाली योजना इस प्रणाली में सम्भव है।

6. प्रणाली उपागम से शैक्षिक प्रबन्धकों को वास्तविक समस्या का पता लगाने में सुविधा रहती है।

7. यह प्रतिशत कार्यक्रमों में सुधार लाने में सहायक होता है।

8. शिक्षा प्रणाली में कोई भी परिवर्तन लाने के लिए यह उपागम बहुत लाभदायक सिद्ध होता है।

9. ये उपागम शिक्षा प्रबन्ध (Educational Management) को वैज्ञानिक दृष्टिकोण प्रदान करती है और इससे जटिल शैक्षिक समस्याओं को सुलझाया जा सकता है।

13

शिक्षण ब्यूह रचना

व्यवहार में परिवर्तन लाना ही शिक्षण का मुख्य उद्देश्य होता है। अतः विद्यार्थी के व्यवहार में परिवर्तन शिक्षण ब्यूह रचनाओं (Teaching Strategies) के ठीक चयन पर निर्भर करता है। आजकल अध्यापन कार्य आसान कार्य नहीं है क्योंकि इस प्रक्रिया में भिन्न-भिन्न प्रकार की ब्यूह रचनाओं (Strategies), विधियों (Methods) और युक्तियों (Tactics) तथा दृश्य-श्रव्य सामग्री (Audio-Visual Aids) का चयन करना पड़ता है। इन शिक्षण ब्यूह रचनाओं और युक्तियों को इनके अर्थ समझकर जाना जा सकता है।

ब्यूह रचना के अर्थ

'ब्यूह रचना' शब्द से अभिप्राय सेना की गतिविधियों और कार्य प्रणाली के नियोजन तथा निर्देशन की कला तथा विज्ञान है। (Strategy is the science or art of planning and directing large military movements and operation),

बी. ओ. स्मिथ (B.O. Smith) के अनुसार—"ब्यूह रचनात्मक का अर्थ कार्य के उन रूपों से है जो कुछ उपलब्धियों को प्राप्त करने के लिए किए जाते हैं तथा कुछ अन्य कार्यों से रक्षा करते हैं।"

स्टोन्स और मौरिस (Stones and Morris) के अनुसार—"शिक्षण ब्यूह रचना पाठ की एक सामान्य योजना है जिसमें उसकी संरचना, शैक्षणिक लक्ष्यों के रूप में छात्रों का अपेक्षित व्यवहार और ब्यूह रचना का प्रयोग करने के लिए जरूरी नियोजित युक्तियों की रूपरेखा शामिल है।"

अतः उपरोक्त विचारों से स्पष्ट होता है कि शिक्षण कार्य आरम्भ करने से पहले ही ब्यूह रचना कर लेनी चाहिए।

ब्यूह रचना के लाभ

बी. ओ. स्मिथ (B.O. Smith) के अनुसार ब्यूह रचना के अग्रलिखित लाभ हैं—

1. यह प्रत्ययों व सिद्धान्तों को सीखने के दौरान गलत अनुक्रियाओं को कम करने में सहायक होती है।

2. यह विषय वस्तु के विशेष उद्देश्यों की उपलब्धि में सहायक होती है।

3. इससे कम-से-कम समय में सीखना संभव है।

4. विद्यार्थी आपस में अपने विचारों का आदान-प्रदान कर लेते हैं।

शिक्षण ब्यूह-रचना तथा पद्धतियों में अन्तर

1. शिक्षण ब्यूह रचना में उद्देश्यों को अधिक महत्त्व दिया जाता है। इन उद्देश्यों को आधार मानकर ही शिक्षण ब्यूह रचना का चयन किया जाता है। शिक्षण पद्धतियाँ में कार्य तथा प्रस्तुतीकरण को अधिक महत्त्व दिया जाता है। प्रस्तुतीकरण का ढंग इनमें प्रमुख होता है। पाठ्य-वस्तु की प्रकृति के अनुसार ही शिक्षण पद्धतियों का चयन किया जाता है।

2. शिक्षण ब्यूह रचना में सूक्ष्म उपागम को अपनाया जाता है। जबकि शिक्षण पद्धतियों में सम्पूर्ण उपागम का प्रयोग किया जाता है।

3. शिक्षण ब्यूह रचना में शिक्षण को विज्ञान माना जाता है। लेकिन शिक्षण पद्धतियों में शिक्षण को एक कला (Art) माना जाता है।

4. शिक्षण ब्यूह रचना का उद्देश्य प्रभावशाली अधिगम परिस्थितियों को उत्पन्न करना होता है। शिक्षण पद्धतियों का उद्देश्य प्रभावशाली प्रस्तुतीकरण होता है।

शिक्षण ब्यूह रचनाओं के प्रकार

शिक्षण ब्यूह रचनाएँ अग्रलिखित दो वर्गों में बाँटी जा सकती हैं—

1. प्रजातांत्रिक ब्यूह रचनाएँ
2. स्वेच्छाचारी ब्यूह रचनाएँ

1. प्रजातांत्रिक ब्यूह रचनाएँ—यह ब्यूह रचनाएँ बाल केन्द्रित (Child Centered) होती हैं। ये ब्यूह रचनाएँ भावात्मक तथा क्रियात्मक पक्षों (Affective and Psychomotor) के उद्देश्यों की प्राप्ति कराने पर बल देती हैं। इसमें छात्र तथा अध्यापकों में अन्तःक्रिया को अधिक बढ़ावा दिया जाता है। छात्रों की व्यक्तिगत विभिन्नताओं के आधार पर ही ब्यूह रचनाओं का चयन किया जाता है। छात्रों की सृजनात्मक क्रियाओं (Creative Activities) पर जोर दिया जाता है। इस वर्ग में निम्नलिखित ब्यूह रचनाएँ शामिल हैं—

1. प्रश्नोत्तर ब्यूह रचना
2. खोज ब्यूह रचना

3. प्रोजैक्ट ब्यूह रचना
4. सामूहिक वाद-विवाद
5. पात्र अभिनय
6. गृह कार्य
7. मस्तिष्क हलचल
8. नेताविहीन समूह अथवा टी ग्रुप
9. संवेदनशील प्रशिक्षण
10. कम्प्यूटर द्वारा अनुदेशन
11. स्वतन्त्र अध्ययन

2. स्वेच्छाचारी ब्यूह रचनाएँ—ये ब्यूह रचनाएँ विषय वस्तु केन्द्रित (Content Centered) तथा परम्परागत (Traditional) होती हैं। अध्यापक ही इनमें प्रधान माना जाता है। विद्यार्थी इसमें निष्क्रिय (Passive) होता है तथा अध्यापक सक्रिय (Active) होता है और अपनी इच्छा से ही कार्य करता है। इसमें स्मृति स्तर (Memory Level) का शिक्षण ही सम्भव हो सकता है। निम्नलिखित ब्यूह रचनाएँ इसमें शामिल हैं–

1. व्याख्यान।
2. प्रदर्शन।
3. ट्यूटोरियल समूह।
4. अभिक्रमित अनुदेशन।

कुछ प्रमुख ब्यूह रचनाएँ

व्याख्यान ब्यूह रचना

इसको प्रभुत्ववादी ब्यूह रचना के नाम से भी पुकारा जाता है क्योंकि इसके द्वारा सीखने के उद्देश्यों की प्राप्ति होती है। यह सबसे पुरानी विधि मानी जाती है। इसका प्रयोग सबसे अधिक सामाजिक विषयों को पढ़ाने में किया जाता है।

स्वरूप—इसमें अध्यापक अधिक सक्रिय रहता है क्योंकि विषय वस्तु के प्रस्तुतीकरण पर इसमें अधिक जोर दिया जाता है। अध्यापक प्रश्न विधि का प्रयोग करता है। इसमें छात्र केवल सुनते हैं और अध्यापक स्वयं तैयार होकर आता है तथा कक्षा में व्याख्यान देता है।

उपयोग–अध्यापक विभिन्न प्रकार के प्रश्नों का प्रयोग करता है तथा विषय वस्तु के स्पष्टीकरण के लिए सहायक सामग्री व चार्ट आदि का प्रयोग किया जाता है।

विशेषताएँ—इसकी विशेषता अग्रलिखित हैं–

(क) इसमें पाठ्य वस्तु के प्रस्तुतीकरण पर अधिक जोर दिया जाता है।

(ख) यह नए विषयों को पढ़ाने की उत्तम विधि है।

(ग) इसमें अध्यापक के व्यक्तित्त्व का प्रभाव पूरा बना रहता है।

(घ) कोर्स शीघ्र समाप्त किया जा सकता है।

(च) समय की बचत हो जाती है।

(छ) छात्रों को व्याख्यान सुनते समय ध्यान केन्द्रित करने की आदत पड़ जाती है।

सीमाएँ—इसकी सीमाएँ अग्रलिखित बिन्दुओं के तहत निर्धारित किया जा सकता है–

(क) इसको अमनोवैज्ञानिक माना जाता है।

(ख) इस विधि को कुशल अध्यापक ही अच्छी तरह प्रयोग कर सकता है।

(ग) इस विधि का प्रयोग छोटी कक्षाओं में नहीं किया जा सकता। केवल बड़ी कक्षाओं में ही उपयोगी है।

(घ) इसमें छात्रों की क्रियाओं पर कम जोर दिया जाता है और विषय वस्तु पर अधिक।

(च) इसमें छात्र को कम महत्त्व दिया गया है तथा अध्यापक को अधिक।

प्रोजेक्ट ब्यूह रचना

इसके प्रवर्तक जॉन डिवी (John Dewey) माने जाते हैं। यह ब्यूह रचना अनुभव केन्द्रित (Experience Centered) है। इस विधि का प्रयोग सामाजिक विषयों का ज्ञान देने में अधिक किया जाता है।

स्वरूप—

(क) इस विधि में छात्रों की समस्याओं का समाधान करने की योजना तैयार की जाती है।

(ख) इस समाधान के लिए अनेक सूचनाओं को इकट्ठा किया जाता है।

(ग) अध्यापक निर्देशक (Guide) का कार्य करता है।

सिद्धान्त—

(क) इसमें छात्र अधिक क्रियाशील रहता है।

(ख) विद्यार्थी स्वयं अनुभव करके सीखता है।

(ग) विद्यार्थी स्वतन्त्र वातावरण में अधिक अच्छी तरह कार्य कर सकता है।

(घ) विद्यार्थियों में सामाजिक गुणों का विकास होता है।

विशेषताएँ—

(क) इस योजना अर्थात् ब्यूह रचना (Project Strategy) को चार वर्गों में बाँट सकते हैं–(a) रचनात्मक, (b) कलात्मक, (c) समस्या केन्द्रित, (d) सामूहिक अभ्यास।

(ख) इसमें मौलिक चिन्तन का विकास होता है।

(ग) यह मनोवैज्ञानिक तथा सामाजिक सिद्धान्तों पर आधारित है।

(घ) इसमें सूझबूझ (Insight) की क्षमताओं का विकास होता है।

(च) यह मनोवैज्ञानिक तथा सामाजिक गुणों का विकास करती है।

सीमाएँ—

(क) सही सामाजिक गुणों का विकास सम्भव नहीं है।

(ख) परियोजना विधि से सभी विषयों को नहीं पढ़ाया जा सकता।

(ग) इसमें क्रमबद्धता की कमी रहती है।

(घ) उच्च कक्षाओं में इसका प्रयोग नहीं किया जा सकता।

14

अभिक्रमित अनुदेशन

अभिक्रमित अनुदेशन का अर्थ एवं परिभाषाएँ

अग्रलिखित परिभाषाओं से अभिक्रमित अनुदेशन के अर्थ एवं प्रकृति को समझा जा सकता है–

सूसन मार्कले—"अभिक्रमित अनुदेशन पुनः प्रस्तुत की जा सकने वाली क्रियाओं की श्रृंखला को संरचित करने की वह विधि है जिसकी मदद से व्यक्तिगत रूप से प्रत्येक विद्यार्थी के व्यवहार में मानवीय और विश्वसनीय परिवर्तन लाया जा सके।"

गुलाटी एवं गुलाटी—"अभिक्रमित अनुदेशन वैयक्तिक अनुदेशन प्रदान करने की एक ऐसी विधि के रूप में प्रसिद्ध है जिसमें विद्यार्थी सक्रिय रहता है और स्वयं अपनी गति से आगे बढ़ता है और उसे परिणामों का ज्ञान तत्काल ही प्रदान किया जाता है। अध्यापक सशरीर उपस्थित नहीं रहता। अभिक्रम निर्माणकर्त्ता को अभिक्रमिक सामग्री का विकास करते हुए व्यवहार सम्बन्धी नियमों का पालन करना होता है और अपनी तकनीक अथवा ब्यूहरचना की उपयुक्तता की छात्र अधिगम के सन्दर्भ में जाँच करनी होती है।"

स्मिथ एवं मूरे—"अभिक्रमित अनुदेशन किसी अधिगम सामग्री को क्रमिक पदों की श्रृंखला में व्यवस्थित करने वाली एक प्रक्रिया है और प्रायः इसके द्वारा किसी विद्यार्थी को उसकी परिचित पृष्ठभूमि से संप्रत्ययों, प्रनियमों और बोध के एक जटिल और नवीन स्तर पर लाया जाता है।"

एस्पिच एवं विलियम्स—"अभिक्रमित अनुदेशन से अभिप्राय अनुभवों की उस नियोजित श्रृंखला से है जो उद्दीपक-अनुक्रिया सम्बन्ध के सन्दर्भ में प्रभावशील माने जाने वाली दक्षता की ओर अग्रसर करती है।

अभिक्रमित अनुदेशन को दूसरे कई नामों से भी पुकारा जा सकता है। इसे व्यक्तिगत अनुदेशन (Individualised Instructions) तथा स्वतः अनुदेशन (Auto

Instructions) भी कहा जाता है। यह पद्धति सीखने की क्रिया को प्रभावी और सरल बना देती है। भाषा शिक्षण, तथा उद्योगों आदि व्यवसायों की प्रशिक्षण संस्थाओं में इस पद्धति का प्रयोग आजकल किया जा रहा है।

'सुक्राती विधि' में भी अभिक्रमित अध्ययन की चर्चा की गई है। अध्यापक इस विधि में श्रृंखलाबद्ध प्रश्न पूछता है और विद्यार्थी एक-एक प्रश्न का उत्तर देता है। विषय वस्तु को छोटे-छोटे भागों में बाँट दिया जाता है और फिर विद्यार्थी हर भाग को सीखने के पश्चात् आगे बढ़ता है। इस विधि को सुकरात की प्रश्नोत्तर विधि के नाम से पुकारा जाता है। इसका जन्मदाता सुकरात को ही मानते हैं।

सिडनी एल. प्रेसे (Sidney L. Pressey) तथा बी. एफ. स्किनर (B.F. Skinner) ने अभिक्रमित अध्ययन को आधुनिक रूप दिया। स्किनर ने जानवरों पर प्रयोग किए और इस निचोड़ पर पहुँचा कि अगर व्यक्ति को उसके द्वारा किए गए कार्य को तुरन्त फल मिल जाता है तो वह सीखने के लिए आगे बढ़ता चला जाता है। इस प्रकार सीखने की क्रिया में पुनर्बलन (Reinforcement) से रुचि बढ़ती है।

अभिक्रमित अनुदेशन का महत्त्व

1. शिक्षण के समय विद्यार्थियों को पुनर्बलन व पृष्ठपोषण की आवश्यकता होती है। यह कार्य अभिक्रमित अनुदेशन आसानी से कर सकता है।

2. छात्रों की तत्काल जाँच करने के लिए इसकी आवश्यकता पड़ती है।

3. विद्यार्थियों की शिक्षण प्रक्रिया के समय क्रियाशीलता बढ़ाने के लिए इसकी आवश्यकता पड़ती है।

4. विद्यार्थियों को व्यक्तिगत विभिन्नताओं (Individual Differences) के आधार पर सीखने के लिए अभिक्रमित अनुदेशन की आवश्यकता पड़ती है।

5. इसमें विद्यार्थी अपनी ठीक गति के अनुसार सीखते हैं।

6. शिक्षण में विद्यार्थियों की कमियों को दूर करने के लिए उपचारात्मक शिक्षा की आवश्यकता पड़ती है और इस कमी को अभिक्रमित अनुदेशन द्वारा दूर किया जा सकता है।

अभिक्रमित अनुदेशन के सिद्धान्त

अभिक्रमित अनुदेशन के प्रमुख सिद्धान्तों अग्रलिखित हैं—

1. तत्काल प्रति पुष्टि का सिद्धान्त—इस सिद्धान्त के अनुसार अगर विद्यार्थियों की अनुक्रियाओं को तत्काल पुष्टि मिल जाए तो वे अधिक सीखते हैं

और सीखने की दिशा में अभिप्रेरित हो जाते हैं। जब तत्पर होकर छात्र पदों अथवा फ्रेमों को पढ़कर उनकी जाँच करते हैं तो उन्हें इससे नया ज्ञान मिलता है। इसे पुनर्बलन (Reinforcement) कहा जाता है।

2. स्वगति सिद्धान्त—इस सिद्धान्त के अनुसार छात्र को अपनी गति से सीखने और आगे बढ़ने का अवसर दिया जाता है। इसमें छात्र को अपनी स्वयं की योग्यताओं और सीखने की अपनी गति से एक पद (फ्रेम) से दूसरे पद तक जाने में पूर्ण स्वतन्त्र होता है। पदों को सीखने और पढ़ने में प्रत्येक विद्यार्थी अलग-अलग समय लेते हैं।

3. छात्र परीक्षण का सिद्धान्त—इसके अनुसार विद्यार्थी विषय वस्तु के पदों अथवा फ्रेम्स के अध्ययन के पश्चात् उसकी आलेख (Report) तैयार करता है। सभी निरीक्षण और मूल्याँकन के परिणामों का उचित लेखा-जोखा (Record) रखा जाता है। विद्यार्थियों की अनुक्रियाओं (Responses) के लेखा-जोखा रखने के आधार पर ही अनुदेशन सामग्री में सुधार तथा परिवर्तन किए जा सकते हैं। मूल्याँकन अभिक्रमित अनुदेशन अथवा अध्ययन में अनिवार्य होता है।

4. लघुपद सिद्धान्त—यह सिद्धान्त इस बात पर आधारित है कि कोई सीखने वाला और भी अच्छी तरह सीख सकता है। अगर उसके सामने सीखने वाली विषय-वस्तु को छोटे-छोटे भागों में बाँटकर प्रस्तुत किया जाए। प्रत्येक भाग को पद अथवा फ्रेम (Frame) का नाम दिया जाता है। प्रत्येक पद छात्रों की अनुक्रियाओं (Responses) के लिए स्थान खाली छोड़ दिया जाता है और फिर सही अनुक्रिया भी फ्रेम के साथ देकर छात्रों के सामने प्रस्तुत करते हैं।

5. सक्रिय अनुक्रिया सिद्धान्त—विद्यार्थियों को सीखने के लिए सक्रिय रहना पड़ता है। छात्र प्रत्येक पद अथवा फ्रेम के प्रति सतत् रूप से अपनी बाह्य अनुक्रिया (Overt Response) व्यक्त करता रहता है। छात्र जब तक सक्रिय नहीं रहता तब तक सही अनुक्रिया नहीं कर सकता। इसलिए छात्र को सही अनुक्रिया करने के लिए सक्रिय रहना पड़ता है ताकि एक पद के पश्चात् दूसरे को सीखने की उत्कंठा बराबर बनी रहे।

अभिक्रमित अनुदेशन की शैलियाँ

अभिक्रमित अनुदेशन की तीन प्रमुख शैलियाँ हैं–

1. शाखात्मक अभिक्रमित अनुदेशन
2. मैथेटिक्स अभिक्रमित अनुदेशन
3. रेखीय अभिक्रमित अनुदेशन

1. शाखात्मक अभिक्रमित अनुदेशन—इसका विकास नोर्मन ए. क्राउडर (Norman A. Crowder) ने किया था। इस विधि के अनुसार विषय-वस्तु को बड़े-बड़े पदों में बाँटकर प्रस्तुत किया जाता है और विभिन्न उत्तरों वाले (Multiple Choice Question) प्रश्न छात्रों से पूछे जाते हैं। विद्यार्थी उनमें से एक सही उत्तर छाँटकर उस पद में दिए गए संकेत के अनुसार करता है। अगर विद्यार्थी गलत उत्तर छाँट लेता है तो उसको उपचारात्मक पद (Remedial Frame) चुनने का संकेत दिया जाता है। इसके पश्चात् छात्र को अपने मौलिक पद की ओर फिर से निर्देशित कर दिया जाता है।

2. मैथेटिक्स अभिक्रमित अनुदेशन—इस शैली के प्रतिपादक थोमस एफ. गिलबर्ट (Thomas F. Gilbert) हैं। यह शैली काफी जटिल है। इस शैली का सम्बन्ध सीखने के हस्तान्तरण (Transfer of Learning) करने से है। इस शैली में अवरोही श्रृंखलन (Backward or Retrogressive Chaining) के सिद्धान्त का उपयोग किया जाता है। श्रृंखला (Chain) से अभिप्राय है कि दिए जाने वाले उत्तरों का एक निश्चित क्रम बना लिया जाता है। जैसे—भाग करने से सम्बन्धित पद; किसी बोतल को खोलना अथवा बन्द करना; जूते के फीते बाँधना अथवा खोलना, आदि। यह एक श्रृंखला सी बन जाती है। अवरोही श्रृंखलन के तीन मूलभूत सोपान होते हैं–(क) प्रदर्शन (Demonstration) (ख) संकेत देना (Prompting) (ग) उन्मुक्ति (Releasing) हैं।

3. रेखीय अभिक्रमित अनुदेशन—इस शैली का प्रतिपादन बी. एफ. स्किनर ने किया। इसलिए इस शैली को स्किनर शैली भी कहा जाता है। विद्यार्थियों से इस विधि में सीधे तौर पर प्रश्न पूछे जाते हैं। उत्तर सोचने और लिखने के लिए छात्रों को कहा जाता है। इस उत्तर को रचित-प्रत्युत्तर (Constructed Response) कहते हैं। इस विधि का अर्थ सीधी रेखा का कार्यक्रम है जिसमें छात्र प्रारम्भिक व्यवहार (Entering Behaviour) से अन्तिम व्यवहार (Terminal Behaviour) तक सीधी रेखा में चलता है। छात्र एक पद से दूसरे पद और दूसरे से तीसरे पर पहुँचता हुआ विषय-वस्तु के सभी पदों सम्बन्धी अनुभव ग्रहण करने में समर्थ बन जाता है।

अभिक्रमित अध्ययन अथवा अनुदेशन के लाभ

1. इस विधि में विद्यार्थी सक्रिय रहता है। दूसरी विधियों में विद्यार्थी कभी-कभी सक्रिय बनते हैं।

2. इस विधि में कार्यक्रम अधिकतर विषय-विशेषज्ञों (Subject-Experts) द्वारा तैयार कराया जाता है इसलिए अधिक सावधानी प्रयोग में लाई जाती है।

3. इस विधि में अध्यापन मशीनें प्रयोग में लाई जाती हैं अतः वे कभी नहीं थकतीं और कार्यक्रम का किसी समय प्रयोग किया जा सकता है।

4. इस विधि में विद्यार्थियों को तात्कालिक पुनर्बलन (Immediate Reinforcement) दी जा सकती है जो उनके लिए बहुत लाभकारी होती है।

5. इस विधि में अनुदेशन व्यक्तिगत रूप में दिया जाता है। हर छात्र अपनी गति के अनुसार सीखता है। यह अभिक्रमित अनुदेशन दोनों स्तर के छात्रों यानि उच्च बुद्धि वालों के लिए प्रयोग किया जा सकता है।

अभिक्रमित अनुदेशन की सीमाएँ

अभिक्रमित अनुदेशन की सीमाओं का निर्णारण निम्न बिन्दुओं के द्वारा किया जा सकता है—

1. अभिक्रमित अध्ययन में ज्ञानात्मक चर (Cognitive Variables) अभिप्रेरणा चर (Motivational Variables) तथा व्यक्तित्त्व चर (Personality Variables) की अवहेलना होती है।

2. इस विधि में छात्रों की चयन की स्वतन्त्रता नहीं होती।

3. इस विधि के दौरान अगर आरंभ में ये बहुत-सी गलतियाँ हो जाएं तो छात्रों की रुचि और अभिप्रेरणा कम हो जाती है। इसके पश्चात् पुनर्बलन से भी छात्र तेजी से नहीं सीख पाते।

4. इस विधि से विद्यार्थी तथा अध्यापक में सम्पर्क नहीं बना रह सकता जो कि व्यक्तित्त्व के विकास के लिए जरूरी है।

5. इस विधि में भाषा सीखने के लिए उच्चारण का विकास करने की कोई व्यवस्था नहीं है।

अभिक्रमित अनुदेशन की विशेषताएँ

इसकी विशेषताएँ अग्रलिखित हैं—

1. इस विधि में कठिन और जटिल प्रत्ययों (Complex Concepts) आसान बनाकर सीखा जा सकता है।

2. इस विधि में प्रत्येक सही अनुक्रिया को पुनर्बलन (Reinforcement) द्वारा पक्का किया जाता है जिसके कारण सीखना अधिक प्रभावशाली होता है।

3. इससे उच्च बुद्धि वाले तथा कम बुद्धि वाले छात्रों को अपने-अपने स्तर के अनुसार सीखने का मौका मिलता है।

4. इसमें हर विद्यार्थी को व्यक्तिगत विभिन्नताओं (Individual Differences) के अनुसार सीखने की पूरी स्वतन्त्रता होती है।

5. इसमें प्रत्येक विद्यार्थी अधिक क्रियाशील रहता है।

6. यह विधि मनोवैज्ञानिक सीखने के सिद्धान्तों (Principle of Learning) पर आधारित है।

7. इसमें पाठ्य वस्तु (Contents) को छोटे-छोटे पदों में प्रस्तुत किया जाता है जो कि मनोवैज्ञानिक दृष्टि से बहुत प्रभावशाली होता है।

8. विद्यार्थी अध्यापक की अनुपस्थिति में भी सीख सकते हैं।

9. इसमें छात्रों के स्तर के अनुसार पाठ्य-वस्तु को छोटे-छोटे पदों में बाँटने से वह आसान हो जाता है।

अभिक्रमित अनुदेशन के विकास

1. उद्देश्यों का प्रतिपादन—इन उद्देश्यों को लिखने के लिए ब्लूम के शैक्षिक उद्देश्यों के वर्गीकरण का प्रयोग किया जा सकता है। इससे ज्ञानात्मक उद्देश्य (Cognitive Objectives) बड़ी आसानी से प्राप्त किए जा सकते हैं। व्यावहारिक शब्दावली में इन उद्देश्यों को लिखने के लिए रोबर्ट मेगर (Robert Mager) और रोबर्ट मिल्लर (Robert Miller) की विधियों का प्रयोग किया जाता है तथा कार्यसूचक क्रियाओं (Action Verbs) को भी प्रयोग में लाया जाता है। व्यावहारिक शब्दावली के उद्देश्यों से प्रशिक्षण के प्रश्नों के निर्माण में भी मदद मिलती है और शिक्षण तथा परीक्षण में समन्वय (Correlation) स्थापित किया जाता है। इसमें ठीक शिक्षण युक्तियों (Teaching Techniques) का चुनाव भी किया जा सकता है और इससे उद्देश्य केन्द्रित मापदण्ड परीक्षण (Objective Centered Criterion Test) का निर्माण भी सरल हो जाता है।

2. प्रकरण का चयन—इस सोपान में वे उपविषय चुने जाते हैं जिनका कार्यक्रम तैयार करना होता है। इसके लिए अग्रलिखित बातों का ध्यान रखना चाहिए–

(क) जिस विषय का कार्यक्रम तैयार किया जाता है, अध्यापक को उसका पूरा ज्ञान होना चाहिए।

(ख) अपेक्षित उद्देश्यों की प्राप्ति के लिए उपविषय का आकार ठीक हो।

(ग) उपविषय का स्वरूप ठीक व्यवस्था के योग्य होना चाहिए जो सरल इकाईयों से आरम्भ हो सके।

(घ) उपविषय का सम्बन्ध अध्ययन के क्षेत्र से हो।

(च) उपविषय के तत्त्वों को तर्कपूर्ण ढंग से ठीक व्यवस्थित किया जा सके।

3. मापदण्ड परीक्षा की रचना—इसमें उद्देश्यों की प्राप्ति, पाठ्य वस्तु के विश्लेषण के अन्तिम व्यवहारों (Terminal Behaviours) के मूल्याँकन के लिए

मापदण्ड परीक्षा तैयार की जाती है। उपलब्धि प्रशिक्षण में सारी पाठ्य-वस्तु के सम्बन्ध में प्रश्न पूछे जाते हैं और उद्देश्यों का मापन व्यवहार परिवर्तनों के लिए जो पदों का निर्माण किया जाता है उन सभी व्यवहारों को अन्तिम व्यवहार (Terminal Behaviours) कहते हैं।

4. पाठ्य-वस्तु का विश्लेषण और क्रम का निर्धारण—पाठ्य-वस्तु का विश्लेषण करने के लिए उसके उपभागों (Frames) को तर्कपूर्ण ढंग से एक क्रम में व्यवस्थित किया जाता है। तथा प्रत्येक उपभाग (Frame) के भिन्न-भिन्न तत्त्वों को तार्किक ढंग से व्यवस्थित करते हैं। जब पाठ्य वस्तु की सूची तैयार की जाए तो शिक्षण तथा अधिगम (Teaching-Learning) के सम्बन्ध को भी ध्यान में रखना चाहिए।

5. कार्यक्रम की ब्यूह-रचना का निर्धारण—इसके निम्नलिखित पक्षों को ध्यान में रखना चाहिए–

(क) पदों का आकार

(ख) पदों को लिखना

(ग) अनुक्रिया का रूप

(घ) अनुबोधक का रूप

(च) नियम-उदाहरण प्रणाली

(छ) सही अनुक्रिया के लिए स्थान

ऊपरलिखित बातों को अगर ध्यान में रखा जाए तो अनुदेशन के पदों की रचना में आसानी हो जाती है।

(क) पदों का आकार–छात्र एक समय में कितनी पाठ्य वस्तु समझ सकता है; उसे पद का आकार कहते हैं।

(ख) पदों को लिखना—इसमें पदों को लिखना सबसे कठिन कार्य माना गया है। प्रत्येक पद के तीन अंग होते हैं–

(A) उद्दीपन—पाठ्य वस्तु के प्रस्तुतीकरण के लिए ठीक परिस्थितियाँ उत्पन्न की जाती हैं।

(B) अनुक्रिया—प्रत्येक उद्दीपन के साथ अनुक्रिया (Response) होती है।

(C) पुनर्बलन—छात्रों की अनुक्रिया का मूल्यॉंकन किया जाता है। इसे पुनर्बलन कहते हैं।

पदों में कभी भी विशेषण का प्रयोग नहीं करना चाहिए। अनुदेशन में मुख्य रूप से चार प्रकार के पद होते हैं–

(a) **प्रस्तावना पद**—इन पदों का कार्य पूर्व ज्ञान की परीक्षा करके उसको नवीन ज्ञान से जोड़ना होता है। इन पदों की मात्रा 10 अथवा 15 प्रतिशत से अधिक नहीं होनी चाहिए।

(b) **शिक्षण पद**—उद्देश्यों की प्राप्ति करने के लिए पाठ्य वस्तु को प्रस्तुत किया जाता है और इसमें अनेक अनुबोधक पदों (Prompt Frames) की रचना की जाती है और छात्र आगामी अनुक्रिया करते हैं। इन पदों की संख्या 60 से 70 प्रतिशत होनी चाहिए।

(c) **अभ्यास पद**—सीखे गए पदों का अभ्यास करना अभ्यास पद कहलाता है। इनकी संख्या 20 से 25 प्रतिशत होनी चाहिए।

(d) **परीक्षण पद**—इनका सम्बन्ध सीखे हुए ज्ञान के मूल्यांकन से होता है। ये पद बिना अनुबोधकों (Prompts) के होते हैं।

(ग) **अनुक्रिया का रूप**–पदों में सही अनुक्रिया का छात्रों द्वारा चुनाव करना होता है। इसे अनुक्रिया का रूप कहते हैं।

(घ) **अनुबोधक का रूप**–अध्यापक के पदों में अतिरिक्त उद्दीपन (Stimulus) का प्रयोग किया जाता है जो छात्रों की अनुक्रिया में सहायक होता है; इसे अनुबोधक का रूप (Type of Prompt) कहते हैं।

(च) **नियम उदाहरण प्रणाली**–पदों की रचना में नियमों तथा उदाहरणों की मदद ली जाती है। इसे नियम उदाहरण प्रणाली कहते हैं।

(छ) **सही अनुक्रिया के लिए स्थान**–पदों के साथ-साथ सही अनुक्रिया दे दी जाती है तथा कई बार दूसरे पृष्ठ पर भी दे दी जाती है।

6. अनुदेशन का अन्तिम रूप तैयार करना—व्यक्तिगत जाँच के आधार पर सुधार करने के पश्चात् अनुदेशन का प्रथम रूप तैयार किया जाता है। इस प्रथम रूप की कई प्रतियां छपवाकर छात्रों में बाँट दी जाती हैं और जाँच की जाती है। इसके लिए कम-से-कम 40 छात्रों का चुनाव किया जाता है। जो न्यादर्श (Sample) कहलाता है। इन छात्रों का पूर्व व्यवहार भी देख लिया जाता है। और फिर उन्हें निर्देश दिया जाता है कि अभिक्रमित पाठ का अध्ययन कैसे करना है तथा कहाँ पर अनुक्रियाएँ लिखनी हैं। इसके पश्चात् अभिक्रमित सामग्री वाली पुस्तिका छात्रों को दे दी जाती है और अध्यापक उनके कार्यों का निरीक्षण करता है। विद्यार्थियों की अनुक्रियाओं के आधार पर सुधार करके अन्तिम रूप दे दिया जाता है।

7. अभिक्रमित अनुदेशन का मूल्यांकन—इसके मूल्यांकन के लिए जनसंख्या में से एक बड़े न्यादर्श (Sample) का चुनाव किया जाता है और यह न्यादर्श

10. प्रोग्रामिंग अनुदेशन को कम्प्यूटर अधिक व्यवस्थित ढंग से प्रस्तुत करता है।

11. शैक्षिक सूचना को व्यवस्थित रूप से भण्डारण एवं प्रेषण करता है।

12. इसकी मदद से छात्रों को वस्तुनिष्ठ पाठ उपलब्ध कराए जा सकते हैं।

भारत में कम्प्यूटर शिक्षा

विश्व के आधुनिकीकरण में अगर हमें अपनी आय को विस्थापित करना है तो कम्प्यूटर एवं कम्प्यूटर टेक्नालॉजी में पूर्ण भागीदारी करनी होगी, अन्यथा देश की सामाजिक, आर्थिक एवं शैक्षिक विकास धीमी पड़ जाएगी। इन्हीं बातों को ध्यान में रखकर केन्द्र सरकार प्रत्येक स्तर पर कम्प्यूटर की व्यवस्था करने में प्रयासरत है। लगभग उससे कुछ अधिक गति निजी क्षेत्रों (Private Sector) की है। अतः ऐसी स्थिति में आवश्यकता इस बात की है कि देश के सभी स्तर के विद्यालयों में कम्प्यूटर मुहैया कराया जाए, क्योंकि विश्व स्तर पर, जहाँ पर अमेरिका में 62%, इंग्लैण्ड में तथा जापान के प्त्येक प्राथमिक पाठशालाओं में कम-से-कम एक कम्प्यूटर लगा हुआ है, वहीं हिन्दुस्तान में इसका प्रतिशत अतिन्यून है। फिर भी 1982 से भारतवर्ष में भी इसका विस्तार बढ़ता जा रहा है। लगातार इसके विकास के लिए सेमिनार, सिम्पूजियम एवं वर्कशाप चलाए जा रहे हैं। इसीलिए नई शिक्षा नीति (1986) में भी इस पर विशेष जोर दिया गया है। सन् 1990 में इसके प्रशिक्षकों की संख्या लगभग 12000 हो गई है। इस प्रकार से मानव संसाधन मन्त्रालय ने **'कम्प्यूटर लिट्रेसी पाइलट प्रोग्राम'** चलाया गया है, जो स्कूल स्तर के लिए है। इसका लाभ लगभग 3000 प्रारम्भिक विद्यालयों को होगा। कम्प्यूटर लिट्रेसी एवं विद्यालय अध्ययन (CLASS) प्रोजेक्ट के तहत 750 उच्च एवं उच्चतर माध्यमिक विद्यालयों को माइक्रो कम्प्यूटर प्रदान किया जाएगा। वस्तुतः इस दिशा में भारतवर्ष में उत्तरोत्तर विकास हो रहा है।

कम्प्यूटर शिक्षा की आलोचना

जहाँ इस प्रकार की शिक्षा से समाज/शिक्षा के क्षेत्र में अनेक लाभ बताए गए हैं, वहीं इस शिक्षा के दोष भी हैं—

1. इससे बेरोजगारी की भयंकर समस्या दिनोंदिन बढ़ती जा रही है।

2. यह एक यन्त्र है, जो मानव द्वारा निर्देशित होता है। इसमें स्वयं के सोचने तथा निर्णय लेने की क्षमता नहीं होती।

3. इससे सामाजिक मूल्यों का विकास सम्भव नहीं है।

4. इससे बालक में चारित्रिक एवं नैतिक मूल्यों का विकास नहीं हो सकता।

5. इसमें मानवीय गुणों का अभाव होता है, जो किसी भी समाज के विकास में सहायक होता है।

6. इससे बालक में सृजनात्मक क्षमता का विकास सम्भव नहीं है।

7. इसमें वैयक्तिक भिन्नता का अभाव है।

8. कम्प्यूटर द्वारा सभी छात्रों को एक ही दिशा में शिक्षित किया जाता है।

दूरस्थ शिक्षा की आवश्यकता

यह शिक्षा अग्र कारणों से जरूरी है–

(1) शिक्षा के गुणात्मक सुधार के लिए।

(2) शिक्षा को प्रासंगिक बनाने के लिए।

(3) शिक्षा के क्षेत्र में निहित विषमताओं को दूर करने के लिए। कहने का आशय यह कि शिक्षा को सभी को उपलब्ध कराने के लिए।

भारत में दूरस्थ शिक्षा–भारत में दूरस्था शिक्षा के विकास की प्रजोर सम्भावनाएँ हैं। स्वतन्त्रता के 57 वर्षों के पश्चात् भी अभी हम संविधान के निर्देशों का भी पालन नहीं कर सके हैं अर्थात् संविधान की धारा 45 के अनुसार 6 से 14 वर्ष तक की आयु के सभी बालक-बालिकाओं को विद्यालय पहुँचाने का कार्य 1960 तक पूर्ण करने का लक्ष्य था। अनेक पंचवर्षीय योजनाओं, आयोगों, समितियों तथा कार्यदलों के गठन के पश्चात् भी हम इस लक्ष्य की प्राप्ति में असफल रहे हैं। सारे प्रयासों के पश्चात् भी हम 6 से 14 वर्ष तक के बच्चों के लिए जरूरी विद्यालय भवनों, पाठ्य-सामग्री, अध्यापकों आदि की व्यवस्था नहीं कर सके हैं। **चतुर्थ अखिल भारतीय शैक्षिक सर्वेक्षण** (30-9-1978) के अनुसार लगभग 57 प्रतिशत प्राथमिक विद्यालय अथवा तो कच्चे भवनों, झोपड़ियों, तम्बुओं अथवा खुले स्थानों में लग रहे थे। देश के कुल प्राथमिक स्कूलों में पीने का पानी और अन्य सुविधाएँ केवल 21 प्रतिशत विद्यालयों में ही थीं। एक-चौथाई विद्यालयों में बैठने के लिए टाट-पट्टी तक नहीं थी। देश के लगभग 49 प्रतिशत प्राथमिक विद्यालयों में श्यामपट तक नहीं थे। वर्तमान में इन सुविधाओं में कुछ सुधार अवश्य हुआ, फिर भी इनका अभाव है। इसी कारण 1986 की राष्ट्रीय शिक्षा नीति में पूरे देश में प्राथमिक विद्यालयों की दशा को सुधारने के लिए एक क्रमिक अभियान प्रारम्भ करने पर जोर दिया गया। इस अभियान को 'ऑपरेशन ब्लैक बोर्ड' की संज्ञा दी गई। साथ ही शिक्षा नीति में इस बात पर जोर दिया गया है कि ऐसे बच्चे, जो बीच में विद्यालय छोड़ गये हैं अथवा ऐसे स्थानों पर रहते हैं जहाँ विद्यालय नहीं हैं, अथवा जो काम में लगे हैं, और वे लड़कियाँ, जो दिन के विद्यालय (Day School) में पूरे समय के लिए नहीं जा सकती हैं, इन सबके लिए एक विशाल और व्यवस्थित निरौपचारिक शिक्षा का कार्यक्रम चलाया जायगा। निरौपचारिक शिक्षा केन्द्रों में अधिगम प्रक्रिया को सुधारने के लिए आधुनिक प्रौद्योगिकी के उपकरणों का प्रयोग किया जायेगा।

आज देश में लगभग 8,111 से अधिक महाविद्यालय तथा 196 से अधिक विश्वविद्यालय एवं राष्ट्रीय संस्थाएँ तथा विश्वविद्यालय के समकक्ष संस्थाएँ हैं। लेकिन 1985 में 17 से 23 आयु-वर्ग के केवल 6 प्रतिशत बालक-बालिकाएँ ही

उच्च शिक्षा-संस्थाओं में थे। यह केवल संख्यात्मक अनुमान है। गुणात्मक दृष्टि से सही स्तर की केवल सीमित ही संस्थाएँ होंगी। अतएव ये 6 प्रतिशत छात्र भी सही ढंग की शिक्षा प्राप्त नहीं कर रहे हैं। 14 वर्ष से बड़ी आयु-वर्ग के सभी लड़के-लड़कियों के लिए हाई स्कूलों, महाविद्यालयों, विश्वविद्यालयों और तकनीकी शिक्षा की उच्च शिक्षा-संस्थाओं की व्यवस्था करना लगभग असम्भव-सा प्रतीत होता है। वर्तमान स्थिति में इस आयु-वर्ग के अन्य छात्रों अथवा नौकरी अथवा व्यवसाय में लगे अन्य व्यक्ति शिक्षा प्राप्त करने के इच्छुक हों तो हम उनके लिए अतिरिक्त व्यवस्था कर सकने में और सक्षम हैं।

राष्ट्रीय शिक्षा नीति (1986) में उक्त समस्या के समाधान के लिए दूरस्थ शिक्षा को एकमात्र साधन के रूप में देखा गया है। भारत सरकार ने उच्च शिक्षा का अधिक अवसर प्रदान करने तथा शिक्षा को लोकतांत्रिक बनाने के लिए खुले विश्वविद्यालय की प्रणाली आरंभ की और 1985 में इन्दिरा गान्धी राष्ट्रीय मुक्त विश्वविद्यालय की स्थापना की।

दूरस्थ शिक्षा के साधन

दूरस्थ शिक्षा के मुख्य तीन साधन हैं–

(1) पत्राचार–पत्राचार के द्वारा छात्रों को विभिन्न विषयों के शिक्षा-विशेषज्ञों द्वारा लिखित पाठ नियत समय पर डाक द्वारा भेजे जाते हैं। अगर किसी समस्या का समाधान करना है अथवा अगर छात्रों की कोई समस्या है तो वे डाक द्वारा ही पत्राचार विभाग से सम्पर्क स्थापित करके अपना कार्य आगे बढ़ा सकते हैं। इस व्यवस्था में केवल परीक्षा देने के लिए ही छात्र परीक्षा केन्द्र पर जाते हैं। भारत में पत्राचार कोर्स का आरम्भ सर्वप्रथम दिल्ली विश्वविद्यालय में 1961-62 में हुआ। अब लगभग 30 विश्वविद्यालयों द्वारा विशेष रूप से बी.ए., बी.एस-सी., बी.कॉम. के लिए तथा कहीं-कहीं स्नातकोत्तर उपाधियों के लिए पत्राचार-पाठ्यक्रम चलाये जा रहे हैं। प्रादेशिक शिक्षा महाविद्यालयों तथा कुछ विश्वविद्यालयों में बी.एड. की परीक्षा तथा कुछ शिक्षा विभागों में एम.एड. की परीक्षा के लिए पत्राचार कोर्स का सहारा लिया जा रहा है। इन पत्राचार कोर्सों को अधिक सफल बनाने के लिए सम्पर्क कार्यक्रमों (Contact Programmes) भी चलाये जा रहे हैं। 1982 में आन्ध्रप्रदेश, हैदराबाद में स्थापित देश का सर्वप्रथम खुला विश्वविद्यालय (Open University) तथा 19 नवम्बर, 1985 को स्थापित 'इन्दिरा गांधी राष्ट्रीय मुक्त विश्वविद्यालय' नई दिल्ली भी देश भर के इच्छुक व्यक्तियों को शिक्षण देने के लिए मुख्य रूप से पत्राचार कोर्स का प्रयोग कर रहे हैं। व्यावसायिक कार्यों में भी कुछ सीमा तक पत्राचार की

विधि को अपनाया जा रहा है। वर्तमान में लगभग 15 लाख व्यक्ति इस साधन से लाभान्वित हो रहे हैं।

(2) रेडियो—रेडियो के द्वारा विद्यालय में बच्चों को पाठ पढ़ाने का कार्यक्रम अनेक वर्षों से चल रहा है। अच्छे विद्यालयों के योग्य अध्यापक प्रसारण केन्द्रों पर पाढ़ पढ़ाने के लिए आमंत्रित किये जाते हैं, वहाँ कक्षा का पूरा वातावरण तैयार किया जाता है। इस कार्यक्रम में पहले अध्यापक पाठ का सार प्रस्तुत करते हैं फिर छात्र प्रश्न पूछते हैं और अध्यापक उनका समाधान प्रस्तुत करते हैं। उन्हें कैसेट में भी टेप किया जाता है जिससे जरूरीता पड़ने पर कार्यक्रम की पुनरावृत्ति की जा सके।

(3) दूरदर्शन—टेलीविज़न दूरस्थ शिक्षा का सबसे उपयोगी और प्रभावी साधन है। यह दृश्य-श्रव्य साधन है। इस कारण इससे प्राप्त ज्ञान कहीं अधिक स्थायी होता है। देश-विदेश के स्थान, घटनाएँ, कवियों, लेखकों, अन्य विषयों के विशेषज्ञों, वैज्ञानिकों से साक्षात्कार, उनकी रचनाओं का उनके द्वारा ही पाठ अथवा चर्चा, विज्ञान सम्बन्धी परीक्षण तथा सामान्य ज्ञान का जितनी अच्छी तरह शिक्षण इस माध्यम से होता है, अन्य किसी माध्यम द्वारा सम्भव नहीं। अतः भारत सरकार ने टेलीविज़न के विस्तार की योजना के क्रियान्वयन को उच्च प्राथमिकता दी है। आज देश की बहुत बड़ी जनसंख्या इससे लाभान्वित हो रही है।

दूरदर्शन के लाभ—इससे होने वाले प्रमुख लाभ की चर्चा आगे की जा रही है—

(i) शिक्षा प्राप्त करने के इच्छुक अधिकांश व्यक्ति, मुख्यतः विद्यालय जाने में असमर्थ नारियाँ, स्वाध्यायी छात्र के रूप में ज्ञान ग्रहण करके परीक्षा में बैठ सकती हैं।

(ii) दूरदर्शन के प्रयोग से विद्यालय एवं महाविद्यालय भवनों, अध्यापकों के वेतन, उपकरणों, साज-सज्जा तथा अन्य मदों पर होने वाला व्यय बचाया जा सकेगा। साथ ही दूरदराज के लोग शिक्षा प्राप्त कर सकेंगे, जहाँ विद्यालय स्थापित करना सम्भव नहीं है।

(iii) व्यवसाय और नौकरी में लगे व्यक्ति अपनी सुविधा में आगे शिक्षा प्राप्त करने की इच्छा की पूर्ति कर सकेंगे।

(iv) देश की अधिकांश शिक्षा-संस्थाओं में दृश्य-श्रव्य सामग्री का तथा योग्य अध्यापकों का अभाव इस माध्यम द्वारा पूर्ण किया जा सकेगा।

(v) दूरदर्शन कार्यक्रमों के माध्यम से विषय-वस्तु तथा शिक्षण-विधि में नवीनता तथा परिवर्तन लाया जा सकेगा।

(vi) अध्यापक-शिक्षा के कार्यक्रमों को इसके माध्यम से प्रस्तुत करके अध्यापकों का उन्मुखीकरण हो सकेगा।

(vii) अनुशासनहीनता की समस्या के समाधान में भी सहयोगी है क्योंकि इसके प्रयोग से विद्यालयों की भीड़ को कम किया जा सकेगा।

(viii) दूरदर्शन स्वाध्याय पर अधिक जोर देता है। इस कारण इसके प्रयोग से दूरस्थ शिक्षा अधिक स्थायी हो सकेगी।

राष्ट्रीय मुक्त विश्वविद्यालय

1979 में माध्यमिक शिक्षा बोर्ड (Central Board of Secondary Education—CBSE) दिल्ली द्वारा देश में अपनी तरह का पहला 'मुक्त विद्यालय' (Open School) दिल्ली में खोला गया। भारत सरकार ने नवम्बर, 1979 में एक परियोजना रपट के आधार पर शिक्षा विभाग, मानव संसाधन विकास मंत्रालय के प्रशासकीय नियंत्रण के भीतर एक स्वायत्तशासी निकाय और पंजीकृत समिति के रूप में राष्ट्रीय मुक्त विद्यालय की स्थापना का निर्णय लिया और मुक्त विद्यालय को इसमें मिला दिया। अक्टूबर, 1990 में भारत सरकार के एक प्रस्ताव द्वारा राष्ट्रीय मुक्त विद्यालय को अपनी ब्रिज/माध्यमिक/उच्च माध्यमिक परीक्षाएँ आयोजित करने तथा प्रमाण-पत्र जारी करने का अधिकार दिया गया। राष्ट्रीय मुक्त विद्यालय सुदूर शिक्षा के माध्यम से लाखों लोगों को वैकल्पिक मुक्त शिक्षा व्यवस्था उपलब्ध करवाता है जिनमें ग्रामीण जन, शहरी क्षेत्रों के गरीब लोग, महिलाएँ, अनुसूचित जातियों तथा जनजातियों के लोग, कामगर, वयस्क तथा पढ़ने से छूट चुके वे लोग शामिल हैं जो औपचारिक विद्यालय व्यवस्था से जुड़ने में असमर्थ हैं। यह शिक्षा को प्रेरित शिक्षार्थियों तक ले जाता है और उन्हें उनकी सहूलियत के समय, स्थान तथा क्षमतानुसार पढ़ने की अनुमति देता है। हाल में राष्ट्रीय मुक्त विद्यालय ने कई व्यावसायिक पाठ्यक्रमों की शुरुआत की है।

वर्तमान में राष्ट्रीय मुक्त विद्यालय में देश के सभी केन्द्र-शासित प्रदेशों तथा राज्यों से 2 लाख से अधिक छात्रों का नामांकन है। 1992-93 के आखिरी पंजीयन वर्ष में 57.14 प्रतिशत छात्र शैक्षिक तथा सामाजिक रूप से सुविधाहीन वर्गों के थे जिनमें महिलाएँ (37.29 प्रतिशत), अनुसूचित जातियाँ तथा जनजातियाँ (18. 78%), सेवामुक्त लोग (0.39%) तथा विकलांग (0.68%) हैं और इन्हें शुल्क में भी छूट दी जाती है। राष्ट्रीय मुक्त विद्यालय की कार्य-योजना में मान्यताप्राप्त अध्ययन केन्द्रों का मुख्य स्थान है और ये विविध प्रकार की सेवाएँ उपलब्ध करवाते हैं। वर्तमान समय में राष्ट्रीय मुक्त विद्यालय के सम्पूर्ण देश में 339 मान्यताप्राप्त अध्ययन केन्द्र हैं। इनमें 300 केन्द्र सामान्य शिक्षा के लिये और 39 व्यावसायिक शिक्षा के लिये हैं।

3. मुक्त विश्वविद्यालय श्रमिकों की शिक्षा को जीवनोपयोगी बनाने में सहायक सिद्ध होगा।

4. मुक्त विश्वविद्यालय की स्थापना से परम्परागत विश्वविद्यालयों में प्रवेश की संख्या कम हो जायेगी और वे (परम्परागत विश्वविद्यालय) चुने हुए लोगों को प्रवेश दे सकेंगे। इससे उच्च शिक्षा के स्तर को उन्नत बनाने में मदद मिलेगी।

अन्त में, हम श्री चैतन्य के मत को इन शब्दों में प्रस्तुत कर सकते हैं–"खुले अथवा मुक्त विश्वविद्यालय का विचार एक उपयोगी एवं उत्तम विचार है। यह सभी प्रकार के लोगों, स्थानों, पद्धतियों तथा अन्ततः विचारों के लिए खुला होगा। इसके छात्र सम्पूर्ण देश में फैले होंगे और उन्हें सभी उपलब्ध तकनीकों से शिक्षा प्रदान की जायेगी। विषय तथा छात्रों के चयन में अधिकतम लचीलापन बरता जायगा। यह परम्परागत विश्वविद्यालय में प्रवेश न पाने वाले छात्रों तथा कार्यरत लोगों के लिए शिक्षा प्राप्त करने का सुअंवसर प्रदान करेगा।"

मुक्त विश्वविद्यालय

इंग्लैण्ड में खुले विश्वविद्यालय का विचार सर्वप्रथम वहाँ के प्रधानमंत्री हेरोल्ड विल्सन ने 1963 में ग्लासगो में दिया। उन्होंने उसे 'हवाई विश्वविद्यालय' (Air University) नाम दिया। पश्चात् में उसे 'खुले विश्वविद्यालय' (Open University) में परिवर्तित कर दिया। प्रारम्भिक वर्षों में इस विश्वविद्यालय में लगभग 20 हजार छात्र थे। बाद में बी.बी.सी. खुले विश्वविद्यालयों के लिए 30 घण्टे प्रति सप्ताह दूरदर्शन पर और 30 घण्टे प्रति सप्ताह ही रेडियो पर विशिष्ट प्रोग्राम देने लगा। संयुक्त राष्ट्र अमेरिका में न्यूयार्क स्टेट एजूकेशन डिपार्टमेन्ट ने फोर्ड फाउण्डेशन के आर्थिक सहयोग से खुले विश्वविद्यालय के आधार पर स्नातक कार्यक्रम प्रारम्भ किये। इसमें टेपरिकार्डरों के कैसेट्स, पत्राचार तथा दूरदर्शन के माध्यम से शिक्षण कार्य किया गया। आवश्यकता पड़ने पर ट्यूटोरियल कक्षाओं की भी व्यवस्था की गई। एशिया में खुले विश्वविद्यालय का विचार सर्वप्रथम जापान में लागू किया। इसका नाम 'यूनीवर्सिटी ऑफ दी एयर' रखा गया। इसमें शिक्षण कार्य के लिए रेडियो, दूरदर्शन आदि का प्रयोग किया गया। भारत में सर्वप्रथम दिल्ली विश्वविद्यालय ने पत्राचार निदेशालय के माध्यम से स्नातक उपाधि के मैसूर पत्राचार पाठ्यक्रम आरंभ किये। इसके पश्चात् पंजाबी विश्वविद्यालय, मैसूर, दिल्ली राजस्थान आदि विश्वविद्यालयों ने पत्राचार पाठ्यक्रम आरंभ किये। बाद में कई स्थानों—कोटा, नई दिल्ली आदि पर खुले विश्वविद्यालय स्थापित किये गये।

लार्ड क्रउथर ने जुलाई 1969 में खुले विश्वविद्यालय के खुलेपन (Openness) के अग्रलिखित बिन्दु प्रस्तुत किये–

1. मानव की दृष्टि से खुलापन
2. स्थान की दृष्टि से खुलापन
3. शिक्षा-विधियों का खुलापन
4. विचारों की दृष्टि से खुलापन
5. आर्थिक दृष्टि से खुलापन।

overuse or excessive use of words can result in serious problem, chiefly, the problem of verbalism (using or adopting words or phrases without considering what they mean) and forgetting."

ये साधन प्रभावाशाली संचार प्रक्रिया साधन बनकर मौखिकता की समस्याओं के समाधान में सहायक हो सकते हैं।

11. पर्याप्त प्रभाव प्रदान करना—प्रभावशाली रूप में सीखना अनुभवों द्वारा बनाए गए प्रभावों पर निर्भर करता है। ये साधन प्रभाव के रूप में अपना चिह्न छोड़ देते हैं और स्थाई रूप से सीखने में सहायक होते हैं।

12. विषय वस्तु की स्पष्टता—ये साधन पृथक्-पृथक् विषयों से सम्बन्धित कठिन धारणाओं तथा क्रियाओं को स्पष्ट करने में मदद करते हैं। अतः मौखिक अनुभवों की अधिक आवश्यकता नहीं पड़ती।

13. प्रत्यक्ष अनुभव के लिए एक उत्तम स्थानापन्न—जहाँ ऐसा अध्यापन सम्भव नहीं होता कि छात्रों को प्रत्यक्ष अनुभव प्रदान किया जा सके वहाँ दृश्य साधन वास्तविक वस्तुओं के लिए बहुमूल्य स्थानापन्न (Substitute) सिद्ध होते हैं जिनसे अधिगम अधिक सार्थक बन सकती हैं।

14. स्रोतों अथवा साधनों की कमी अथवा अपर्याप्तियों (न्यूनताओं) को पूरा करने में मदद—दृश्य-श्रव्य साधनों का प्रयोग निम्नलिखित समस्याओं को सुलझाने में मदद करता है—

(i) स्कूल जाने वाली जनसंख्या में वृद्धि।

(ii) कक्षा-कक्ष और स्थान की कमी।

(iii) अध्यापक और अधिगम के लिए प्राप्त सुविधाओं की अपर्याप्तता।

(iv) समय की प्रगति के साथ-साथ अत्यधिक ज्ञान प्राप्ति की बढ़ती हुई माँग।

15. वैज्ञानिक मनोवृत्ति के विकास में मदद—इन साधनों को प्रयोग छात्रों में वैज्ञानिक मनोवृत्ति विकसित करने में सहायक होता है। सुने हुए तथ्यों के साथ सहमत होने की अपेक्षा वे दृश्य-श्रव्य साधनों की मदद से उनका निरीक्षण कर सकते हैं।

16. सीखने वालों को पुनर्बलन देना—इन साधनों के प्रयोग से छात्रों को पुंनर्बलन मिलता है और सीखना आसान हो जाता है।

इस प्रकार हम देखते हैं कि अगर दृश्य श्रव्य साधनों का ठीक प्रकार प्रयोग किया जाए तो वे अच्छे सेयक सिद्ध हो सकते हैं और अगर शिक्षण की प्रक्रिया में हर समय मशीनों का ही प्रयोग करते रहें और उनके अधीन हो जाएँ तो वे बुरे स्वामी भी सिद्ध हो सकते हैं।

चयन के सिद्धान्त

दृश्य-श्रव्य सामग्री के चयन के लिए अध्यापक को कुछ मार्गदर्शक सिद्धान्तों का अनुकरण करना चाहिए। ये सिद्धान्त अग्रलिखित हैं :–

1. चुनाव का सिद्धान्त—चुनी हुई दृश्य श्रव्य सामग्री शैक्षिक तथा विषय के उद्देश्यों के अनुसार होनी चाहिए। ये छात्रों की योग्यताओं के अनुसार होनी चाहिए। इनके लिए निम्न बातों का ध्यान रखना चाहिए–

(i) ये अधिगम उद्देश्यों की प्राप्ति में सहायक होनी चाहिए।

(ii) ये रुचिकर तथा प्रेरणादायक होनी चाहिए।

(iii) ये सामग्री छात्रों की योग्यताओं, आयु-स्तर तथा दर्जे के अनुकूल होनी चाहिए।

(iv) ये सामग्री अनुभव प्रदान करने के लिए सही तथा यथार्थ होनी चाहिए।

2. तैयारी का सिद्धान्त—चुनी हुई सामग्री के प्रयोग के लिए अध्यापक तथा छात्र दोनों ही पहले से ही तैयार रहने चाहिए। इसके लिए निम्न बातों को ध्यान में रखें–

(i) चुनी हुई सामग्री की प्राकृति तथा इसे किस तरह प्रयोग में लाया जाए, यह जानकारी अध्यापक को होनी चाहिए।

(ii) जिस साधन का प्रयोग अध्यापक को करना है उसके प्रयोग के लिए निर्देश-पुस्तिका अध्यापक पथप्रदर्शिका का पहले ही अध्ययन कर लेना चाहिए।

(iii) जो सामग्री प्रयोग की जाती है उसके प्रयोग के लिए विद्यार्थियों को मानसिक रूप से तैयार कर लेना चाहिए।

(iv) छात्रों का उचित मार्ग-दर्शन करना अध्यापक का मुख्य कार्य होता है ताकि वे सहायक साधनों का पूर्ण लाभ उठा सकें।

(v) विद्यार्थियों को इन साधनों से सम्बन्धित शिक्षण अधिगम (Teaching Learning) क्रियाओं में उनके शामिल होने के उद्देश्यों का पूर्ण ज्ञान होना चाहिए।

3. भौतिक नियन्त्रण का सिद्धान्त—इस सिद्धान्त के तहत अध्यापक द्वारा दृश्य-श्रव्य सहायक सामग्री के प्रयोग से सम्बन्धित भौतिक सुविधाओं का प्रबन्ध करना अथवा जरूरी ब्योरा प्राप्त करना आदि आ जाते हैं ताकि उस सामग्री तथा जरूरी वस्तुओं को सुरक्षित करने में मदद मिल सके तथा समय की बचत हो।

4. उपयुक्त प्रस्तुतीकरण का सिद्धान्त—इस सिद्धान्त के अनुरूप अध्यापक द्वारा सहायक सामग्री के उपयुक्त प्रस्तुतीकरण की अपेक्षा की जाती है। इसके लिए निम्नलिखित बातों पर ध्यान देना चाहिए–

9. फलेनल बोर्ड
10. संग्रहालय
11. जादू की लालटेन
12. चित्र विस्तारक यन्त्र
13. स्लाइडें, फिल्म पट्टियों तथा चित्रदर्शक
14. मूक चित्र
15. श्याम पट

श्रव्य-दृश्य सामग्री

1. चलचित अथवा सिनेमा
2 समाचार सम्बन्धी फिल्म
3. टेलिविजन
4. ड्रामा

श्रव्य सामग्री

ये वे साधन हैं जिनमें श्रवण इन्द्रिय का प्रयोग होता है यानि जिनसे ज्ञान कान द्वारा प्राप्त होता है—

1. रेडियो—आधुनिक जीवन में रेडियो का विकास इतना अधिक हो गया है कि अब यह हर आदमी के लिए आवश्यकता की वस्तु बन गया है। रेडियो द्वारा छात्रों को आधुनिक घटनाओं तथा नई-नई सूचनाओं का ज्ञान दिया जाता है। उच्चकोटि के शिक्षा शास्त्रियों से राष्ट्रीय तथा अन्तर्राष्ट्रीय समस्याओं के बारे में भाषण रेडियो द्वारा सुनने को मिलते हैं। उनमें राष्ट्रीयता की भावना पैदा की जाती है। रेडियो पर प्रसिद्ध कलाकारों और संगीतज्ञों के प्रोग्रामों से छात्रों को गाने-बजाने की शिक्षा दी जाती है। अतः आधुनिक शिक्षा के क्षेत्र में रेडियो का विशेष महत्त्व है। हर स्कूल रेडियो सेट रखे हुए हैं।

रेडियो पर प्रसारित होने वाले पाठों की सूचना प्रकाशनों द्वारा पहले ही दे दी जानी चाहिए। इन प्रकाशनों में कक्षा, प्रकरण, दिनांक और समय आदि दिए जाने चाहिए। रेडियो पाठ प्रसारित होने से पहले विद्यार्थियों को तैयार कर लेना चाहिए। पाठ के साथ अगर मानचित्र, ग्लोब आदि उपकरणों का उपयोग करने के निर्देशन हों तो उनका भी इन्तजाम कर लेना चाहिए।

छात्रों को शान्तिपूर्वक सुनने के लिए कहा जाना चाहिए। बीच में प्रश्न नहीं पूछे जाने चाहिए। प्रश्नों को अपनी-अपनी कापी में लिख लेना चाहिए। रेडियो पाठ पूरा होने के पश्चात् छात्रों को प्रश्न पूछने का अवसर दिया जाना चाहिए।

रेडियो पाठ के पश्चात् यह देखना जरूरी है कि पाठ के उद्देश्यों की प्राप्ति किस सीमा तक हो पाई है। अगर कोई कभी पाई जाए तो भविष्य में इसका सुधार किया जाना चाहिए।

2. ग्रामोफोन तथा लिंग्वाफोन—ये भी शिक्षण के महत्त्वपूर्ण उपकरण हैं। ग्रामोफोन द्वारा छात्रों को गाने तथा भाषण की शिक्षा दी जाती है। लिंग्वाफोन द्वारा छात्रों के उच्चारण (Pronunciation) को शुद्ध कराया जाता है। इन दोनों उपकरणों का प्रयोग करने के पश्चात् अध्यापक को छात्रों के सामने विषय का स्पष्टीकरण अवश्य देना चाहिए। इससे छात्र ज्ञान को सरलतापूर्वक सीख सकते हैं।

3. टेप रिकार्डर—यह एक नया उपकरण है। इसमें व्यक्ति अपनी ध्वनि को भरकर किसी भी समय उसे पुनः सुन सकता है। इसका प्रयोग महापुरुषों के प्रवचन, नेताओं के भाषण तथा प्रसिद्ध कलाकारों की कविताएँ एवं संगीत आदि सुनवाने में किया जाता है। अध्यापक तथा छात्र भी इसमें अपनी ध्वनि भरकर पुनः सुन सकते हैं। इसकी मदद से उनके उच्चारणों को सुधारने में, बोलने की गति तथा स्वर प्रभाव सम्बन्धी त्रुटियों को दूर करने में मदद मिलती है। यह महँगा है इसलिए इसका प्रयोग स्कूलों में बहुत कम होता है।

दृश्य सामग्री

ये वे साधन हैं जिनमें केवल दृश्य इन्द्रि का प्रयोग होता है। दृश्य साधन निम्न दिए गए हैं–

1. वास्तविक पदार्थ—इनका अर्थ मूल वस्तुओं से है। ये पदार्थ छात्रों को निरीक्षण और परीक्षण के अवसर प्रदान करके उनकी अवलोकन (Observation) शक्ति का विकास करते हैं। इन पदार्थों के उपयोग से नाना प्रकार के अनुभव प्राप्त होते हैं। छात्रों को मेज, कुर्सी, रोटी, कपड़ा, फल, फूल और थर्मामीटर तथा भौतिक तुला आदि का ज्ञान देने के लिए वास्तविक पदार्थ काम में लिए जाते हैं। अतः अध्यापक को अधिक-से-अधिक वास्तविक पदार्थों को स्कूल के संग्रहालय (Museum) में रखना चाहिए।

2. नमूने—ये वास्तविक पदार्थों अथवा मूल वस्तुओं के छोटे रूप होते हैं। बड़े वास्तविक पदार्थों के छोटे नमूने दिखाए जा सकते हैं जैसे–हाथी, घोड़े, रेल का इंजन तथा जहाज आदि इतने बड़े होते हैं कि उन्हें कक्षा में नहीं लाया जा सकता है। इसलिए इन सबका ज्ञान देने के लिए उनके नमूने दिखाए जाते हैं। ये नमूने चाहे बड़े हों अथवा छोटे, वास्तविक पदार्थों से मिलते-जुलते होने चाहिए। ये नमूने आकर्षक होने चाहिए। नमूनों की लम्बाई, चौड़ाई तथा मोटाई तीनों स्पष्ट रूप से दिखाई पड़ती हैं, इसलिए ये चित्रों की अपेक्षा अधिक लाभदायक होते हैं।

3. **चित्र**—इन चित्रों का प्रयोग उस समय करते हैं जबकि न तो नमूने और न ही वास्तविक पदार्थ मिल सकें। ये चित्र पदार्थों तथा नमूनों से सस्ते मिल जाते हैं। चित्रों की मदद से जो ज्ञान दिया जाता है उसे छात्र जल्दी ग्रहण करते हैं। चीन की एक कहावत है कि "एक चित्र दस हजार शब्दों के बराबर होता है" A Chinese saying is that "A picture is worth ten thousand words" छोटी कक्षाओं में चित्रों का प्रयोग बहुत लाभदायक होता है। चित्र विशेषरूप से भूगोल, इतिहास, विज्ञान, भाषा बागवानी व प्रकृति निरीक्षण आदि विषयों के पढ़ाने में अवश्य प्रयोग किए जाने चाहिए। चित्रों का आकार बड़ा होना चाहिए तथा उनमें पाठ से सम्बन्धित मुख्य-मुख्य बातें ही दिखनी चाहिए।

4. **मानचित्र**—मानचित्रों का प्रयोग अधिकतर भूगोल तथा इतिहास विषयों को पढ़ाने में किया जाता है। अध्यापक को मानचित्र स्वयं बनाने चाहिए और उनमें केवल उन्हीं बातों को सुन्दर ढंग से अंकित करें जिनकी नितान्त आवश्यकता होती है। अध्यापकों को मानचित्रों पर नाम, शीर्षक, दिशा तथा संकेत आदि लिख लेने चाहिए तथा उनमें रंगों का प्रयोग कल्पना, अनुभव तथा कलात्मक भाव से करना चाहिए।

5. **रेखा-चित्र तथा खाके**—कई बार अध्यापक वास्तविक पदार्थ, उनके चित्र तथा माडल प्राप्त करने में असमर्थ रहता है। ऐसी स्थिति में अध्यापक को भाव प्रकाशन के लिए श्यामपट पर रंगीन चाक से रेखा-चित्र तथा खाके खींच लेने चाहिए। इनका प्रयोग भूगोल, भाषा, इतिहास, गणित एवं विज्ञान आदि विषयों को पढ़ाने के लिए किया जाता है। अध्यापक को भी रेखाचित्र तथा खाके बनाने का अभ्यास कर लेना चाहिए।

6. **ग्राफ**—इसके प्रयोग से विद्यार्थियों को भूगोल, इतिहास, गणित तथा विज्ञान आदि अनेक विषयों का ज्ञान देने में मदद मिल सकती है। जैसे—भूगोल के पाठ में जलवायु, उपज तथा जनसंख्या आदि का ज्ञान दिया जा सकता है। विज्ञान का पाठ पढ़ाते समय भी ग्राफ की मदद ली जा सकती है। अध्यापक को विभिन्न विषयों का शिक्षण करते समय आवश्यकतानुसार ग्राफ स्वयं भी बनाने चाहिए तथा छात्रों से भी बनवाने चाहिए।

7. **चार्ट**—ये भी शिक्षण के उद्देश्य प्राप्त करने में बहुत सहायक होते हैं। इनका प्रयोग भूगोल, इतिहास, नागरिक शास्त्र, अर्थशास्त्र तथा विज्ञान आदि विषयों में सफलतापूर्वक किया जा सकता है। पाठ की आवश्यकताओं को ध्यान में रखते हुए अध्यापक को चार्ट स्वयं तैयार करने चाहिए। चार्ट सुन्दर तथा आकर्षक होने चाहिए ताकि छात्र उनकी ओर आकर्षित हो जाए और प्रयोजन को

आसानी से स्पष्ट किया जा सके।

8. **बुलैटिन बोर्ड**—इस बोर्ड पर देशा की राजनैतिक, सामाजिक तथा आर्थिक समस्याओं से सम्बन्धित चित्र, ग्राफ, आकृति, लेख एवं जरूरी सूचनाओं को प्रदर्शित किया जा सकता है और इसके प्रयोग से छात्रों की जिज्ञासा ज्ञान अर्जित करने के लिए उत्पन्न की जा सकती है। इस बुलैटिन बोर्ड पर प्रदर्शित की जाने वाली सामग्री छात्रों की आयु, मानसिक स्तर, रुचि तथा योग्यता के अनुसार होनी चाहिए। इस बोर्ड पर प्रदर्शित की जाने वाली सामग्री एक क्रम में व्यवस्थित की हुई होनी चाहिए। यह बोर्ड इतनी ऊँचाई पर लगाया जाना चाहिए कि छात्रों को ठीक प्रकार दिखाई दे जाए। ये बोर्ड सुन्दर होना चाहिए और छात्रों को अपनी इकट्ठी की हुई सामग्री को प्रदर्शित करने का मौका दिया जाना चाहिए।

9. **फ्लेनल बोर्ड**—शिक्षण में इसका भी बहुत महत्त्व है। हार्ड बोर्ड अथवा प्लाईवुड के बोर्ड पर फ्लेनल के कपड़े को खींचकर बाँध दिया जाता है और यह बोर्ड तैयार हो जाता है। इस पर प्रदर्शित किए जाने वाले चित्रों तथा मानचित्रों आदि को खुरदरे कागज (Sand Paper) पर गोंद से चिपकाया जाता है। इससे ये टुकड़े फ्लेनल बोर्ड पर चिपके रहते हैं और प्रयोग के पश्चात् आसानी से हटाए जा सकते हैं। इस पर विभिन्न विषयों से सम्बन्धित चित्र, मानचित्र, रेखाचित्र तथा ग्राफ आदि प्रदर्शित किए जाते हैं। इसका प्रयोग छोटी कक्षाओं में भाषा तथा अंकगणित और बड़ी कक्षाओं में इतिहास, भूगोल, अर्थशास्त्र, नागरिक शास्त्र तथा गणित एवं विज्ञान आदि विषयों के शिक्षण के लिए किया जाता है।

10. **श्यामपट**—यह एक बहुत ही सस्ता और अच्छा सहायक साधन माना जाता है। इसका प्रयोग शिक्षण में सबसे अधिक किया जाता है। इसके बिना कक्षा में शिक्षण असम्भव सा लगता है। श्यामपट का प्रयोग निम्न तथ्यों के शिक्षण में करना चाहिए–

1. पदों, नियमों, कठिन शब्दों तथा सिद्धान्तों को स्पष्ट करने के लिए।
2. शिक्षार्थियों को अभ्यास करने के लिए।
3. लिखित कार्य, गृह-कार्य तथा जाँच कार्य मे सम्बन्धित प्रश्न लिखने के लिए।
4. दो विचारों और सिद्धान्तों में तुलना करने के लिए।

श्याम पट के उपयोग की सावधानियाँ–

1. श्यामपट का प्रयोग करने के लिए उसे साफ कर लेना चाहिए।
2. इस पर रंग रोगन व पालिश करनी चाहिए।

3. इस पर लिखते समय अध्यापक को इस प्रकार खड़ा होना चाहिए कि अधिकाँश छात्र सुविधापूर्वक इसे देख सकें।

4. एक ही समय में एक अथवा दो रेखाचित्रों से अधिक इस पर खींचना ठीक नहीं होता।

5. इसका प्रयोग करने के पश्चात् इसे साफ कर देना चाहिए।

6. श्यामपट ऐसे स्थान पर रखना चाहिए जहाँ सब छात्र इसे अच्छी तरह देख सकें।

7. श्यामपट पर चित्र बनाने के लिए अध्यापक रंगदार चाकों का प्रयोग करें ताकि चित्रों के सभी भागों को अलग-अलग रंगों से स्पष्ट रूप से दिखाया जा सके।

11. संग्रहालय—ये भी एक महत्त्वपूर्ण उपकरण है। इसमें सभी वस्तुओं को इकट्ठा करके रखा जाता है जिनकी मदद से पाठ रोचक बनाया जा सकता है। इन एकत्रित की हुई वस्तुओं का प्रयोग भूगोल, इतिहास, गणित तथा विज्ञान आदि विषयों के शिक्षण के लिए किया जाता है। स्कूल के संग्रहालय में अलग-अगल तरह के डाक-टिकट, सिक्के, पुरातन अर्थशास्त्र, यन्त्र और कीड़े-मकोड़े इक्ट्ठे किए जाते हैं। अतः स्कूल के संग्रहालय में नाना प्रकार की वस्तुएँ इक्ट्ठी करने के लिए छात्रों को उत्साहित किया जाना चाहिए।

12. जादू की लालटेन—यह एक चित्र प्रदर्शक यन्त्र है। इस लालटेन के प्रयोग के लिए स्लाइडों की आवश्यकता होती है। विभिन्न विषयों की शिक्षा देने के पश्चात् अगर उहीं से सम्बन्धित स्लाइडें दिखा दी जाएँ तो उनका ज्ञान लेने में आसानी हो जाती है और छात्र उसे कभी नहीं भूलेंगे। यह लालटेन अमूर्त तथ्यों तथा गूढ़ विचारों को सीखने के लिए एक महत्त्वपूर्ण साधन है। इसके प्रयोग के लिए निम्न सावधानियाँ रखनी चाहिए।

1. स्लाइडें दिखाने से पहले अध्यापक को प्रस्तावना के रूप मे विषय के सम्बन्ध में टिप्पणी देनी चाहिए।

2. स्लाइडों को स्पष्ट करने के लिए कुछ व्याख्याएँ भी दी जानी चाहिए।

13. चित्र विस्तारक यन्त्र—यह यन्त्र पाठ को अधिक स्पष्ट ओर रोचक बना देता है। इस यन्त्र से छोटे-छोटे चित्रों, पोस्टरों, मानचित्रों और पुस्तक के पृष्ठों को कमरे में अन्धेरा करके पर्दे पर बड़ा करके दिखाया जाता है। यह यन्त्र आधुनिक शिक्षा के क्षेत्र में नागरिक शास्त्र, अर्थ-शास्त्र, इतिहास तथा भूगोल आदि विषयों को पढ़ाने के लिए काम में लिया जाता है। दूसरे देशों में इसका प्रयोग बहुत किया जाता है। इसमें दिखाए जाने वाले चित्रों का आकार इसके अनुसार

ही होना चाहिए। इसका प्रयोग करते समय टिप्पणियाँ देते रहना चाहिए ताकि विषय का ज्ञान स्पष्ट हो जाए।

14. स्लाइडें, फिल्म पट्टियां तथा चित्र-दर्शक—भिन्न-भिन्न विषयों की सूक्ष्म-से-सूक्ष्म बातों को पर्दे पर बड़ा करके दिखाने के लिए स्लाइडों का प्रयोग किया जाता है। साथ-साथ अध्यापक पाठ की कठिन तथा बारीक बातों को स्पष्ट करता जाता है और पाठ रोचक व सरल बन जाता है। ये स्लाइडें शीशे की बनाई जाती हैं।

अब स्लाइडें फिल्म के ऊपर भी बनाई जाने लगी हैं। इन्हीं को फिल्म पट्टी (Film Strips) कहा जाता है। इस पट्टी को बनाने के लिए पाठ से सम्बन्धित 15 अथवा 20 स्लाइडों को 35 मिलीमीटर की फोटोग्राफी की फिल्म पर उतार लिया जाता है। इस फिल्म पट्टी को चित्र-दर्शक (Projector) द्वारा पर्दे पर बड़ा करके कक्षा के सामने दिखाया जाता है।

आधुनिक समय में चित्र-दर्शक (Projector) का महत्त्व अधिक बढ़ गया है। इस पर स्लाइडों तथा फिल्म-पट्टियों को एक क्रम से दिखाया जाता है। कहने का अभिप्राय यह है कि जिस प्रकार सिनेमा में विज्ञापन दिखाए जाते हैं उसी तरह से चित्र-दर्शक से फिल्म पट्टियों द्वारा विभिन्न विषयों से सम्बन्ध रखने वाले चित्रों की आवश्यकतानुसार लगातार व रुक-रुक कर हर तरह से दिखाया जा सकता है।

15. मूक चित्र—यह चलचित्र का पहला रूप है। इसमें ध्वनि नहीं होती और क्रियाएँ पूरी दिखाई जाती हैं। इसके द्वारा विभिन्न विषयों तथा क्रियाओं जैसे—सफाई के साधन, विभिन्न रोगों से बचने के उपाए तथा प्राकृतिक दृश्यों एवं वर्णनों को क्रियारूप में आसानी से पढ़ाया जा सकता है। अतः मूक चित्रों का शिक्षण में बहुत महत्त्व माना गया है।

श्रव्य-दृश्य सामग्री

ये वे साधन हैं जिनमें श्रव्य तथा दृश्य दोनों इन्द्रियों का प्रयोग होता है। ये भी कह सकते हैं कि जिनमें ज्ञान को श्रव्य तथा दृश्य दोनों इन्द्रियों के द्वारा प्राप्त किया जा सके। अतः श्रव्य तथा दृश्य दोनों ही इन्द्रियों के साथ-साथ प्रयोग करने से ज्ञान प्राप्त होता है।

1. चलचित्र अथवा सिनेमा—यह मूक चित्र का दूसरा रूप कहा जाता है। इसमें क्रियाओं के साथ-साथ ध्वनि की भी व्यवस्था होती है। यह शिक्षा का सस्ता, सुलभ तथा यंत्रीकृत साधन है। इसके द्वारा प्राप्त किया हुआ ज्ञान अधिक स्थायी होता है क्योंकि इसमें देखने तथा सुनने की दोनों ही इन्द्रियाँ काम करती हैं। यह ऐतिहासिक घटनाओं और वैज्ञानिक अनुसन्धानों का ज्ञान देने में सहायक होता

है। इसके द्वारा विभिन्न देशों की स्थितियों, परिस्थितियों तथा मानव और उसके कार्यकलापों का ज्ञान दिया जाता है। इसके द्वारा छात्रों को सामाजिक, आर्थिक, धार्मिक व नैतिक रूप से विकसित किया जाता है। शैक्षिक चित्र जिनमें भूगोल, इतिहास, अर्थशास्त्र, समाज-शास्त्र तथा विज्ञान आदि विषयों की सामग्री का समावेश हो, दिखाए जाने चाहिए। स्कूलों में 16 मिलीमीटर वाले प्रोजेक्टर द्वारा छात्रों को फिल्में दिखाई जा सकती हैं और भारत सरकार के दूतावासों से शैक्षिक फिल्में निःशुल्क मिलती हैं जिनमें लाभ उठाया जा सकता है।

2. समाचार सम्बन्धी फिल्म—इन फिल्मों से अभिप्राय है कि जिनके द्वारा छात्रों को सामाजिक विषयों की शिक्षा दी जाए। इस प्रकार की फिल्मों द्वारा जनता को देश के राजनैतिक आर्थिक व सामाजिक जीवन से सम्बन्धित परिस्थितियों, घटनाओं तथ योजनाओं के सम्बन्ध में ज्ञान दिया जाए। इसके द्वारा देश के प्रत्येक नागरिक को अपने देश के सम्बन्ध में महत्त्वपूर्ण समाचार प्राप्त हो सकते हैं। इसकी मदद से छात्रों को सामाजिक, नैतिक तथा धार्मिक शिक्षा बड़े सरल व रोचक ढंग से दी जा सकती है। अतः इस प्रकार की फिल्मों द्वारा छात्रों को जहाँ मनोरंजन होता है वहाँ शैक्षिक लाभ भी होते हैं।

3. टेलीविजन—ये भी रेडियो की तरह शिक्षा का एक महत्त्वपूर्ण उपकरण है। टेलीविजन पर छात्रों को उच्च कोटि के शिक्षा शास्त्री तथा कलाकारों की वाणी के साथ-साथ उनकी शक्लों तथा कार्यक्रमों में भाग लेते हुए भी दिखा सकते हैं। इसकी मदद से छात्रों के कान व आँख दोनों ही इन्द्रियों का विकास किया जा सकता है। टेलिविजन पर शिक्षा शास्त्रियों द्वारा बातचीत, भाषण देना तथा शैक्षिक अभिनय आदि अनेक बातों को छात्र सरलतापूर्वक सीख सकते हैं।

4. नाटक—यह दृश्य-श्रव्य साधन प्राचीन काल से ही शिक्षा जगत में एक महत्त्वपूर्ण स्थान रखता है। नाटक देखने अथवा उसमें भाग लेने से ही छात्र शिक्षण की क्रिया में भाग ले रहे होते हैं और वे स्वाभाविक रूप से ही सामाजिक, आर्थिक, धार्मिक व व्यावहारिक अनुभवों तथा नैतिक आदर्शों एवं गुणों को ग्रहण कर लेते हैं। नाटक के द्वारा छात्रों में राष्ट्रीय तथा अन्तर्राष्ट्रीय भावनाएँ भरी जा सकती हैं। इसका इतिहास के शिक्षण में विशेष महत्त्व है क्योंकि नाटक में भाग लेने से छात्रों को ऐतिहासिक घटनाओं, महापुरुषों के कार्य-कलापों तथा विभिन्न वेश भाषाओं का ज्ञान हो जाता है। नाटक द्वारा छात्रों के मनोरंजन के साथ-साथ विभिन्न विषयों की शिक्षा भी स्वाभाविक रूप से दी जाती है।

19

श्यामपट

श्यामपट शिक्षण के दृश्य उपकरणों में सबसे ज्यादा महत्त्वपूर्ण है। यह ऐसा उपकरण है, जो अध्यापक को कक्षा-अध्यापन के समय प्रति क्षण सरलता से प्राप्त रहता है। इसे चॉक से लिखे जाने के लिए लकड़ी का काला तख्ता नहीं समझा जाना चाहिए, वरन् पाठ को—रोचक, आकर्षक और सरल बनाकर सफल शिक्षण का यह एक महत्त्वपूर्ण साधन है। इस सन्दर्भ में कैनेडी ने उचित ही लिखा है—"श्यामपट चॉक का प्रयोग किये जाने के लिए केवल काली सतह नहीं है, वरन् पाठ का विकास करने के लिए सक्रिय साधन है।"

श्यामपट की उपयोगिता

शिक्षण में श्यामपट इतना अधिक उपयोगी सिद्ध हो चुका है कि विद्यालय के प्रत्येक कक्ष की बुनियादी आवश्यकता श्यामपट है। इसकी उपयोगिता के प्रमुख कारण अग्रलिखित हैं—

(1) यह अध्यापक और छात्रों को अपना ध्यान केन्द्रित करने का एक साधन है।

(2) इस पर लिखी जाने वाली बातें मौखिक बातों की तुलना में छात्रों के लिए अधिक प्रभावोत्पादक होती हैं।

(3) इसको सामूहिक कार्य के लिए सरलतापूर्वक प्रयोग किया जा सकता है।

(4) इस पर छात्र लिखने का अभ्यास कर सकते हैं।

(5) यह छात्रों को सुनने के साथ-साथ देखने का भी मौका देता है। फलतः वे पाठ्य-विषय को सरलता से ग्रहण कर लेते हैं।

(6) यह कठिन परिस्थिति में अध्यापक का सच्चा सहायक है, क्योंकि वह प्रसंग की आवश्यकता के अनुसार इसका उपयुक्त प्रयोग करके अपने विचारों को सरलता के साथ छात्रों के समक्ष प्रस्तुत कर सकता है।

(7) इस पर सम्पूर्ण कक्षा के लिए एक ही समय में सारांश, प्रश्न और गृहकार्य लिखा जा सकता है।

(8) श्यामपट सस्ता उपकरण है।

(9) इससे अध्यापक सफलतापूर्वक अपने छात्रों को समझा सकता है तथा छात्र भी सुगमतापूर्वक सीख सकते हैं।

(10) यह छात्रों में गति को देखने की व उन्हें ग्रहण करने की आदत डालता है।

(11) इसका प्रयोग सभी विषयों के शिक्षण के लिए किया जा सकता है। जैसे—इसका प्रयोग गणित के प्रश्नों को हल करने के लिए, भाषा में नये शब्द और उनके अर्थ को लिखने के लिए, भूगोल और इतिहास के मुख्य तथ्य और सारांश अंकित करने के लिए तथा विज्ञान और ज्यामिति के चित्र को प्रस्तुत करने के लिए किया जा सकता है।

(12) इसका प्रयोग पाठ से सम्बन्धित प्रायः प्रत्येक कार्य के लिए किया जा सकता है; जैसे—चित्र, खाके, नक्शे आदि बनाने में पाठ की रूपरेखा और मुख्य बातें लिखने में आदि।

श्यामपट के गुण

श्यामपट में अग्रलिखित गुण होने चाहिए—

1. श्यामपट काफी बड़ा होना चाहिए, जिससे कि अध्यापक पाठ के लिए जरूरी सभी बातों को उस पर एक साथ लिख सके।

2. श्यामपट की सतह पर किसी प्रकार की चमक नहीं होनी चाहिए, अन्यथा छात्रों को उस पर लिखी हुई बातों को पढ़ने में बहुत कठिनाई होगी।

3. श्यामपट चिकना नहीं होना चाहिए। ऐसे श्यामपट पर लिखना और उस पर लिखी हुई बातों को पढ़ना दोनों कठिन होता है।

4. श्यामपट कक्षा के कोने में न होकर ऐसे स्थान पर होना चाहिए, जहाँ सब छात्र उसको सुगमता से देख सकें।

5. श्यामपट काले रंग का नहीं होना चाहिए, क्योंकि काला रंग आकर्षणहीन होने के साथ-साथ छात्रों के नेत्रों पर अधिक जोर डालता है।

श्यामपट प्रयोग की विधि

श्यामपट प्रयोग की विधि अग्रलिखित है—

1. श्यामपट पर लिखते समय उससे चिपट कर नहीं खड़ा होना चाहिए, क्योंकि चिपट कर खड़ा होने पर लिखने में असुविधा होती है।

2. श्यामपट पर लिखते समय कभी-कभी मुड़कर कक्षा के छात्रों को देख लेना चाहिए जिससे कक्षा में अनुशासन बना रहे।

3. श्यामपट पर लिखते समय चॉक में से किसी प्रकार की आवाज नहीं निकलनी चाहिए, क्योंकि इससे छात्रों का ध्यान बँट जाता है। इसके लिए चॉक को सीधा न पकड़ कर कुछ तिरछा पकड़ना चाहिए।

4. श्यामपट पर लिखते समय चॉक को न तो अधिक दबाना चाहिए और कम, क्योंकि अधिक दबाने से चॉक टूट सकता है और कम दबाने से अक्षर स्पष्ट नहीं होते हैं।

5. श्यामपट पर लिखने के लिए चॉक का बड़ा टुकड़ा प्रयोग में लाना चाहिए।

6. श्यामपट पर लिखने के लिए केवल सफेद चॉक का ही प्रयोग करना चाहिए। रंगीन चॉक का प्रयोग केवल खाके, चित्र आदि बनाने के लिए करना चाहिए।

7. श्यामपट पर लिखने की गति धीमी नहीं होनी चाहिए। ऐसा होने से छात्रों का ध्यान केन्द्रित नहीं रह पाता है।

8. श्यामपट पर बहुत अधिक नहीं लिखना चाहिए, क्योंकि इससे पाठ की प्रगति मन्थर हो जाती है।

9. श्यामपट पर व्यर्थ की बातें न लिखकर केवल मूल बातों को लिखना चाहिए।

10. श्यामपट पर लिखी हुई जिन बातों की ओर छात्रों का ध्यान आकर्षित किया जाना है, उनके नीचे रेखा खींच देनी चाहिए।

11. श्यामपट के बिल्कुल नीचे के भाग में कुछ नहीं लिखना चाहिए, क्योंकि दूर बैठे हुए छात्रों को वह भाग स्पष्ट दिखाई नहीं देता है।

12. श्यामपट पर जो कुछ भी लिखा जाय, उसे पहले मौखिक रूप से बता देना चाहिए, जिससे छात्र समझ जायँ कि क्या लिखा जाने वाला है।

13. श्यामपट पर जो कुछ लिखा जा रहा हो, उसे बोलते रहना चाहिए, इससे छात्र देखने और सुनने—दोनों इन्द्रियों का प्रयोग करके ज्ञान को सुगमता से आत्मसात् कर सकें।

14. श्यामपट पर जिस बात की जितनी देर तक आवश्यकता हो, उतनी ही देर तक लिखी रहने देनी चाहिए। उसके पश्चात् ही उसे मिटा देना चाहिए।

15. हमेशा शुद्ध व स्पष्ट लिखा जाना चाहिए।

16. अगर कोई अशुद्ध शब्द श्यामपट पर लिखा जाय तो उसे उँगली से नहीं मिटाकर कपड़े से मिटाना चाहिए।

17. श्यामपट पर विषय वस्तु को क्रमबद्ध लिखना चाहिए, अन्यथा छात्र लिखी हुई बात को पढ़ने और लिखने में गलती कर जाते हैं।

18. श्यामपट पर लिखे जाने वाले शब्दों और पंक्तियों में काफी दूरी होनी चाहिए। उनको एक-दूसरे के बहुत समीप लिखने से छात्रों को पढ़ने में कठिनाई होती है एवं लेख का आकर्षण भी समाप्त हो जाता है।

19. श्यामपट पर लिखे जाने वाले सभी अक्षर एक ही आकार के होने चाहिए, छोटे-बड़े नहीं।

20. श्यामपट पर लिखे जाने वाले शब्द और पंक्तियाँ सीधी होनी चाहिए।

21. श्यामपट की ओर मुँह करके नहीं बोलना चाहिए, क्योंकि इस प्रकार बोली जाने वाली बात केवल पास बैठे हुए छात्रों को ही सुनाई दे पाती है।

22. श्यामपट को कक्षा समाप्त होने के साथ ही पूर्ण रूप से साफ कर देना चाहिए।

23. शिक्षण आरंभ करने से पहले यह देख लेना चाहिए कि श्यामपट पर कुछ लिखा तो नहीं है। अगर लिखा है, तो उसे मिटा देना चाहिए।

24. श्यामपट पर लिखते समय अध्यापक को कुछ तिरछा होकर खड़ा होना चाहिए। इससे उसकी पीठ किसी भी दशा में छात्रों की ओर नहीं होगी और छात्रों को श्यामपट स्पष्ट दिखाई देना चाहिए।

25. श्यामपट पर लिखते समय अध्यापक को उसके बीच में खड़ा न होकर उसके दाहिनी ओर खड़ा होना चाहिए, जिससे कि छात्र उस पर लिखी हुई सूचना को पढ़ सके।

श्यामपट पर चित्रांकण की विधि

श्यामपट पर चित्रांकन करते समय उसका प्रयोग उसी प्रकार करना चाहिए, जैसा कि उस पर लिखते समय किया जाता है। चित्रांकन सम्बन्धी अन्य बातें अग्रलिखित हैं–

(1) चित्र को सजीव और भावपूर्ण बनाने के लिए उसमें रंगीन चॉक का प्रयोग किया जाना चाहिए।

(2) गणित से सम्बन्धित चित्र अथवा खाके को बनाने के लिए जरूरी उपकरणों का प्रयोग करना चाहिए, जिससे कि उसमें गलती न होने पाये।

(3) जो भी चित्र, मानचित्र, खाका, चार्ट आदि बनाया जाय, उसका पाठ्य-विषय से प्रत्यक्ष सम्बन्ध होना चाहिए।

(4) चित्र बनाने का उद्देश्य–कला का प्रदर्शन न होकर, उसमें निहित किसी विचार अथवा तथ्य को स्पष्ट करके पाठ का विकास करना होना चाहिए।

(5) चित्र सुन्दर, व्यवस्थित और आकर्षक होना चाहिए, जिससे कि वह छात्रों के ध्यान को आकर्षित कर सके।

(6) चित्र बिल्कुल ठीक और स्पष्ट होना चाहिए, क्योंकि गलत चित्र छात्रों के मानसपटल पर गलत प्रभाव डालता है।

(7) चित्र को शीघ्रता से बनाना चाहिए, जिससे कि पाठ की गति मन्थर न हो एवं छात्रों की उसमें रुचि बनी रहे।

(8) चित्र सरल और संक्षिप्त होना चाहिए। उसमें अनावश्यक बातें अंकित करने में समय अधिक नष्ट होता है और छात्रों को उसे समझने में कठिनाई होती है।

20

पाठ्य-पुस्तकें

पाठ्य-पुस्तकें के सन्दर्भ में रिस्क का विचार है—"आधुनिक पाठ्य-पुस्तक शैक्षिक सम्पत्ति है, जिसका आज के कक्षा-पक्ष में महत्त्वपूर्ण स्थान है। पाठ्य-पुस्तक का विभिन्न तरह से प्रभावोत्पादक प्रयोग किया जा सकता है।" अतः शिक्षण में पाठ्य-पुस्तकों का बहुत अधिक महत्त्व है। ऐसे कुछ लोगों के मन में यह गलत धारणा आ गई है कि शिक्षण में पाठ्य-पुस्तकों का अब ज्यादा महत्त्व नहीं रह गया है। वे अपने इस धारणा के पक्ष में तर्क देते हैं कि आज पाठ्य-पुस्तकों का स्थान मौखिक पाठों ने ले लिया है।

रेमॉन्ट का विचार है—"पिछले समय में छात्र अपने पाठ को याद करते थे और अध्यापक को सुनाते थे। आज अध्यापक पाठ को याद करता है और छात्रों को बुलाता है।" इसका मुख्य कारण यह है कि पाठ्य-पुस्तकों का स्थान मौखिक पाठों ने ले लिया है। अतः कुछ व्यक्तियों की यह धारणा बन गई है कि आज के शिक्षण में पाठ्य-पुस्तकों को कोई स्थान नहीं है। यह धारणा निराधार है, क्योंकि पाठ्य-पुस्तकों का प्रयोग दिन-प्रतिदिन बढ़ता चला जा रहा है। इसका कारण बताते हुए रिस्क ने लिखा है—"आधुनिक पाठ्य-पुस्तक शैक्षिक सम्पत्ति है, जिसका आज के कक्षा-कक्ष में महत्त्वपूर्ण स्थान है। पाठ्य-पुस्तक का विभिन्न प्रकार से प्रभावशाली प्रयोग किया जा सकता है।"

पाठ्य-पुस्तकों की आवश्यकता

पाठ्य-पुस्तकों की आवश्यकता को अग्रलिखित बिन्दुओं द्वारा स्पष्ट किया जा सकता है—

(1) छात्रों को विभिन्न लेखको के दृष्टिकोणों की तुलना करने का मौका देकर अपना निष्कर्ष निकालने में मदद देती हैं।

(2) मौन अध्ययन और स्वाध्याय को प्रोत्साहित करके छात्रों में बड़े होकर पढ़ने की आदत डालती हैं।

(3) देश एवं समाज की आवश्यकताओं को ध्यान में रखकर लिखी जाने के कारण छात्रों को नवीनतम ज्ञान प्रदान करती हैं।

(4) पाठ्यक्रम के अनुसार लिखी जाने के कारण अध्यापक को अपनी शिक्षण-योजना तैयार करने में सुगमता प्रदान करती है।

(5) शिक्षण के वर्ष-भर के कार्य और विषय-सामग्री को निर्धारित करती हैं।

(6) अध्यापक को अध्ययन से पूर्व पाठ-योजना बनाने में मदद करती हैं।

(7) पाठ्य-वस्तु निश्चित करके छात्रों की परीक्षा लेने का कार्य सरल बनाती हैं।

(8) उनकी विषय-सामग्री इतनी तर्कपूर्ण, क्रमबद्ध और व्यवस्थित होती है कि अध्यापक को उससे सम्बन्धित बातों को अलग खोजने में समय और शक्ति नष्ट करने की आवश्यकता नहीं होती।

(9) पाठ्य-पुस्तक में विभिन्न लेखकों के विचारों को आद्योपान्त पढ़कर छात्र अपने विचारों को निश्चित दिशा प्रदान करते हैं।

(10) उनमें पाठ से सम्बन्धित इतने विभिन्न प्रकार के प्रश्न होते हैं कि छात्र उनके उत्तर लिखकर अपने ज्ञान की वृद्धि कर सकते हैं।

(11) अध्यापक चाहे कितना ही योग्य और कुशल प्रशिक्षण प्राप्त किए हुए क्यों न हो, पर उसके शिक्षण से छात्र को वह प्रेरणा नहीं मिलती है, जो पाठ्य-पुस्तकों से; क्योंकि अध्यापक छात्र के समक्ष थोड़ी देर बोलकर चला जाता है, जबकि पुस्तक छात्र के साथ स्थायी रूप से रहती है।

(12) पाठ्य-पुस्तकें छात्रों को पाठ दोहराने एवं गृह-कार्य करने में मदद देती हैं।

(13) वे छात्रों को अनेक नई एवं महत्त्वपूर्ण सूचनाएँ संग्रह करके एक ही स्थान में देती हैं।

(14) छात्रों को थोड़े समय में अधिक बातों की जानकारी देती हैं।

(15) छात्रों को लिखे हुए तथ्यों और विचारों को समझने तथा व्याख्या करने की शक्ति प्रदान करती हैं।

पाठ्य-पुस्तकों के दोष

पांठ्य-पुस्तकों में अग्रलिखित दोष होते हैं–

(1) उनका अनिवार्य रूप से अनुकरण करने के कारण शिक्षण की पहलकदमी और स्वतन्त्र रूप से कार्य करने के गुणों का नाश हो जाता है।

(2) छात्रों के द्वारा केवल परीक्षा में उत्तीर्ण होने के लिए ही पाठ्य-पुस्तकों का अध्ययन किया जाता है। इससे उन छात्रों के मस्तिष्क का पर्याप्त और उचित दिशा में विकास नहीं होता है।

(3) उनका चुनाव छात्रों के हित को ध्यान में रखकर लेखकों, प्रकाशकों और विद्यालयों के लाभ के लिए किया जाता है। अतः छात्रों को पढ़ने के लिए प्रायः ऐसी पाठ्य-पुस्तकें निर्धारित की जाती हैं, जो गलत और जरूरी तथ्यों तथा निरर्थक और महत्त्वहीन विवरणों से भरी रहती है।

(4) उनका निर्माण एवं चयन पाठ्यक्रम विशेषज्ञ कहलाने वाले व्यक्तियों के द्वारा किया जाता है। इन व्यक्तियों को शिक्षण की वास्तविक आवश्यकताओं, अभिवृत्तियों और मानसिकता का कोई ज्ञान नहीं होता है। अतः पाठ्य-पुस्तकें छात्रों की माँगों को पूर्ण नहीं करती हैं।

(5) इनकी विषय-सामग्री समरूप होने के कारण छात्रों की वैयक्तिक रुचियों, विभिन्नताओं और आवश्यकताओं की पूर्ति नहीं हो पाती।

(6) इसके अधिक प्रयोग से छात्रों में रटने की आदत पड़ जाती है, जिससे उनकी विचार और तर्क-शक्तियों का विकास रुक जाता है।

(7) एक विषय में केवल एक अथवा दो पाठ्य-पुस्तकों का अध्ययन करने के कारण छात्र अन्य लेखकों के विचारों को नहीं जान पाते। परिणामस्वरूप उनका दृष्टिकोण संकीर्ण रह जाता है।

(8) देश के विभिन्न धार्मिक, राजनैतिक और सामाजिक दल अपने विचारों तथा आदर्शों का प्रचार करने के लिए पाठ्य-पुस्तकों का दुरुपयोग करते हैं। फलतः छात्रों में अच्छे गुणों का विकास न होकर—संकुचित जातीय, वर्गीय, राष्ट्रीय और प्रजातीय द्वेषों की वृद्धि होती है।

(9) कुछ अध्यापक पाठ्य-पुस्तक पठन की विधि को अपनाकर शिक्षण के सभी आधुनिक सिद्धान्तों और सूत्रों की तिलांजलि दे देते हैं। इससे छात्रों का मानसिक विकास अवरुद्ध हो जाता है।

(10) कुछ छात्र और अध्यापक पुरानी पाठ्य-पुस्तकों की सूचना का प्रमुख और विश्वसनीय स्रोत मानकर नवीन पाठ्य-पुस्तकों का प्रयोग नहीं करते हैं। परिणामस्वरूप विभिन्न विषयों से सम्बन्धित उनका ज्ञान अधूरा एवं दोषपूर्ण रह जाता है।

(11) शिक्षा के लचीलेपन और व्यापकता का अन्त करके उसको कठोर और संकीर्ण बनाती हैं।

(12) व्यावहारिक ज्ञान की अपेक्षा सैद्धान्तिक ज्ञान पर अधिक जोर देती है।

(13) कुछ छात्रों और कुछ अध्यापकों को पूर्णतया निष्क्रिय बना देती है।

पाठ्य-पुस्तकों प्रयोग

पाठ्य-पुस्तकों के प्रयोग के सन्दर्भ में रेमाण्ट का विचार है—"शिक्षण की कला में पाठ्य-पुस्तकों का उचित प्रयोग श्रेष्ठ व्यावहारिक महत्त्व की बात है।"

पाठ्य-पुस्तकों का उचित प्रयोग क्या है, शिक्षण में उनका क्या स्थान है—इन बातों को हम अग्रलिखित बिन्दुओं द्वारा स्पष्ट कर सकते हैं—

(1) **निम्नतर प्राथमिक कक्षायें**—निम्नतर प्राथमिक कक्षाओं में पाठ्य-पुस्तकों का प्रयोग तब तक नहीं करना चाहिए जब तक छात्रों को उन्हें ठीक प्रकार से पढ़ने का अभ्यास न हो जाय।

(2) **उच्चतर प्राथमिक और मिडिल कक्षायें**—उच्चतर, प्राथमिक एवं मिडिल कक्षाओं में छात्रों को पाठ्य-पुस्तकों का उपयोग करना चाहिए, लेकिन इनको अध्यापक के पाठों से कम महत्त्वपूर्ण मानना चाहिए।

(3) **उच्च कक्षायें**—उच्च कक्षाओं में मौखिक पाठों की अपेक्षा पाठ्य-पुस्तकों पर ज्यादा जोर दिया जाना चाहिए।

(4) **विभिन्न विषयों की पाठ्य-पुस्तकों**—पाठ्य-पुस्तकों का प्रयोग विभिन्न विषयों की प्रकृति के अनुसार किया जाना चाहिए। जैसे—भाषा-शिक्षण में उनका प्रमख स्थान होना चाहिए, क्योंकि गद्य अथवा पद्य का शिक्षण पाठ्य-पुस्तकों के अभाव में नहीं किया जा सकता। भूगोल, इतिहा, अर्थशास्त्र, विज्ञान आदि के शिक्षण में भी यह उपयोगी है। इन विषयों की पाठ्य-पुस्तकों का प्रयोग छात्रों ज्यादातर पाठ को दोहराने और गृह-कार्य करने में करते हैं।

(5) **शिक्षण का उपकरण**—पाठ्य-पुस्तकों का प्रयोग केवल शिक्षण के उपकरण के रूप में किया जाना चाहिए।

(6) **शिक्षा के उद्देश्यों में योग**—पाठ्य-पुस्तकों को साध्य न मानकर केवल शिक्षा के उद्देश्यों को प्राप्त करने का साधन मात्र मानना चाहिए। इस सन्दर्भ में **मेकॉम्बर** (Macomber) का विचार है—"आधुनिक पाठ्यक्रम में पाठ्य-पुस्तकें स्वयं साध्य बनने के बजाय शिक्षा के उद्देश्यों को प्राप्त करने में योग देती हैं।"

(7) **पाठ्य-पुस्तकों का स्थान**—प्राचीन शिक्षा में अध्यापक का सबसे अधिक महत्त्व था। वर्तमान शिक्षा में पाठ्य-पुस्तक का स्थान सबसे ज्यादा महत्त्वपूर्ण हो गया है। लेकिन यह सर्वथा अनुचित है, क्योंकि अध्यापक के पथ-प्रदर्शन के अभाव में सबसे उत्तम पाठ्य-पुस्तकें भी छात्रों के लिए शिक्षा की अधूरी और अपूर्ण सामग्री मात्र है। छात्रों को उचित शिक्षा देने के लिए अध्यापक और पाठ्य-पुस्तक दोनों की आवश्यकता है।

भारत में पाठ्य-पुस्तकों की गुणवता

भारत में दुर्भाग्यवश पाठ्य-पुस्तक के अनुरूप उनके लेखन व उत्पादन पर उचित ध्यान नहीं दिया जाता है। अधिकांश विद्यालय विषयों में ऐसी पुस्तकों की

प्रचुरता है जिनका स्वरूप एवं स्तर निम्न दर्जे का है। विशेषतः भाषा में ऐसी पुस्तकों की प्रचुरता है। इस स्थिति के कई कारण हैं, जिनमें से कुछ का उल्लेख आगे किया जा रहा है–

1. पाठ्य-पुस्तक लेखन के प्रति प्रथम श्रेणी के लेखकों की अरुचि।

2. पाठ्य-पुस्तकों के चयन एवं निर्धारण में व्याप्त भ्रष्टाचार।

3. प्रकाशकों की अनैतिक कार्यरीति।

4. पाठ्य-पुस्तकों की तैयारी एवं व्यवस्था के सन्दर्भ में अनुसन्धान का अभाव।

5. गैर-सरकारी प्रकाशकों द्वारा पाठ्य-पुस्तकों के लिए अध्यापक मार्ग-निर्देशिका की उपेक्षा।

शिक्षा-आयोग के विचार

शिक्षा के प्रसार, साथ ही पाठ्य-पुस्तक व्यवसाय एक बहुत अधिक लाभदायक क्षेत्र बन गया और उपर्युक्त प्रकार की कुरीतियाँ प्रकाश में आने लगीं। अतः राज्य सरकार का ध्यान शीघ्र ही उनकी ओर आकर्षित किया गया और यह निश्चय किया गया कि इन कुरीतियों को दूर करने के लिए पाठ्य-पुस्तकों के उत्पादन का कार्य राज्य-सरकार को स्वयं करना चाहिए।

यहाँ ध्यानत्व यह है कि पाठ्य-पुस्तकों की गुणवत्ता के सुधार की दिशा में पाठ्य-पुस्तकों का राजकीय उत्पादन मात्र एक कदम है। लेकिन इससे कुछ लाभ नहीं होगा। अगर शीघ्र ही इस कार्य की उपयुक्त व्यवस्था करने के लिए वास्तव में प्रयास नहीं किया गया तो इससे इसकी प्रगति के अवरुद्ध होने का भी डर है। अतः हम सिफारिश करते हैं कि पाठ्य-पुस्तक उत्पादन कार्यक्रम के उचित विकास पर जोर दिया जाय। इस सन्दर्भ में अग्रलिखित सुझावों पर ध्यान दिया जा सकता है–

1. पाठ्य-पुस्तकों और शिक्षण-सामग्री के उत्पादन के लिए राज्य-शिक्षा-विभाग के निकट सम्पर्क में काम करने वाली एक पृथक् अभिकरण की स्थापना की जानी चाहिए।

2. प्रत्येक पाठ्य-पुस्तक में लगातार संशोधन करना, उनका आधुनिकतम स्वरूप बनाये रखना तथा अगर अधिक नहीं, तो कम से कम पाँच वर्षों में उसका पूर्णतया संशोधन करना कार्यनीति का एक निश्चित उद्देश्य होना चाहिए।

3. कार्यनीति का यह भी एक महत्त्वपूर्ण उद्देश्य होना चाहिए कि प्रत्येक विषय में प्रत्येक कक्षा के लिए कम-से-कम 3-4 पुस्तकें हों और उनमें से सबसे अधिक उपयुक्त पुस्तक के चयन का कार्य अध्यापक पर छोड़ देना चाहिए।

4. सरकार को पाठ्य-पुस्तकों के लेखन-सम्बन्धी पारिश्रमिक देने में प्रकाशकों से अधिक उदारता की नीति अपनानी चाहिए। इससे प्रथम श्रेणी के लेखक पाठ्य-पुस्तकों के लेखन में रुचि लेंगे।

5. पाठ्य-पुस्तकों का राजकीय उत्पादन न लाभ-न हानि (No Profit no loss) के आधार पर होना चाहिए।

6. अध्यापकों को पाठ्य-पुस्तकें लिखने के लिए विशेष रूप से प्रोत्साहित करना चाहिए।

7. अध्यापक निर्देशिकाओं तथा अन्य अनुदेशीय सामग्री द्वारा पाठ्य-पुस्तकों की सम्पूर्ति भी होनी चाहिए।

पाठ्य-पुस्तकों की विशेषताएँ

पाठ्य-पुस्तकों की विशेषता के सन्दर्भ में लेंडन का मत है–"अच्छी पाठ्य-पुस्तक जरूरी है, लेकिन उसका चयन बुद्धिमानी से किया जाना चाहिए।"

पाठ्य-पुस्तकों का बुद्धिमानी से चयन तभी किया जा सकता है, जब उनके अग्रलिखित गुणों के प्रति ध्यान दिया जाय–

(1) उपयुक्त विषय-सामग्री–पाठ्य-पुस्तक की विषय-सामग्री छात्रों की मानसिक उम्र के अनुकूल होना चाहिए। अतः पाठ्य-पुस्तक में छात्रों के वातावरण से सम्बन्धित विषय-सामग्री होनी चाहिए। विषय-सामग्री का सम्बन्ध भारतीय जीवन, संस्कृति और सभ्यता से होना चाहिए। इस लिए विदेशियों द्वारा लिखित पुस्तकों का चयन बड़ी सतर्कता से करना चाहिए। विषय-सामग्री सूचना प्रदान करने वाली और छात्रों के व्यावहारिक प्रयोग के लिए उपयुक्त होनी चाहिए। कहने का तात्पर्य यह है कि विषय-सामग्री का सम्बन्ध छात्रों के वास्तविक जीवन से होना चाहिए। पाठ्य-सामग्री में वे सब तथ्य होने चाहिए, जिनका ज्ञान प्राप्त करना एक वय-वर्ग के बालकों के लिए जरूरी हो। ये तथ्य प्रत्येक दृष्टि से पूर्ण और जरूरी होने चाहिए। पाठ्य-सामग्री किसी भी दशा में आवश्यकता से अधिक नहीं होनी चाहिए, क्योंकि अधिक तथ्यों को छात्र हृदयंगम नहीं कर सकते हैं। आवश्यकता से अधिक सामग्री वाली पाठ्य-पुस्तकें ज्ञान-प्राप्ति के कार्य को मन्थर, रुचि को शिथिल एवं छात्रों को निरुत्साहित करती है। पाठ्य-सामग्री में विभिन्नता के साथ-साथ क्रमबद्धता भी निश्चित होनी चाहिए। पाठ्य-सामग्री में नैतिक शिक्षा की बातें भी अवश्य होनी चाहिए।

(2) भाषा व शब्दावली–छोटे बालकों की पुस्तकें सरल एवं स्पष्ट भाषा में लिखी हुई होनी चाहिए। बड़े बालकों की पुस्तकें भी ऐसी ही होनी चाहिए, पर उनके

भाव गम्भीर अवश्य होने चाहिए, जिससे कि बालकों को अपनी तर्क और चिन्तन शक्तियों को प्रयोग करने का मौका मिले। पाठ्य-पुस्तकों की शब्दावली का चयन भी बड़ी सतर्कता से किया जाना चाहिए। प्रारम्भिक कक्षाओं में प्रयोग की जाने वाली पाठ्य-पुस्तकों की शब्दावली सीमित होनी चाहिए, तभी छात्र उनको सरलता और शीघ्रता से समझ सकेंगे। जैसे-जैसे बालकों के ज्ञान में वृद्धि होती जाय, वैसे-वैसे नये शब्दों की संख्या में भी वृद्धि की जानी चाहिए।

(3) शैली—प्रारम्भिक कक्षाओं की पुस्तकें सरल और सरस ढंग से लिखी जानी चाहिए। उच्च कक्षाओं के लिए भी वैसी ही पुस्तकें होनी चाहिए, पर उनमें माने हुए लेखकों की कृतियों को निश्चित रूप से स्थान मिलना चाहिए। हर पाठ्य-पुस्तक की शैली सरलता से जटिलता की ओर बढ़नी चाहिए। शैली में विभिन्नता भी होनी चाहिए, जिससेकि छात्रों के सभी मानसिक गुणों का विकास हो सके। अच्छी शैली का तात्पर्य सरलता, सजीवता, तर्कपूर्णता और भाव-प्रकाशन की स्पष्टता से है।

(4) व्यवस्था व नियोजन—प्रत्येक पाठ्य-पुस्तक की विषय-सामग्री सुव्यवस्थित एवं सुनियोजित होनी चाहिए, अन्यथा छात्रों द्वारा प्राप्त किया जाने वाला ज्ञान अव्यवस्थित और अवगुण्ठित रहेगा। पाठ्य-सामग्री को विभिन्न पाठों, सोपानों एवं इकाईयों में विभक्त करके नियोजन को उत्तम स्वरूप प्रदान किया जा सकता है। उत्तम परियोजना में अध्याय लम्बे नहीं होने चाहिए और उनमें निहित विभिन्न विचारों को उपयुक्त शीर्षक देकर पृथक् किया जाना चाहिए।

(5) अभ्यास के लिए प्रश्न—हर पाठ्य-पुस्तक के प्रत्येक पाठ के अन्त में कक्षा और व्यक्तिगत कार्य के लिए नाना प्रकार के प्रश्न होने चाहिए। भाषा की पाठ्य-पुस्तकों में व्याकरण, वाक्य-रचना, शब्द-प्रयोग आदि के प्रश्न होने चाहिए। अन्य विषयों की पाठ्य-पुस्तकों में पाठ से सम्बन्धित प्रश्न होने चाहिए। कुछ प्रश्न ऐसे भी होने चाहिए जो वाद-विवाद, स्वाध्याय, सामान्य ज्ञान आदि को प्रोत्साहित करने वाले हों।

(6) निदर्शन—प्रत्येक पाठ्य-पुस्तक से पाठ्य-विषय से सम्बन्धित और उनको स्पष्ट करने के लिए चित्र, रेखाचित्र, मानचित्र आदि होने चाहिए। निम्न कक्षाओं की पाठ्य-पुस्तकों में लगभग पूरे अथवा आधे पृष्ठ के चित्र होने चाहिए। उच्च कक्षाओं के लिए ये चित्र चौथाई पृष्ठ से अधिक के नहीं होने चाहिए। चित्र आकर्षक होने चाहिए, जिससे कि वे छात्रों की रुचि को जाग्रत करें। निम्न कक्षाओं की पाठ्य-पुस्तकों में रंगीन चित्र होने चाहिए।

इस सन्दर्भ में क्रो और क्रो का विचार है—"पाठ्य-पुस्तकों के चित्रों का मुख्य उद्देश्य—छात्रों के ज्ञान में वृद्धि करना है। इसलिए चित्र ठीक और उपयुक्त होने

चाहिए। अशुद्ध और अनूचित ज्ञान प्रदान करने वाले चित्रों की अपेक्षा चित्रों का न होना कहीं उत्तम है।"

(7) **छपाई**–छपाई के लिए काली, गहरी और चमकदार स्याही का प्रयोग किया जाना चाहिए। विभिन्न कक्षाओं की पाठ्य-पुस्तकों में अक्षर का आकार विभिन्न होना चाहिए। प्राथमिक कक्षाओं के लिए बड़ा तथा मिडिल और उच्च कक्षाओं में इसकी तुलना में छोटा होना चाहिए। छपी हुई पंक्तियों की एक-दूसरे से पर्याप्त दूरी होनी चाहिए। हर पृष्ठ के चारों ओर पर्याप्त स्थान होना चाहिए।

(8) **कागज**–कागज सफेद, मोटा और चिकना होना चाहिए। बहुत चमकदार कागज प्रकाश को प्रतिबिम्बित करता है, खुरदरे कागज पर स्याही ठीक नहीं जमती है और पतले कागज में शब्द आरपार दिखाई देते हैं। अतः ऐसे कागजों का प्रयोग नहीं करना चाहिए।

(9) **जिल्द, आकार व सिलाई**–पुस्तकों की जिल्द मोटी, मजबूत और टिकाऊ होनी चाहिए। जिल्द के ऊपर पाठ्य-पुस्तक से सम्बन्धित कोई रंगीन अथवा आकर्षक चित्र होना चाहिए। जिल्द के ऊपर सुन्दर छपा हुई अथवा रंगीन कागज चढ़ाने से पुस्तक का आकर्षण बढ़ जाता है। पुस्तक की सिलाई टिकाऊ होने के साथ-साथ ऐसी होनी चाहिए कि पुस्तक सुगमता से पूरी खुल सके।

आधुनिक शिक्षा-सिद्धान्त ने पाठ्य-पुस्तकों के प्रति दृष्टिकोण को पूर्णतया बदल दिया है। परिणामस्वरूप उनको प्राचीन आधिपत्य के स्थान से हटा दिया गया है। अब उनको न तो शिक्षण का प्रारम्भ और न अन्त माना जाता है। उनको केवल शिक्षण के उपकरण माना जाता है। एक प्रचलित विचारधारा यह है कि पाठ्य-पुस्तकों के बजाय अधिक उत्तम उपकरणों का प्रयोग किया जाना चाहिए। फिर भी प्रति वर्ष अधिक-से-अधिक पुस्तकों का प्रकाशन हो रहा है। यह इस बात का द्योतक है कि पुस्तकों के बजाय शिक्षण के अन्य उपकरणों का प्रयोग तो नहीं, लेकिन अधिक उत्तम पुस्तकों का प्रकाशन किया जायगा।